平凡道理之反思

# 草思

譚家哲

風間書社

# 目次

# 敘

自一九八四年離開短短年半哲學教學後，因工作緣故，無法專事哲學閱讀或研究。這段期間，身邊常帶有一本子，記錄下點滴之思想體驗。不知不覺像這樣草思也累積近二十冊。以這樣方式從事反省，在那時雖迫不得已，但日久反顯出其意義。

我常教導學生，所謂能力，應由能自學而起，思想更是。若不能離開書本而思、若非書本便沒有思想自身對象，甚至對思想再無所關心、不以思想為自己生命事，以為從事學術工作始反省，如此思惟，非與生命亦非與真實有關。時至今日，我始明白這樣日常一點一滴反思，對我生命及思想獨立性之培養多麼重要。事實上，天賦人類以思想，非教人人從事體系或理論建樹，更是教人能真實地反思自身身邊的一切、使能真實地明白、回歸道理之真實、甚至養成對生命反思之習慣，使思想能為生命之事。思惟若不從身邊做起、若不關注一身所遇事情，既不能對人作為人言真實，亦不能深遠。哲學思想更是。哲學若只流為知識，而不能反身對思想者其人有所直接，將毫無意義，也不會對人類有真正幫助。思惟應先屬人，非屬物而只為知識。

我始終感到，思想應回歸其本然素樸狀態、不應忘去思想素樸之本初、其為每人自己生命日常之思，非只為知識。思惟如此素樸性，作為道理更深更遠，非無重要甚至偉大。在西方歷史對超越性之向往中，所不見，正是素樸平凡之真實。

人平素思想，除作為對所遇事情明白外，多只反映外來世界，為一種存在心境與心情，難於自覺。若非認真自我反思，是無以明白心思心態所有錯誤。返讀這些草思，始見自己在心態與心境上之努力：一種使心清明獨立平靜之努力。這是思想對我而言，除有所明白時之喜出望外，更大之喜悅。

思想非只工具，更是人心本身。〈大學〉中有關人心思之正心誠意，較知識之思更為根本。我切望從自身感受中明白道理，在反思中改正自己。這對我而言，始是思惟真正意義。其他閱讀與知識，只世界之擴充而已，非思惟根本。《草思》因而是我平日潛藏的思想，是思想之平日日常，或其隱微時之真實，非立論或構造。雖非有任何偉大性，但更親切、更是源自我生命之真實。與其說《草思》為閱讀，不如視之為求思考時之材料，此《草思》之所以形成。

在彙編完結後，我始深刻體會到，人無論多優秀，平凡始是其更真實的一面、每人自己更真實的一面，唯由外在優異所掩蔽而已。人多不敢直對如此事實；然能明白自身平凡，更使我心安。人之平凡，這毫不為真理之真理，較一切真理為尚。哲學與人類所求，為一遠去平凡而知性的生存方式。《草思》所求相反，實只人類存在中平凡道理與真實而已。

在多次修訂過程中，我對《草思》之出版始終有所卻步。對我而言，人類最重要道理，往往難表述於言語，一旦表述便似立即失去其意義；甚至，直關乎心之道理，表述似顯得外在。《草思》應保留於心、抑呈獻於人，實猶疑難去。決定出版，只因如此思想一曾陪伴我度過生命艱困時刻，若亦能對人有此意義，由明白而使心清澈透明平靜，是出版之唯一願望。

在結束前，我想對「內在性」稍作說明：

若一罪大惡極罪犯在公眾場域行凌遲之刑，其感受必以人類自身亦同然罪大惡極，無以由此知悔改或知自身之不是。然若對如是罪犯不施以任何刑罰，其亦只沾沾自喜而無所悔改。刑與不刑之無效，因社會始終外在，絲毫碰觸不到人內心。縱使罪大惡極者能改過，從社會外在觀點仍不會饒恕，社會對人只討公平，不會更真實地內在對待，縱使其人因改過而一生益善無數他人仍然。如此外在性，正為使人背離人性而不善之原因，亦人類存在之所以惡。中國古代如《論語》，其所教誨，無一不是人內在性道理，從孝悌至里仁、從人不知或自省之主體至君王無我之德行，人均只由內在而真實。存在之內在性與人性實同一。其所對反，正是人類所塑造從法制至超越性之理性外在世界。這樣世界，為當代哲學漸次地覺醒，在盧梭、在尼采、在萊維納斯……，或從人性自然感受、或從酒神生命感、甚或迂迴地從面對他者（他人）而體會。雖仍只點滴片面，甚至如巴塔耶或神秘主義那樣帶有超越向度，然內在性為人類之道始終唯一而正確。

《草思》所求亦此而已。無論人性、人倫、存在之平凡淡樸、人之志與獨立、心與生命、情懷至向往，無一不為內在性之體悟、無一不直為內在性本身。如此內在性應為人類本然真實，唯非為上智而轉移而已。

這本《草思》，結集自一九九四年重返教學後十多年之反省。在整理上除作大幅度刪去外，更拿掉日期、加上標題、重新排序並訂正，望能使閱讀清晰容易，更望讀者能愉悅並體會思想之努力與心境。雖已分為主題，但《草思》原本無序，每則各自獨立。書末附上《草思》原稿例選，作為原貌參考。

在彙編過程中，曾得張盈馨、謝佩瑾兩位同學在文書處理上之協助，在此致謝。

最後，僅以此書送給我的家人：良如、庭曦、扣扣、安安、及已故的偉浚。

公元二零一六年四月十一日序

# 平凡

晨。雨。在宜蘭明池深山。

昨初一去宜蘭，已多年未去了，仍如往昔寧靜。

新一年。屋外陽光普照、溫暖。

久已沒有寫日記、沒有如此心境與平靜：頭腦清醒凝聚、心恬靜充實。久已沒有如此！

## 安於平凡

人所應學，是生命之平常、平素應有美善、平常道。

平凡即人人所能之基本：基本需要、基本教育、人基本應有真實。回歸人人所能之基本，對人多麼重要。

安於平凡，亦安於淳樸存在、安於簡明美善、安於微不足道但切實為人之努力、安於平凡但真實之道理、安於平易人性、安於平日德行、安於平實而誠摯的自己⋯⋯。

*

高遠事物與思想，也只平凡之深化，始終回歸平凡。

高明醫術只為治病、王者亦只從致百姓安居而言、詩人境界也只如「方宅十餘畝，草屋八九間。（…）曖曖遠人村，依依墟里煙。狗吠深巷中，雞鳴桑樹顛」這樣境地而已。

道亦因能人性地平凡而為道。

安，平凡而極致。

*

平凡由遠去低俗而美麗。

真實之美與德行，於平凡始見。

平凡而美而真最難。唯《詩》能及。

*

心如童真無好與壞，此心之平常。

平常心既不貪圖，亦不患得患失，更不爭鬥。

平常心，視一切如平常之心境而已。既不由負面而不安、亦不因得失而不能自己。

平常非言只求生活現實，而是於價值求索中，明平凡之真實。

*

偉大固然真實，然平凡亦人必然一面；人是否真實而美，更多由此。

怎樣在平凡中活出真實，這始境界所在。世人之了不起，往往只掩蓋其平庸而已。

## 平庸

社會之崇上抑下、貶抑平凡而自命了不起，使人厭惡；平庸指此。

所謂平庸，因不知真實價值所在、不知真正是非好壞，於價值而偽，如紫之奪朱。

「庸」之正確意思：於平凡微漸而深遠。

*

不平凡只社會製造之假象。若從真正價值由上往下看，實只平庸而已。

偉大只立於歷史，如人性之永恒如一，非見於一時社會。

## 日復一日

存在也只日復一日而已。

*

# 平淡

日復一日之平淡，至為人性。

在欲求得失、世俗好壞、生命成敗、愛惡哀樂外，日復一日之存在莫不平實地平靜。

*

一切成就，亦只在日復一日努力中始沉澱並積累。

真正偉大的，應長久而永恒、應能日復一日。

*

生活之平淡，從穩定的人、事而來。

充實由平淡而真實之意義而致，強烈新穎非能長久不厭。

應平淡地看待一切。大起大落，人多不能自已。

*

平淡之心無求。

平淡使心凝聚，此其可貴。

*

平淡之美最美，平淡滋味之美最美。

淡因絲毫無偽而感動。

*

平淡只為心所體會，不能表象為戲劇或故事。縱使平常生活，社會仍以悲劇甚至神話故事表象，此人類所以未能平實甚至未能理性之原因。悲劇或神話，仍只好求力量而已。見平淡而起崇敬，如此多麼真實懿美。

# 平實

沉實地，非興奮地；慢慢而自在地，非急躁地。一切平實地為，彈琴如是，生活亦如是。一步一步平實地在石階上走著……。能如是靜默而自己，不急躁、不輕浮，懷著天地敬意，生命將多麼頂天立地。

*

人由返回自己之真實，始知平實所在：自己所感、自己所能、自己所明白。美好由自己平實而致。向慕他人之美好，非真實自己。平實之所以為意義之本，因意義與人一己切實明白有關。偉大事物之往往仍感無意義，因未能切實於己而已。

*

平實不寄望偶然、亦不幻想。
虛妄之快樂，不如平實來得平靜而真實。

## 平和

感受萬物之平和。
事物之獨特，只造就欲望與對立。景象在萬物一體平和中始美。
連高高的櫃都不如平平的櫃來得平和。

*

平和之心境，因再無自我而真實。
人由平和始闊大。

*

平和使人最能接近人與物。
態度之平和，在平易之色。

# 淳樸

淳樸喜悅於當前平凡、喜悅於簡單明白、喜悅於平淡之真實。淳：純然自己而正面，一切由心而發，如未曾有惡存在過。心反應世間之不善，或外在地好惡、「巧言令色」，既非淳樸之心，亦多怨感。

*

淳樸回歸真實、回歸簡明人與人關係。視一切為人與人單純之對向，此《詩》所以淳樸。

*

人由對向世界而憂悶。

*

「沒有世界」、亦不以聰明之姿自居，如此淳樸，始安定而快樂、始為存在之美。

*

社會性甚至超越態勢、現實中崇尚與對立，使淳樸不再，亦使人再非人性地單純。知不突顯物質文明與思辨高度，如此淳樸，多麼深遠。

*

淳樸亦可由儉簡而美，非必一種境界。

## 簡約

布衣，簡素。
簡素始有美。

*

心只有在事與物簡約中始能凝聚起來。
富裕只造就貧困與膚淺，簡約使人心豐富而深刻。

*

簡簡單單，這就是最好的。

## 平靜

平靜較快樂踏實，本身亦已是一種樂。
快樂只由帶來平靜始真實。

*

平靜是美德之本。一切亦由靜始美。

曹植詩：「時雨靜飛塵」。寧靜潔淨一切。

*

靜為萬物本性。不靜，天地與人無以真實。

萬物由靜見性，人由靜見心。

*

心定住在眼前，寧靜而自己。

寧靜使心真實、使心凝聚。

*

人由靜而自己，由能自己始能真實對人。

不能靜而專注，無以成就。

*

欲望使心不靜、使人無能感受寧靜之意義與真實。

對外在感受力強者，唯遠去人物，心始平靜。

正面

*

心境之寧靜，在心遠而已（陶潛）。

能心境平靜，人始無求而獨自。

*

動作簡單平靜：說話如是，表情亦如是。

靜與動凝聚人之生命：一者獨立而自己、另一者生生不已。

靜靜地講書、靜靜地思想。無求表現。

不為使人煩擾不安之事，如此生命多麼寧靜真實。

*

環境之靜，如大自然曠遠之聲、街外遠處之聲、內心思想之聲、情感咏嘆之聲、寧靜而內在之雨聲、鳥鳴之聲……。寧靜可由遠聲而致。

可有如太極行意之靜、如舞蹈優雅之靜、如天運行默然之靜。

舞蹈能靜，亦手腕足踝細小而內在動作而已。

存在莫不有正面負面，《易》有吉凶、屈原有〈東君〉〈雲中君〉與〈山鬼〉〈國殤〉。依道而為，此正面之本。

*

正面只人性、德行、美善所有之光明，與社會或個人得獲無關。後二者始終晦暗。光明人格不求索負面而正直：不依附權威、不依從現實、不求諂媚、不誇張造作、不權謀手段。

*

真實非由看見多少錯誤，由能看見多少美善而致。人由光明正面事物而正，非由見錯誤而正。讀現今書越多、越見現實，心越難簡單正面。

*

為打擊負面而作，或對負面不善之反應，非真正正面。負面性由對立及對立感而生。

*

惡使善之意志薄弱，負面感使心難於正面無邪。

心思正面而無邪，於人已是一種力量。

## 光明

光明為善道之極致。

「天下平」：世界由平德始光明，與超越性正對反。

世間在利益與擁有外，始有光明可能。

*

存在至正面光明之心情在：有可敬者。能於人民百姓而見可敬，此為上者之真正可敬。

禮敬之心情光明。絲毫對立，已使心晦暗。

*

人自已有道而真實，亦已一種光明。《易》曰：「君子之光有孚」。

光明，即能對天及對人的。

人之光明，由心善良始。

*

事物能明瞭至皦如地步，無比光明喜悅。

# 道

又晨早。天漸亮起來，如光明之來臨、如大地始鳴、如心歌咏之感發。晨，多麼美麗。

能靜下來寫《草思》，多麼喜悅。

《草思》述說我心向往之道理與事物。

## 道

道：其本在人性之善與真實、其歸向在人倫、其體現為文、其所及事為禮與義、其法為德行。

道中庸，故仍以百姓安定富庶為治、以存在悅樂為常。

*

道其行在人自己，非先在世界。

人非只能現實，更可由道而高尚。

*

平素為人而事事真實，如此已近道。

道之心境平實無怨。

*

道於人，往往只安人立人（己立）。孔子之志亦只「老者安之，朋友信之，少者懷之」而已。

道從身邊人事做起，故以安人為先。手觸鍵盤，亦先求安而已。

*

人道見於《論語》，事道見於《孟子》。

從人道見道之本，其範圍內容；從事道見事之正，其應怎樣實行。

人道直簡，如：「生事之以禮。死葬之以禮，祭之以禮」。事道複雜而微，如孟子見憐憫心仍非推己及人之心，或告子「不得於言，勿求於心」仍非「知言」之真實，甚或見「義襲而取之」一時正義與「集義所生」長久力行道義其真偽之差異。

事道使人明理。如俸祿，連下農亦須能養活五口（父母妻兒）始為正，此孟子指出俸祿之最低限度。否則，若順隨現實情況定奪，連不能養活都將被視為正常。

*

孔子言性與天道。性：道於人之本；道：性之自覺努力。

性本然故人相近，人心思有所偏繫故相遠，所習之差異可至「道不同不相為謀」地步。

非道本不同，習不同而已。此所以「性相近也，習相遠也」。「唯上知與下愚不移」者，下愚之善本於性，上智之善本於道，後者其明覺深遠。

*

「道不遠人」，道既非形上地超越、亦不在人性外有其他考慮或準則。道因為人性之道，始終在人，故不墮於地；亦人人可驗證而唯一。（見孟子〈滕文公上〉一章）

*

道隨人性心懷而平易，亦隨生命之深遠而深遠。縱使平凡，道仍須深遠思慮始得其真實。

*

道只求為美善而正面，非為對反惡與過失。

正義之仍非道，因所針對多為社會中之利害公平，非單純以人性考慮為出發點。人鮮為正義而放棄利益，人亦常以公正為由加害於人……。然人倫之心無所利益，道義亦不會不仁。道人性地內在無所顧慮，正義社會地外在故有利益考慮在。

*

德行只從人自己言故為道，道德規範他人故只為法。

藝術若為文、為人性體現始為道。若只個人內心、甚或自我表現，與人性性情努力無關，如此非道。

## 道與禮義

人性存在應以禮義為道，非其他。

禮與義使存在立於人性，為人與物首先之道。

「人於世存在」多沉淪，然父母子女人性情感均誠懇。存在故應為人性存在，非「於世存在」。

*

義與物事有關，禮與人有關：從家人至國與國、甚至人與天之人性對待，均為禮，為敬、和、與情感三者。

禮人性故非法制，亦先針對上位者，非如刑法之只鞏固權力。

*

義隨人性需要言，非為物事本身。

義始終為人對人之需要，非只為對物之需要。

## 道與人性

道因人性而為道，美因人性而為美，善因人性而為善。

能對人言為真實，亦人性而已。

從人性言道，始見於《詩・風》。

*

人倫因為人性首先真實，故為道之本。

時代與思想之差異，多造就對立。道本於人心之共同，只使人相近、非相遠去。

*

人於萬物中之努力，以人性為依歸。

事物之簡易整齊與淡雅，實因為人而為道。

## 人與道

在利益與好惡外，人心始終感見善惡，亦只誠服於德行，此所以人本然有道。

只問現實而不問人怎樣由道而改變，此人類之所以不能真實。

*

志於道之心，單純而懿美。志於道之人，真正為人。

人由道始忘去自我。少有我態，為人有道之始。

*

道淳樸真實，人文生活寧靜。深明此者，必對道有所向往。

志向道者，無論處境多艱難，其向往美善之心不為世間而改變。

*

道使人心安。世界多只虛幻而已。

仁者安仁。

## 道之學

上位者道理、百姓道理……。道理，應為人人首先教育。

平實而光明，此道理之標誌。

*

道之學，先在求心之善良，更而盡對人性反省。

為人而求美善，此學道之始。

*

道理相關人一切：人民百姓、人性人倫、人之真實、存在境況、處境德行、價值向往、共體美善、生命、自我、生活、教學、政制、歷史、時代……。道理只對向人、只求為立人，非關乎其他。

道理近至個人，遠至天下。

*

道理見於《論》《孟》。然須省思其心懷與深慮。

道唯從思想整體始深明。

*

若非本著人性美善關懷，對現實錯誤之反省仍未為道。

於思想理論而未能明其偏狹，未足為道理之明白。

若仍見個人自我好惡，將不為真正道理。

# 道與理

理對向世界現實（政治、創制、生產、佔有），然道更在人性與德行。如正義，因為人思想所立，故仍隨利益而改變，非如道與人性之本然無法造。

*

理雖求為公平正義，然未必為道；公平正義亦可只從物言故。求平等之意欲往往只求為爭鬥，只為權利平等之表面，未能深入於貧富之不均或對威權限制，始終非能為真正正義。理若求為平等而超越一切，實如法而已，仍可背離人性。

*

上下、強弱、男女⋯⋯，人倫份位始終不一，道只以善為本，求和而不同，非求磨平存在差異。（見《孟子・滕文公上》四、五章。）平等之磨滅差異，非於事而真實。為使理顯得合理，存在差異性往往只被視為強弱差異，然事實非如此。

*

縱使強對弱、上對下，仍應如「富而好禮」般和睦親愛，各敬其事。

唯在差異中各盡其份，如「君君、臣臣、父父、子子」，始有真正平等。

*

禮之敬和與愛、事人而孝悌、立人之仁、為上者生命之奮發、愛民而有之儉樸……，道於差異中始終光明。

言公平而不言禮讓，實非和睦親愛。

## 道之行廢

道在人，非先在世界。

人與存在無法完全無道、無法完全無所真實。

*

人心之感受與訴求，非因現實而不在。

道不墜於地：或存留於民心、或見於志與心懷。「賢者識其大者，不賢者識其小者」(《論語・子張》)。

道之行喪雖偶然，然人性始終必然。

無道往往只為表象，由現實而誇大。

*

存在不為無道致潰散，實有道之人事鮮為人關注而已。

*

道敗壞於上位者、利益心、甚至知識。

社會之無道，如政治只言權力、經濟只言財富、教育只言職業、秩序只言禁制……，均絲毫無所真實。

*

道無過於理想，由王者而行。

*

現實無論怎樣，仍只由道始光明。

*

如明見利益無善而仍持續鞏固其惡而不改，此人類所以盲目與狹隘。

## 朝聞道

「朝聞道，夕死可矣」之心懷，多麼在現實利益外。

對人生命而言，聞道與現實二者間，前者始終更為重要。

*

作為善之真實，道已是人學習之全部理由。

能以一己生命成就道理，是人生命最大意義，縱使只是明白仍然。

*

哲學雖博大精微，然未如道使人心安。

道之善、韶之美、詩之情志，是我生命從來感動者。

# 心

近日心完全沉靜下來。

外面下著雨，又冷冷的。再拿出童謠來聽。小孩的歌、小孩的心多麼純真。

青青校樹　萋萋庭草　欣霑化雨如膏
筆硯相親　晨昏歡笑　奈何離別今朝
世路多歧　人海遼闊　揚帆待發清曉
誨我諄諄　南針在抱　仰瞻師道山高

佐田雅志之「理・不・盡」，多麼如我心。其詠唱〈仰げば尊し〉，曾是我一切之始，亦將伴我而終。

# 心

人及人類由心而美麗。「巧笑」「美目」故由倩、盼而美。

*

心之劃分：

一、心性：心本身人性、人本然心與性。

二、心態或心思：從性情及人格而對外在一切所抱有態度及想法。人是否用心、是否正面、是否敬重都與心態有關。

三、心志與心神：心志為心對價值之嚮往；志未得而為心懷。因為向往，心志故往往塑造人生命為人時之真實。心神為心所在，如心與物遊、寂然凝慮、思接千載……。

四、心智：心對外之感知、反應與明白，其聰明與智慧。

五、心情：心自身生命對順逆處境之反應與表示，往往由人事物引起。其所繫者為情感。

六、心境：心對自身生命處境反省之感受，心結算其存在之心情。心境多與眼前景物回應，為心對存在感受之表徵。

心性為人之本 ↓ 心態為個體之本 ↓ 心志為生命之本 ↓ 心思為處世處事之本 ↓ 心智為成就之本 ↓ 心神為心內外之體現 ↓ 心情為生命對外反應 ↓ 心境為心以上一切之結算。

*

意識只向外，心始是人自己。

意識只與對象有關，然心始見志、人性、感受。是心抑只是意識，差別很大。

心態、心思、心神、心情、心境，都可只為意識事，唯心性與心志始為心本身。

*

意識多從自我言，心屬我然非自我；惻隱、羞惡、辭讓、是非，均與人自我無關。

人由意識世界（他者）而意識自我，心唯由自覺自身作為人始立。

自我抑心為先，同即：世界抑「人」為先。

*

意識與潛意識，均只繫於世界，非人心自身。

潛意識雖內在，然未如心內在，仍繫於外在欲望而已。

*

人非由意識而美，由心而美。

## 心之所之

心其本在人性美善，非在世界。

心由善與人性之美而真實。

*

心之志向見人、價值向往見生命、心態與期盼見生活、所欲見成就。心始終決定存在之一切。

*

「大人者，不失其赤子之心者也」（〈離婁下〉）：非有所生存功利，此赤子之心，亦人心所以為大而非狹隘者。

處境未必能遠離現實，然心仍可崇高而美善，或人性平凡平靜地喜悅而真實；此生命之所以為人格。聆聽格里格鋼琴協奏曲有感。

*

心欲所對向不一，此人所以難於共同。近如夫妻，心仍可相遠。

對向世界現狀之心態，因猶豫不定可使心志終遺憾；如《詩・匏有苦葉》。

## 心與欲望

意志與欲望外在，多囿限於事物表面，然心只內在。

美善與心一體，欲望多不美不善。

*

心懷抱並期望一切美善，非止於個人自己，此心所以廣闊。

「吾十有五而志於學。三十而立。四十而不惑。五十而知天命。六十而耳順。七十而從心所欲，不踰矩」：心使生命朝向更大真實，非如欲望使人越加自我而狹隘。

唯心可不順隨現實，而在其上。

*

若非純然由心，雖有「不踰矩」可能，欲望始終無視於矩而越度故。

## 心與內在

外在發生多如命運般偶然，內心始人真實所在。

縱使外來多麼感動甚至震撼，唯發自心自身所喜悅對象，始為生命無可取代之真實。

人由心見心。

*

內心從真實向往、非從獨自言。

純由內心所對對象，無限地真實，如美善、境界、德行。縱使為神靈，若只見於人內心而與欲望崇拜無關，亦無比美麗。

如家地懷抱，無所競逐，如是內在，使心平和真實。

*

舉如彈奏：無論句子、情感、音調，均為人自己說話，非樂曲本身事，如此為內在。

內在只從心言；本質甚至靈魂，只外在概念而已。

*

人無內心或內在性，只虛假表面甚至已形虛偽。

久處自私念者其心多偽，縱使美善亦只視作欲望而已。

## 存在之心

存在心境如日本童謠，既平和亦廣遠。

存在心境應清明簡單，遠離煩囂，既不憂鬱亦無情緒。

感謝、敬重、禮讓，寧靜、平和、平實，如是存在心境美麗。

*

平素正面心境在學、在行作而無求。

不把自己看得太重要、不在需要外造作，如此沉實而平靜生命，是存在心之真實。

*

生命由內、非由外在成就而美善。

生命只應從自己所能成就之善而觀。縱使現實有成，若不見真實，心仍無能肯定而已。

利益與現實心，為人之狹隘。

*

見人優異而善，應學。為求優異而爭鬥，其心狹隘亦無所心懷。

生命各是其所是、各有其所有，無需羨慕他人。

*

心易由見負面而負面，仍應盡力接近正面人與物。

存在能無所憂懼，由心知對向光明人、事始。

*

負面性多由被否定而致，心若不如此觀，負面未必為負面。

存在鮮能無對逆，心唯由獨立致不在乎，始「耳順」而自在。

*

無怨始能喜悅，喜悅始能正面對人，此所以喜悅心境重要。
一切處境自有其意義甚至光明；應盡力其所是，非怨尤其不是。

*

視存在為罪惡，心必無法坦然真實、亦由之而狹吝。
人好講眾取寵、好誇大。社會所言惡，多誇大而已。

## 心行作之模態

心本淳樸，由和睦而安，亦切實（於事）。
圖得只欲望，求理想幻想或爭鬥，非心本性。

*

意，如太極拳之行意、詩首尾意興，為心首先模態，亦心自在無礙之美。

*

心應單純內斂：想及一事只此一事，不多計較。
心在努力中而凝聚，在外圖中而潰散。

*

縱使微漸，心仍在日夕努力中見，非口說而不行。

心之力行或感動、或懷抱，然非為強力姿態。

*

心雖無法觸摸，但能一體無間。

# 正心

心之正，在知行為之正而已：知學、知平實、知不自居、知道義所在、知是非善惡……，心由知作為之正而正。

*

知思正面，始有善之可能。善源於心思正面，不善多由心思負面而致。

心由內在道義、價值而養，若只反應外在好壞，心日久將失其正。

*

敬之心懷使心正面，惡之心情使人狹隘鄙陋。

心思在人我利害外，始光明正面。

無邪，即無負面不正之想、無害人之心、無世俗或自我之念。

*

心雖為心，然與身體所習一致。心正而無妄，須由長久力行養成，非單純知與不知之事。「剛而不虐，簡而無傲」之「而」為修正。縱使為（藝術）情感，仍須如「樂而不淫，哀而不傷」地修正。

## 心之真實

心之真實先在其人性。

心之真實、善良、誠懇，與現今教育已無關。

若非懷抱價值而於志淳一，心難不惑、亦難不為否定而動搖。

*

心應無自我地感受與明白一切。

面對世界之心，仍須如面對親愛之人般真實無偽，否則心仍只利，非仁。

人由心不誠於人與事而失去自己。

*

事情之真實非只由於客觀，更由於是否來自心。

非由於心，無法有真正藝術、無法有真正哲學。

應依心而行，非依從現實、非遵循規範。

*

心真實之用，在自覺與反省，非在思辨或辯論。

單純想法與觀念多不真實，應返回心（之感受）而想。

*

若心不見其真實，事亦無以能真實地行。

心若忘去真實，一切將只隨世譁眾取寵、變得毫無意義。

## 平實之心

平實之心視一切如常，亦見世界平常而真實，既不無中生有、亦不自困，更非處處以好惡追求而以為智。

心由無過求善惡而平實，如無善無惡般。

於善惡前仍仁，此心之平實。

*

平實之心，純為事而已。

*

由平實而致充實，此心之美與極致。
色彩與歡樂雖吸引，但未如平實心情簡樸真實。
充實而無求，此心平實之真實。

## 心之美

人由心而美，如「巧笑倩兮，美目盼兮」。
孔丘之禱善良、佐田之歌靜默，心由祈願收斂而美。
心之柔和懷抱萬物，其平和歌頌一切，然非自我之溫情主義，由心無我故。
心溫和。激烈或情緒，只與身體有關。

## 心之光明喜悅

心由見光明而喜悅。無論自身抑對象，心之喜悅必與光明有關。
事事無致於悔，已是心之光明。

＊

在不快、平靜、悅樂三者間，心平靜更是一種快樂。
心無爭始平靜。

＊

心情應在讚美感謝中、在天地寧靜中，非憂戚地苦思世界。
懷著滿足以對事，或更有所敬重，如此之心多麼喜悅。
貧之所以能樂，亦由心感滿足而已。而滿足，亦愛自己身前一切而已。

＊

世事多複雜，應時刻不忘回歸單純淳樸之心。
心唯猶如赤子般無邪，始能由衷地快樂。
若有所無奈與悲傷，心仍應保持簡單，生命內在而自己。
孔子非無憂，「樂以忘憂」而已。

## 心安

人由相互親近、和敬而心安喜悅。過度自我，是人不安之源。

在人與人關係中，人對人之肯定、善良、和睦，沒有更能令人心安者。

*

事事順承善而為、不自私或妄作，心如此由無疚而安。

為仁較思想更能心安而充實。

*

人若不能自己，心難於有所安定，應平實以對。如有所猜忌，應盡直道，如「疑則問」。

*

在心安定中成就之事始美麗。

## 心態

對人、對物、對生命、價值與美善之心態態度，為人一切本初。心態正與不正，決定人生命之一切。

孩童之美與真實，非在童真，更在心態態度。教育孩童，故必由心態態度始。

*

介乎自我與對象間之心態，由敬重而正。若性情甚至人格扭曲，如此心態於人至為有害。

人與人困難，多由心態不能真正獨立而已。

*

平實使向往真實、向往使平實有所奮發，二者成就為事心態之正。為事雖與心志、能力有關，然二者可改進或可受影響，唯心態最難自覺、最是人自己事，故為成就最終決定因素。

真偽往往與心態有關，如以享樂抑以生命而愛，此於事有根本差異。

*

存在是否有感意義，亦心態滿足不滿足而已，與實際所得無關。

心態能外於存在而自己，始於境況負面時仍能平常，不為負面而怨尤消沉或散亂不安。

## 心思

從作為見人心思，從心思見人之一切。

*

心思在善，人始真實；心思定在眼前，人始平靜平實。求得與未來之心多蔽。

勤敏地生活，不為現實操心，亦不只思量存活，如此心思始保有人之美麗。

*

心思從用心見。不用心思者，已無心之真實。言可偽，心思因必訴諸行動而不偽。若有偽，其偽先在自己，非只對他人。

## 心智

生命由所能為人而立，心智由對人性人情明白通達而為成熟。其他心智發展或知性能力，非必真實。

## 心情

存在心情有種種：面對他人或和悅或厭惡、面對上者或敬仰或諂媚、面對百姓而禮讓同情、面對物求擁有珍愛、面對離別哀傷懷念、面對自然時平靜、面對女性時向慕親近、面對天空時廣闊……；然唯面對天時，是人面對自己心之時刻。天是人存在之心情，其背後為世界，其面前為自己心。

*

心情以平靜為本、以能自己為貴。

常懷滿足心情對人對事。不滿足，已是一種缺憾。

事只行而已，縱使疲憊，心情仍應平靜。事情完結心情自然安適。若真有未能，應釋懷不多想。

## 心境

平靜、有所敬有所愛，縱然只默然，已是存在至美麗心境。

存在心境由真實對象而美麗：美善之人、閑逸之自然、伴隨時日之勞動與物事、日夕如常之生活、親愛喜悅之人們、詩平淡高遠之意境……，存在心境由真實對象而美麗。

*

世界終由心境、非由處境而改變：心是否懷著喜悅與滿足、向往是否光明正面、人視野是否開闊明白而無蔽……，如此決定心境之一切，亦決定世界之一切。

*

悶熱！心境也與氣息相關：和暖陽光、泠風、田野、藍天白雲、閑靜鳥聲、無事之心……，如是心境至為平和。

縱然只一刻遠離煩囂，心由大自然草木仍多麼寧靜喜悅。

*

生活心境不應情緒般大起大落。若不能平和，盡平淡便是。

情緒只反應，心境平靜始真實。

為事心境應獨自，如農人與天地獨處、默默而作。心若造作，只失去內在真誠而已。

*

平實心境頂天立地，偉大背後只卑微感而已。

求成之心境患得患失。心正而淡雅，始平和而真實。

*

能霎見故往心境之單純，心莫名地喜悅，如一切未曾遠去、心亦未為現實而改變其本初。

心境總結人生命一切努力、總結人之存有與存在。

晚暮遠世斂藏之心懷心境，如背景或回顧，於人至深：既內在、亦結算生命之一切。

## 心懷

晨，遠眺廣闊酣睡的都市……。懷抱著人類之心懷，使存在深賦意義、亦使生命安慰喜悅。

景物之善者與人心懷同一：或淳樸或澎湃、或明媚光輝、或平靜內在。屈原故「登崑崙兮四望，心飛揚兮浩蕩。日將暮兮悵忘歸，惟極浦兮寤懷」。

*

如孔子心懷人類德行及人倫真實，如此心懷較只面對人類貧困或制度化存在實更深遠。心懷視野之所在，定奪人之高度，故不應因家國而忘懷人類與歷史。

*

廣遠之心懷：不因所學囿限自身生命、不因現實失去美善向往、不因民族情感漠視他國文化、不因所處時代低貶故往傳統。

狹隘人事多使生命難過，心懷故更應在廣遠無際或內在親愛對象上。

人鮮能同時擁有現實與心懷，兩種世界本然相反。

*

隨著富裕與成就，人易失去本初淳樸與誠懇。仍能懷抱著心境之單純淳樸，如此心懷多麼真誠懿美。

*

縱使自身時代美好，始終仍懷著傳統故往，如此心懷，多麼淳厚而善。

能力可學，唯心懷始屬人自己。藝術與學術之虛假，因非見心懷而已。音樂不明心懷（如貝多芬對超越之向往），彈奏也只音符。哲學而不知心懷，只概念而非智的直觀。

*

經驗與實用主義，只人類心懷狹隘之結裹。

遠大與心懷一體，小人無所心懷。

心只懷著偽而不自覺，如此人多麼悲哀。

## 我心

深愛自然寧靜、因美善而喜悅、見平淡之美而無求，此我心性情。

心之美善使我平靜喜悅。

*

退隱使我真誠，再無求於表現與自我、心在名利外回歸事物之平靜真實。

*

能無所羈絆、如雲鳥視野之廣闊高遠，此我心之切願。

## 自己

醒來，美麗而溫暖的陽光滿屋子。

我只希望見到在讀書、思考、寫作時，那凝聚而平靜的自己；如黃昏在田野間、看著日落、望著天空、見人人平靜歸家。雖然人都希望一番作為，但我仍更愛看到自己這一面，平靜讀書寫作這一面。

## 志

志為向往，亦為存在獨立力量，更為生命真偽之本。

向往必須高遠，亦由高遠始為志。《易》故始於〈乾〉，從上達言志與德性。

以現實或政治為志，實無志而已。

*

志雖有別，然必從為人之善言。

孔子志（「安人」）之所以高，因除為人外，更單純真切於人性美善而不講求自己。

*

志非只從形式，更從實質觀；非只求為詩人，更在怎樣內涵之詩。

若非時刻所想所懷，已非心志所在。

*

才、氣、學、習雖成人所是，然不如志發自人自己、為其心向往與價值反省，故更根本地決定人之真偽。

對人明白，莫深於其志，詩亦言志而已。

*

由志，人始超拔於環境，不再隨波逐流或譁眾取寵。

存在唯志真實，其他多只順隨世間之大多數而已。

*

志不屈於否定，亦不可奪。

「歲寒，然後知松柏之後彫」。志之所以堅定，因為真正價值之自覺故。

*

價值由志而真實，否則只商賈或實用價值而已。

意志由非必為真正價值向往，故為志之外表甚至假象。

## 意

志見於人，意見於事。

意為心所在。只執著事與辭，實不明心意而已。

*

意所及多遠，亦人能力與成就所及多遠：只見眼前抑見世界、甚或直對向人類歷史，如此相差很遠。

意可運行於對象外，其不用力故無礙，此所以太極拳用意不用力。

## 自我

人性與自我為人之兩面。

「我」可為自我，亦可為人性心。

今人所謂人、哲學所謂人，實自我而已。

*

自我與人性相反，亦與禮相反，故不敬、好爭、無情。

自我對立自我；唯自覺人性，人始能真實對人。

*

自我保存（盧梭）非存在第一原則，父母子女間之保存始是。自我保存只從社會言，家更人性地根本，此所以孝悌為本。

在社會中，人只活其自我、物亦多只為自我之姿。

唯由外於社會，心始能去自我心情。

*

人由關懷明白他人而再非自我。

遠離個人主義，始有人性客觀之善。

*

由自立，人始去其自我求人之肯定。

能謙虛而下學，人鮮自我而自大。

*

「我欲仁」為我之至高真實。

講求事情而不再講求自我，事始能真實。

自我只求真理之姿，鮮見真實。

*

自我之心多逢迎，鮮有所賞識。

縱使非求為利益，人仍因自我而譁眾取寵求媚於世，非能對價值有所向往。

無自我者雖孤高，然始終為人；自我雖隨眾隨俗，然仍只自私而已。

*

自我之驕只短短一生，非能在人類歷史中成就自己。

自我之極端在自暴自棄：傷害自己以報復他人。

*

時代之快與不快，亦自我之快與不快而已，鮮有《詩・鹿鳴》之和樂。

人無自我始無爭。

*

鏡象關係只由對方之自我始成為自我。

鮮以人為自我，人始鮮為自我。

*

存在若美善，人少有自我；自我多由存在負面性而鞏固。

## 克己與無我

克己非禁慾或苦行。禁慾只針對欲望、只對向自己，然「克己復禮」由對向人而從為人言。「克己復禮」正確所言，為上位者克去自身權力而復禮。

*

「約我以禮」，禮所約者，為每人之自我。

「自行束脩」（《論語・述而》）：束帶或束髮脩飾為自我克制之始。今人反以脩飾為外表表現而更求自我。

無自我約束，人也失去真正自己。

*

人倫無我。（人面對）「他者」始有自我。

孝悌與仁，亦人類無我之存在（與德行）。

*

孔子之無我，亦從學識與事人言：「默而識之，學而不厭，誨人不倦，何有於我」（〈述而〉）、「出則事公卿，入則事父兄，喪事不敢不勉，不為酒困，何有於我」（〈子罕〉）。儒學精神獨特之無我，在「人不知而不慍」、「有道則見，無道則隱」。

## 面對自己

人由靜下來始能面對自己心。縱使一刻，每日仍應如此。

*

若不知自我反省，人多偽。
反省更需及自己心志，此人格與生命所在。

*

順承現實多偽。作為應單純面對事情所應是、及面對自己心。
縱使是平素，仍應常是真實之自己。

*

應能在世人外獨立自己、作自己事，並對價值有所向往。

能不看著世態，心才收斂而凝聚。

心不與人比較始踏實。比較多與事情本身或自己生命無關。

人唯從作為之結果始能看到自己，否則所見，亦只外在之自己、或自己心情而已。

見自己努力確然真實便是，無需在乎毀譽。

## 獨立

人由知道理及美善價值而獨立。否則只盲目依從他人判斷、世人行為與價值、社會時代習性、甚至只沉淪於物欲與罪惡而已。

善獨立自主，現實依賴而無奈。

*

人是否真實，從心志是否獨立見。

真正獨立，非由於創新、更非以創新為目的，由是否自覺及明白事情之善與意義而已。

生命朝向價值，這是人生命獨立之始。

生命獨立之努力，在沉默中成就。

*

能獨立而自己，始能頂天立地。
獨立終以事與作為而顯。
不能獨立，無以安人。

*

沒有獨立之心境與平靜，人難免性情虛偽。
諂媚之偽，亦由不有獨立人格而致。

*

人多只求經濟獨立，然子貢更從不致人傷害言獨立。能「無加諸人」，如是獨立多麼是人與人間之德行。

*

西方只從「有」證成一切，以為人有食色之性必有食色之事。然若心非有所繫，「有」仍可如沒有。人仍可獨立於「有」、獨立於境況，此「立」所指。

## 真正自己

人都落在特定環境中，故應反問：若非如此環境，自己將會做什麼？什麼始屬真正自己？

*

人由人性、非由存有而真實。

是「我欲仁，斯仁至矣」真實，非「我思故我在」。

*

百姓有其生活，讀書人亦有其自身生活，各是其自己，各應盡其自己真實。

不向往真實，人無法有真實的自己。

人無真實的自己，將只隨他人擺佈而浮沉。

能廣遠又能自己，如此之自己至為真實。

*

自己是由自己心，非由社會他人看法。

尊重他人為獨立自己，人始有真正自己。

*

人只有一自己，非有另一自己之可能，故不能因現實而豁免自己之虛偽。

*

有關人自己，孔子教誨如下：一、「不患人之不己知」、「莫己知也，斯己而已矣」。二、

「修己以敬」、「其行己也恭」、「絜己以進」、「恭己正南面」。三、「仁以為己任」、「己欲立而立人，己欲達而達人」。四、「克己復禮」。五、「古之學者為己」、「無友不如己」。六、「君子求諸己」、「己所不欲，勿施於人」。

自己亦：不求自我、修己、立己立人、克己復禮、真實於己與人、一切求諸己非求諸人……六者而已。

人非如 **Oedipus**，以為不知自己所是。重要的是反省自己作為，非求自己所是。

# 改變自己

改變由心志改變做起：時刻反省自己所關心之事、並盡力重新學習正確價值。

若非接近賢良之人而學，人難於改變。

*

〈中庸〉之「慎獨」（「是故君子戒慎乎其所不睹，恐懼乎其所不聞；莫見乎隱，莫顯乎微；故君子慎其獨也」），亦人求見自己於他人外所難於察覺之不是而已。

*

由人對善之態度便知其有否改變之可能。改變畢竟只由不善至善而已。

# 有關自己

堯非舜、舜非禹。人只能作為自己，不能作為他人。

安於作自己事，不與人比較。

縱使是善，仍非人人相同，故無須求人人努力同一。

*

善有大小兩面：作為個人雖似善，然仍可只順承現實而無所真誠；相反，作為個人雖有所過失，然仍可為人類而有大善。

人之善不善，非只由個己、更由作為人類一份子時之是否有道。

*

有關自己，盡力便是，不應因未能而憂慮。

若己盡善之努力，無需在乎人毀譽。

事事求諸己，非先求諸人。

*

簡簡單單，如此平素自己，至為真實。

# 主體

主體為人作為人之自立。以存有為名者：「我思」、超驗主體、此在（**Dasein**），均非真正主體。

主體非建構、主控對象，甚至非個體獨立性、非從自我位格言。如此種種，只主體形式而已。

主體由心志獨立成就。

主體本於善，心志於學故為主體之本。

若非作為人自己，無以為主體。

「我欲仁，斯仁至矣」，此人可能最高主體性之依歸。

*

主體非求為平等、解放與自由，而是一種德行與境界之努力。

主體之心懿美，其人格默然，「人不知而不慍」。

主體無我：屈原故離、陶潛歸隱、靈運旅居、王維深隱、杜甫為客。

*

主體而致獨體，見王維、陶潛：

〈酬張少府〉

晚年惟好靜，萬事不關心。自顧無長策，空知返舊林。
松風吹解帶，山月照彈琴。君問窮通理，漁歌入浦深。

〈鳥鳴澗〉

人閒桂花落，夜靜春山空。月出驚山鳥，時鳴春澗中。

〈竹里館〉

獨坐幽篁裡，彈琴復長嘯。深林人不知，明月來相照。

〈辛夷塢〉

木末芙蓉花，山中發紅萼。澗戶寂無人，紛紛開且落。

〈歸園田居三〉

種豆南山下，草盛豆苗稀。晨興理荒穢，帶月荷鋤歸。
道狹草木長，夕露霑我衣。衣霑不足惜，但使願無違。

*

人為事之主體，事應回歸人以明白：國家經濟先亦每家之生養、教育亦先只人品格修養……。孟子：「天下之本在國，國之本在家，家之本在身」。反之亦然：「天子不仁，不保四海。諸侯不仁，不保社稷。卿大夫不仁，不保宗廟。士庶人不仁，不保四體」。

從社會整體言，人民為國家之主體，君主只國之一人而已。

若從所主言主體，其形態可有：主於人性（舜、孟子）、主於仁（孔子）、主於修養技巧（西方古代）、主於知識（笛卡爾「我思」）、主於漫步遐想心境（盧梭）、主於構架現象（康德、黑格爾）、主於心靈自由（尼采）、主於君主般耗費與越度（巴塔耶）、主於存有（海德格爾）、主於面對及承擔他者（萊維納斯）……。

# 人

越來越能平實地明白孔子，明白那平凡人倫與生命之道，心多麼喜悅。

今天黃昏在天冷深山中看到日落，平靜而美麗。

無論如何，只要我們真的把自己心、自己生命放在美麗的人情上，內心將永遠平靜、快樂。

## 每人第一件事

人怎樣要求自己，決定其人一切。人對己不要求，是人虛偽之始。

學成為一真正的人，時刻真實、力求一切真實，這是每人第一件事，亦最終之事。

真實與否單純在人自身：為真理而讀書、深愛生命而事文藝、為人民安樂始從政、深愛對方生命始求結合……，人之真實，本如此平凡。

人之真偽，從更深微言，非只在作為或事情上而已，連絲毫閃躲迴避隱藏、偏頗片面不正、過份放縱不實、邪僻乖謬離道之姿態，都實已為人之虛假。能無半點虛假，如此要求於人實難，然真實指此。

*

人常言世界不善，世界之不善亦人之不善而已。反省自身作為世界者之善不善，此每人首先之事。

# 人之真與偽

作為人，能多少為人努力、多少不自我自私、多少單純光明之心，已是人真實所在。事事憂戚猜忌或有所求得，已非光明人格。

耿介正直、穩重、平實、淡泊、認真、沉實不慾欲、溫和而自己、心敬愛而喜悅、無怨亦不負面否定……，如此種種，均人所以真實美麗。

*

人應立於天地間，非只時代產物。

縱使偉大，人仍必有其平凡一面。偉大固然不應驕傲，平凡時亦不應庸俗。

*

向往美善與淳樸善良為人真實性之本。

由德行而單純的人，至為美麗。

能真實地善、真實地知、真實地美，如此之人最難。

*

從外言，人之真實在志向與價值向往，從內言則為德行人格與心之誠摯。從事與人這兩方面言，人之真實在敬事（非為個人所得），及在對人性之盡力與通達。

*

最終言，人之真實有三層次（見《孟子・公孫丑上》二章）：一其所是、二其所以獨特、三其於天下歷史中定位。以孔子為例：一為其仁與智之聖；二為其聖「可以仕則仕、可以止則止、可以久則久、可以速則速」之獨特；三為其「自生民以來，未有盛於孔子也」之歷史定位。人之真實故均可從三面觀：其職能份位、其作為個人時、及其於人類歷史中。一平常而基本、二為其個人獨特之處、而三是其偉大。

*

漠視天地、漠視人性，此人類所以首先偽。人一般由人性而真，由現實而偽。人格之真實往往由樂於現實而失去。

*

讀思想而不真實地思、學文藝但無心於感受價值、讀哲學只求概念之辯、講道德而無顧人性德行、似有所向往而與生命無關、為師而未能切實通透明白……，如此種種，為人常見之虛假。

求知而不知自省，此智之所以仍可偽。

人心之偽，如富而不儉、賤貧而不知足……，實人心自身之事，與時代無關。

人之偽非在努力而未能，在非真有所努力而已。

*

無論羨慕抑妒忌，比較使人失去自己，終只或驕或怨而已。

羣黨而集眾，遠人淳樸與獨立之真實。

求為吹捧與力量，此羣黨之本性。

*

諂媚奉承、巧言令色、曲而不直、好名利而棄德性，此人之所以醜陋。

人之可惡，或有以、或直鄙陋。有以如「稱人之惡者、居下流而訕上者、勇而無禮者、果敢而窒者」，鄙陋如「徼以為知者、不孫以為勇者、訐以為直者」。前者在（真實）對方前，後者直是人自身之偽。人之偽故二類：或相對真實、或直是自身之偽。

於價值只見金錢、於努力只見權位、於美善前如不見、或只顧左右而言他，此世俗之所以卑下。

小器而心胸狹隘、喜好卑下醜陋骯髒、虛偽無所誠，此人之所以為小人。

失去天真或誠懇而變得虛假現實，便什麼也失去。

## 人之品格

人性共同而品格個別。

人格非只在其人性，更在其作為人之格局。

人格即自我之作為人。自我從作為人始有其品格。

*

人格從道義與善言。只求為自身而違道義，非人格所是。

以能力切實為人，亦人格之一種高尚。

*

光明直率之人，無隱藏猜忌、「疑思問」。

信、直、勇、剛雖為人格，若非有道，仍可偽。

議論批評無心在道、貧而諂媚怨疾，雖非求索，然心態由負面而未為人格之正。

*

不隨波逐流而獨立、剛毅木訥不好求表現、沈默寡言不虐不暴，均人內在品格。

高貴非對精神向往，對世俗價值摒棄而已。

人難於利益、地位虛榮前不動心，此人格之所以難。

知足而樂、「人不知而不慍」，實人品格之至。

## 善人

人非由規範風俗、循規蹈矩而善。若非自覺善良而切實為人，仍非有善之真實在。

真實善良之人不怨。

## 成人

學做人不如學成人，成一個真實的人。懂不懂做人，只世態之事而已。

成人由知為人始。

*

《書》「直而溫，寬而栗，剛而無虐，簡而無傲」為人之典範。「直而溫」從品格、「寬而栗」從心、「剛而無虐」從性情、「簡而無傲」從能力言。直道而溫和、心胸寬大然對己嚴厲不懈、剛強堅毅但不以力虐人、能力簡明然不傲視於人，如此之人，較西方之正義、明智、勇敢、節制，更有著對人之方面。成人非一己單方面，更有對人這另一面。

孔子之「志於道，據於德，依於仁，游於藝」，從心志、作為、對人、對事四面言。因世態衰微，較《書》之人性情更強調個體對德性之自覺。

《論語・憲問》：「子路問成人。子曰：若臧武仲之知、公綽之不欲、卞莊子之勇、冉求之藝，文之以禮樂，亦可以為成人矣。曰：今之成人者，何必然。見利思義、見危授命、久要不忘平生之言，亦可以為成人矣」。今與故往成人之差異，在文與質：禮樂文之修養與單純為義。知、不欲、勇，實柏拉圖明智、節制、勇三者，唯正義為禮樂所取代。三者只由現實之負面，禮樂始為人性共體之正面。

若以仁義禮知四者總結成人之道，應如下：「知」含能力與明智、「禮」落實人性素質與性情態度、「義」從真實需要取代勇亦轉化欲望、而「仁」使一切努力歸向對人之立（成人）。

*

於浮誇時世，能平實做事、生活踏實、心不與世虛妄，已是成人之道。偉大也只由平凡而致而已。

縱使只百姓，在忠信敬謹外，仍應明道，不為世界虛妄或現代性所惑，成一真實的人生命。

## 有關人之種種

人有種種：有求幸福、有求理想實現……，但求為人之善作為自己生命意義者，又有多少？荷爾德林從詩文體所見真實之人：理想、英雄、單純者（智性直觀、偉大向往、獨一情感者），實知、勇、仁而已，唯現實未見仁者而只見心單純者而已。

人高低層次如下：德行之人、明道理又真實善良者、向往美善價值、有人性情感感受、具有知識、具世務能力、徒具地位權勢者。

*

人之所以特殊，非因有思想能力，而在有心。人以心而為人。縱使發生在身體，仍先只是心之感受。心雖無法客觀地盡知一切、甚至偶然至超乎想像之外，然始終決定著、成就著一切。此人之所以特殊。

人由心志與性情見其生命，亦由為事態度（如平靜、好求表現等）見其性情之差異。

人之高低，先繫乎心志是否有所向往。平庸者之無高遠開闊視野，只由於世俗現實地理解一切而已。

*

人各有好壞的一面。只是，他努力發展其好、抑放縱其壞，如此決定其人之一切。好壞於人本是其自己，非外求的。

人內裡與外表往往相反：外表善良可隱含內裡性情扭曲、外表嚴厲亦可埋藏內心對人之善意。只由外表，人難明白自己；只由外表，人亦難明白他人。

*

人是怎樣，與他信仰、職業、知識無關。人終究只是其自己而已。

人之過去偶然，際遇萬千。人心與性情之難齊一，原因在此。

人之善不善，往往由環境與他人所造成。人實為環境與他人所塑造。

世界複雜人亦複雜。人之單純真實，由簡單生活始有。

人之改變，或從獨立於環境、或從環境之改變而改變。

從人所好環境見其為人。

縱使人各偶然而特殊，然人性地對待，已是最貼近之明白了。

*

人由一已所是而偉大，非由從事偉大之事而以為偉大。

人之偉大在所向往而成就之價值、非在能力。

人由不竭止努力而偉大：能無止向善學習、無止地改正，人如是而偉大、如是而懿美。

## 人之現象

人所能之美善，較萬物之美更美、較天地之善更善。

人性之美，使存在之偶然始終仍美麗。

人類求超越而對人性（生命）否定，使人世無奈、鬱結而負面。人世再無人性美善作為維繫，人只在相互超越中而傷害，再不知存在之光明。

*

「藝」之輝煌為西方理想，工匠因而為人之典型。中國以「文」之樸實寧靜為理想，因而文人、讀書人始為人之典範。

西方只與物有關地觀人，未見人之真實。把人視為「對象」，已與對方分離。縱使萊維納斯以人面對人為根本，然只視如他者，非見人倫與人性。

*

人本然有所差異，然應各是其所是：人民淳樸無邪、為事者應有所真實、居上者應有道……。若如尼采只求至高之人，那連情感亦必須有生命之高度，如是將只視人性與平凡喜悅為不是。對如此孤高，萊維納斯故以人面對人或甚至人承擔他人（平庸者）始為人主體之高度。

西方期望人能為神。但見人作為人之懿美，更令我心安。

*

人之真理只與人日常道理有關，與人之形上道理（宋明理學）或人之形上存有（西方形上學）均無關。

人世在超越性長久黑暗中，使人以平凡存在之光明為不真實。

# 人性

晨是天地萬物至寧靜時刻。仍在睡夢中的人們，一天工作仍未開始；剛露出無比精力及微笑著的太陽、漸漸光亮起來的天空、鳥兒們的歌鳴、大地的寧靜、生命之始。又一天了，又一日工作與事情之開始，又一天的祈願與生命努力……。我恍惚感到和暖的微風，及田野的草香。恍惚感到萬物對我的懷抱，及我心中對人的懷抱。

我真希望見人都能自由獨立地自覺人性並努力於美善價值。如晨早地純真、如黃昏地懷抱一切、如鳥獸草木地喜悅、如細雨地寧靜。

## 人性之美

人之美有三：或其人性、或人自身品格、或其為他人之心。

人性因在利益與自我外而美。

*

敬使人相互提升，亦達至人所可能之高度。

*

情感為人性至美麗時刻：父子、師徒、朋友、夫妻間、或對賢聖、古人、故人甚至人民之思念……，人由思念見人性情感之美麗。

*

人與人之伴和、音與音、微風與田野、草木、山水、鳥獸、父子、情侶、夫妻間之伴和……，伴和，多麼美麗。

《詩・溱洧》「女曰『觀乎？』士曰『既且』。『且往觀乎？洧之外，洵訏且樂』」，如此平淡之和愛，已為存在之極致。

# 人性

人性從人「不得不」一面言，故先見於感受。《孟子》「孺子將入於井」、《論語》「下愚」之「不移」、《詩・周南》人對人之思念與期盼、〈邶風〉不得已之負面感受，都非人自我主動時刻，其所顯故為人之性。

人性多見於苦難前不得已之感受，或見於違逆時仍有之正道，如〈關雎〉愛欲不得時仍有之人性心願。

如父母子女間思念期盼之事實，為人性之本，亦《詩》所以始於〈周南〉。若所對為他者，人將自我而自私。

對向人，人性亦「敬」、「和」與「愛」而已，三者為人所期盼於他人者，故為禮之內涵。如是人性之懿美，為人文及禮文創制其美所在。

人性：或具體於人倫間、或見於禮、或總括於四端之心及其擴充（仁義禮智）。

*

人性所以為真理，因為人所切望於人人（普遍）者；若非如是切願（為普遍）而只為個人作為，縱使見於人人，仍只個人之事，非人性之事。「人惡」由非為切願故非為人性。相反，如人倫與禮、以賢人治理、人對私密性之不欲公開……，如此種種，因為人視為人應普遍者，故始人性所在。人性故非只由於（人之）事實，更應是其能普遍者。

於人為普遍，與人視為普遍，其差異至大。縱使為一數學必然真理，也只由人視為普遍始為真理，然非於人人為普遍，非人人必懂數學故。從普遍性言人性是否為真理，必須明白此差異。

*

性善指心之感受以善為善。心對善如此本然意識，為其人性所在。「本」從心言，非從作為或行動言。

善惡作為心與人性價值，本然故非能虛構。如宗教、道德能為虛構，只思想事，故仍可有過。思想雖高遠，然始終只能力創為，非必人性。

*

仁義禮智之所以為道，因本於人性心知與感受。感受非只從個己言，更是成就一體關係者。此感受之所以人性，亦人性之所以為一體之道。若更有所欲，一切將只遠去而對立。

人性使人相近，非使人相遠。

*

人無在人性外其他善道可能，亦非對立天地萬物而為人，故於人，人性之道與天地之道同一。

人以其善行於天地而美善，人以人性成就天地萬物而為道。

*

人常以人因欲望而性惡，此所以《詩》從〈關雎〉始，言在好色之欲外、在其不得時，人實知「琴瑟友之」「鍾鼓樂之」始為人性所在。人性始終在欲望外而為人時始有。

一人殺人，人人知其非，殺人者非人性，人人所知始是。人人（在社會利益環境下）

貪婪，然始終知對方之不是，其知人性，其貪婪只個人欲望而已。

「我欲」蒙蔽人本性。然在欲望滿足後、或與欲望無關時，所見仍先是人性。

*

唯人性始為真正理性；言理性不言人性，實非真正理性。理性之似為理，只出於利益考量、甚至只相對社會而言。然無論利益抑社會，始終非必為理性，其理性亦往往因違逆人性而為非理性，如於人之權力關係、於物之耗費與消盡而以為經濟。人自我（性情與作為）之偏差，由人性而非由理性始能正。

*

中國人性論之簡結：

一、非只以現實為事實而只見人性惡，更見人倫中人對人思念、情感及期盼等人性事實。人性真實先在心，非在現實，後者多偽。

二、善惡先在心感受之必然，非在作為（人可違逆其心與性而作為故）。

三、善惡價值因為心本然之事，故人仍於善惡而自由，非如理性道德之外在強加。

四、由真實在心，故對善惡價值非以思想進行虛構，亦非只對向現實而言善惡。

五、人類一切虛假性只由思想作為而致，非在善惡本身之為價值。善惡價值由人性而必

六、在人性外之價值與真理，由背離人性而必然超越地偽。然，無虛構可能。

七、西方只言心靈能力或心理（從反應外在現實言），無本性之心（心性）。精神向往故亦只個體心之事，非人性心之向往。因始終以個體取代人性，故無所謂道。

*

康德把人心靈分為三種世界：現實、內在道德、及內在心境感受此三面。知識之真只相關事物，人作為人故只由道德與心境感受二者始真實。三種層面雖屬人心靈，然始終分離：現實與道德無法一致、道德亦無法與美感感受一體。原因由於康德所對只為心靈本身，未明人心靈更有人性作為本性性向。人性於人始能維繫三者：既使道德能落實於現實、亦使現實因人性而能提昇為真正價值；既使美感融合於善、亦使現實因人性而美……。人性為使心靈或世界存在之三面（所有面相）得以結合為一體，成就人及其存在更高真實。此人性所有真實與意義。

人唯由人性始心靈自由、無造作之虞；此尼采所未明，亦一切從事藝術者首先之道。

# 社會與人性

人由人性而立，非能由制度而立。

人性必從自發性言，非能為制度。此人性之所以人性而自由真實。

*

羣體中之人性善，應如里仁，非如社會秩序與公德，仍單純自主而自發。

人性雖有親疏之異，然始終真實、始終仍為人性。墨子求社會博愛，只本末倒置而已。

*

西方以社會國家為本、為整體，人倫情感只人私下事。然人性始更普遍並恆久如一，人倫情感亦較社會關係更是人之美善。人性始於家，此所以人倫情感更應是社會國家之所本。

使社會成為社會的，無法使人具有人性。社會只對向社會，非對向人。縱使言善或道德，始終只以社會利益為考量。人性單純從人對向人言，與社會無關。

人性內在，非能外來強制。如整齊之為人性訴求，一旦使強制為制度，即已失去其道義，亦由外加而悖離人性。

社會道德仍如法制，只求規範人之行為，既非關懷人之立、亦無視人性感受。

*

人權只對向社會，甚至只為對抗權力，非本然從人性考慮。其所以為應然，未必與人性有關。任何權利之爭取，始終從屬國家權力下，其模態始終為力量，非為人性本身。

*

若非由於社會，人始終依據人性而為，不妄作其他。人性無以長遠地自我違逆。人性自有其是非判準，「其邑人三百戶无眚」（《易・訟》）。若制度以不能例外之名行反人性之實，只使人再無是非善惡，此罪惡不因法律終止之原因。社會由已失去基本人性，其制度始顯得合理而必需。若仍有人性在，人會自行克制，無需強制。

非人性之事，縱使偶發，不會自然地普及。社會違逆人性之流弊，縱使有所刑罰，仍會持續地發生。

*

馬克思所言，一針見血：「有些人會這樣說：從社會觀點而言，是沒有奴隸與市民的：兩者也只是人而已。正好相反，他們只有在社會之外始是人。作為奴隸或作為市民是社會屬性，是個體 **A** 與個體 **B** 之關係。**A** 這個體人本非奴隸，他只有在社會中及透過社會始是奴隸。」（*Grundriße*）。

人性自由，社會只奴隸而已。

*

遠離法律與警察之無情，人才學會人性地愛人。遠離權力，人始是人。

## 人與人

人從人與人、非從心靈或身體言。心靈可崇高、身體可多能，唯心對向人、為人而作為始真實。

*

個己成就、改變世界，都未如孝、悌、忠、信、習之人倫努力真實。人先就在如此基本，非在更高求索上。

人與人，亦立己立人（仁）而已。人全部道理就在此。

*

給予人幸福，不如使人明白成一真實之人時懿美與真實。

與人心而非與其欲望一起，如此才善對人。

舜「與人為善」（引發他人潛藏之善使人更善），此人與人善道之至。

*

善對人若非由於逢迎、巧言、鄉原、甚或只是理性與習慣，而確由對人性之自覺，如此始美善。

唯亦由關懷人類美善而非只關懷身邊人，人始不再自私而仁愛。

*

安人為義，致人欲樂非為義。

安人，必須從安人之心或心志做起。違逆心之人性感受，最令人不安。

對人之關懷，須從接觸做起。

年輕人各有其世界，老年多只孤獨。應盡陪伴老者。

*

人與人間非必對與不對，多只有禮無禮而已。

縱使已為親密關係，始終有著父子師徒夫妻等人倫份位，不應只是個體間之相處而已。

愛非能長久。縱使男女或夫妻，仍以禮始見情感之美。

對近身的人，人多忘卻敬重之必須。

人羣因無人倫關係性，故多無禮。

*

人最大分歧，在心志與價值，非性情、聰明能力、生命體驗、存在境況。人由心志始能一體。

親密性由能否一起生活而決定。

心若執著家人與外人之分，只狹隘而已，「四海之內皆兄弟也」。

*

短暫之快樂，不如長久和睦與情感深刻。

毋因小事傷人性情感與和睦。

*

人與人應切實而非表面。

人只能在人與人親疏、情感與愛惡之偶然中努力，非能更理想。

與他人有關之事，須共同坦誠談論，非個人決定或相互猜測。

情感不致依賴始無怨。

若能夠，盡於他人中留下美好回憶。

# 人與人之問題

人與人關係隨生活環境而改變：在自然農耕中靜默、在都市中多自我。社會若功利，縱使已有特殊親近關係，心由非在人而情感淺薄；社會若非功利，連友朋心懷亦可長久。

*

人與人之事，非必由於他人，更可能由於自己。
兩人之事，須兩人同亦解決或改變。若只單方，除非大德行，否則難於改變。

*

人遠去人，或由其情緒，或由其為人。
承擔他人情緒使人憂鬱，故不應自我情緒化，使人承受。知互敬而自持，存在始美。
若心情也求人與己一致，必致虐，人心境多負面故。
相處若只在氣，不能單純平靜，多麼難受。
忿怒源於希望，或對人、或由於自己有所未能。能不遷怒，已近德性品格。

*

只說心中說話，不鬥氣地說，如此世界平和多、光明多。

能近則近，不能則遠。不應近而不遜、遠而怨。

*

管制與箝制，已是人與人之疏離對立，不如更求親近正面。

*

人不應只批評或只求人認同，更有「和而不同」。

人若不再從自己觀點否定人，對人與事將有更寬厚之明白。

對人否定，多以為是道理。但道理更應是寬大的。

對無關的人事也作批評，若非妒忌，便是一種狹隘。

*

人只關心事物之損害，鮮關心人心之傷害。

人對人傷害多在無意間、在自己不以為然時。若非時刻反省與人關係，實難免於此。

*

敵視人，這就是人不明白人性之原因。

# 對人、對自己

學會人性地對人，從他人之感受對人。

面對人作為存在者與單純面對人，二者極不同：前者一式一樣而負面，後者因各自生命不同有著無窮活潑變化。不能離開世界而對人，未真誠對人。

若只如大多數地對人，所對實自己而已。

*

面對人之心情應如春天喜悅，面對自己心情應如秋般沉靜凝聚。

靜靜地對人，始能內在而親近。

平靜而無意氣，始成人之交往。

以對方為心，非只為意志。

*

對人應真實地為其善，不應逢迎其錯誤。

縱使是所愛，仍不應以擁有者姑息之心面對。

對自己，不應掛心幸福與否。

＊

事是事，人是人，「君子不以言舉人，不以人廢言」。為事時對事，對人時對人。事非人，必須在事外見人自己，否則無以真實。

＊

不以善為理所當然，始能誨人，否則多只責備而已。人不努力，亦可能能力不及，不應過於深責。

＊

人面對權勢地位只勢利，鮮知賢而「賢賢」。

＊

對惡者仍先想其如何能更善，非只想其惡。惻隱之心，非只見於無辜，亦應見於無知而惡者。

## 觀人

觀人主要亦以下各方面而已：其聰明與能力、其為人自我抑通達、誠懇抑虛偽、其心是否有真實向往抑只現實、其人善良抑自私。

直從人自身所能觀，非崇尚其地位。又在能力外，更應見如性情之美、人格之獨立、心志之遠大、行為之仁善等。

仁與智是人之一切。知人，故終以知其仁與智而已。

*

對人之真正明白，包括其處境、需要、憂慮、哀愁喜悅、其對人之善、對人之意義等。不知人生命所有困難，人無法知其努力、人格、甚至德性。

只羨慕他人之美好，不如多明白其困難與未能而予以幫助。後者始多是事實，前者非是。

*

多見人心及其感受，非只其思想想法。

未能作為者觀其心，已有作為者觀其行。

人之性情與心智，從所關心之事表露無遺。

若非由事或作品，人難體會他人心境真實。

*

人之好壞非從一兩事定奪，更應從其整體觀。

觀人之所以主觀，因往往只從與己關係或與己利害而觀，鮮知其人自身。

人只由長久相處始深明對方，故不應妄下判斷。
縱使以為長久觀察，仍可因自身之偈限而未能見人之真實所是，不應過於自恃。
只見人不善之一面而未見其善之另一面，仍未真實地觀人。

*

人由自大故多只見人之不是，從不願見人之是。
以為是他人之不是，可能正是其德性所在。
人不順從，可因其自身更有道理、其作為更有意義，故不應因不順從而責備。
對物作分析，對人應先聆聽。

*

世俗觀人之所以偽，因自身未能深入其事與成就，故只訴諸外在地位與聲名。
人與所有無關，觀人故不應從所有觀。

# 生命

又一年了。早上溫暖陽光光亮全書房。近日特別喜愛連音樂都沒有時之寧靜。教學工作雖忙，幾近抽不出自己時間，但實在增添不少體驗。心與情感仍在台北，如自己家那樣。不知留在台中多久？或什麼時候才安定？平靜地作自己生命之事。什麼時候能由完全明白自己生命而安？

我所期盼的，也只是自己有一真實的生命而已。孔子有其自己一貫生命、屈原與陶潛也有其修潔或淡泊淳真之生命。而我所期盼於自己的，也只是自己生命之一切行作能真實、心所向往之價值不摻雜世俗虛妄與虛假、亦於存在中無不能自己之時。生命能真實，還有什麼較此更珍貴。人都只為存活，鮮有為一真實的人生、鮮有能自己而內在一致。

今日心收回自己之內而平靜。屋外之雨漸細。萬物像洗擦過那樣，透出另一種生氣。

## 生命哲學

生命問題，最低限度有以下四方面：一、什麼才是生命光明正面的力量？二、人心志向往、主體抉擇與自身生命之塑造？三、人生歷程之道與體驗？四、如何面對客觀存在與命運。

從最終言，存在以德行與生命感為最高；存在之一切，以二者為根本。言生命，應先言其活的一面，如生命作為生命之簡樸、澹泊、平易切實，非其死的一面，非只眼前世界之經歷與體驗。

## 生命之真

生命真實化一切。唯以生命面對，事情始變得真實。

孩童與母親之內在性，為生命之本。真實生命從內在建立、先是一種內在生命，與外在性無關。

生命由親近情感而安。事事外在外來，生命無所安頓。

*

真實的生命首先在：盡平實地為人作事、及求為成就善。

為人努力之生命始幸福，求幸福之生命多不幸。

*

生命雖有不同事，然仍須盡其價值與真實。

對價值之愛與向往，為生命動力與意義。

*

生命之美善與生存現實無關。沒有如此體會，生命始終虛度。

生命與喜悅終只繫於人，單純個己，人無法感受生命之意義。

*

平靜地感物、體物，這是生命之平實與滿足。

平靜與心安是生命本然之喜悅，美與懿美立於其上。

*

生命努力應堅定，不應計較其利益。

知足之生命，才是真實的生命。

*

遠離道義之單純，生命無法簡單光明，亦將必承受自身之虛妄。

強大與力量只死不死問題而已，與生命無關。生命由德性、非由強力而生。沒有生命，不死再無意義。

*

生命困難仍不失去善良與心懷，此人所以懿美。

認真而誠懇的生命，必須體諒世人誤解，亦不在乎失敗。

*

人生只有一次，事情也可能只有一次機會，應認真誠懇地面對，切勿隨意妄為。

## 生命之偽

生活非必生命。生命內在成長，生活始終外在。

*

人但求榮譽與地位、求自我蒙蔽欺騙，鮮求生命真實。

資本決定一切。人以資本之生命為生命、以資本之生活為生活。

縱使所活對象虛假，人仍不知醒悟。

生命一旦免去現實負擔後，所剩亦唯食色享樂與商品旅遊而已。

*

生活中好壞、肯定否定、自我愛惡、批評與追求之二元，使生命無法平實而真實。

想法甚至思想之好惡，仍只欲望，非生命自身存在。

非致力為人、非致力人性或價值，只圖現實利益，如此生命多麼虛偽。

*

## 生命之獨立

生命之獨立，由不羨慕他人始。

生命不為負面所動搖撼動，如此生命始獨立。

*

生命獨立無求，如山居觀雨時之內在平靜，不為世間聲色名利所動。

心內在而凝聚在生命事上，外在時如靜觀萬物之心境。

心境之單純，這是生命難於企及之真實。

*

生命應有自身所愛，非為人人愛惡而愛惡。

生命之事立於自己，非立於世界。

生命意義無法從外於自己心而得。

*

生命努力多獨自。不能獨自努力，難有生命成就。

生命由淳一專注與淳樸而獨立單純。

*

生命由感受與體悟而內在。只求議論而不知沉默，非生命之純然。

退隱使人更接近生命真實。

*

能在世無爭無求、無怨無尤，已是誠懇而獨立之生命。

## 生命之光明與喜悅

日常、平凡、人性、正道，為存在光明所在，「怪力亂神」則使存在晦暗。能寧靜不造作、淳樸無邪、心人性而有道……，人類光明莫過於此。

*

喜愛寧靜淡樸生活之性情，其快樂只從寧靜淡樸中得；喜愛讀書思考之性情，其快樂亦只從讀書思考而得。生命之樂始終與本性一致，只由回歸自己性情始得。

生命喜悅應健康平和，如此生命始恬靜而自得。

*

悅樂應由心發出、或屬心而與生命一體，不應外求。

生命喜悅往往由有所體會與明白而生。

見自己成長或見努力漸有所成，此生命莫大喜悅。

生命最終光明在：見自己成就真實地為人。

*

人本與人一體，亦由他人而立。能面對及肯定他人所致力美善，始是真誠生命。生命之光明往往由於此。

能延續故往傳統之美善，使過去努力始終光明不晦，此生存之美麗。

*

人與事和悅，如有著親愛之人、或師徒間學問有所真實，如此充實感，使生命悅樂。

能與親愛之人一起、又能有所努力，這已是生命從外在言悅樂之全部，心於此應知足。

*

光明較享樂更使心喜悅、更使心真實。

人始終應明白，生命非只為悅樂。對生命之失敗與不幸，應泰然接受、不慍不怨。

人所難，為一謙虛生命與生命努力。能如此而無怨，已為生命之光明。

## 生命之正面與其憂悶

存在負面或對逆性為生命所以為生命所在，生命由對其超越而得意義與喜悅，故不應不能正視負面性，更不應在其前有所怨嘆。

縱使負面，生命仍應肯定，視負面為生命常態、為生命一部份。

*

生命意義由感動而最強烈，此《易・咸》所言。

未來仍有無限努力可能之生命，多麼喜悅而正面。

*

能見人與人和悅、見賢賢之敬愛，生命與存在意義莫過於此。縱使勝利，對立始終晦暗。

見真正美善或向上之人，生命自感正面。

縱使只古人或過往，人仍唯見美善生命始真正喜悅。

*

生命努力之正面性，由共鳴而生。

對學問生命而言，「有朋自遠方來」或「得一英才而教育之」，是最大快樂。

*

生命各有其意義，無須相互貶抑。

生命成就背後必有著莫大艱辛，不應只羨慕他人成功之表面，亦不應因自身之未成而感失落。成就非能片刻。

*

生命無意義，或因失去生命目標、或目標無力達至、甚或所達至目標本身已失去意義。後者至為絕望。

向上為生命之意義。若努力再也無其意義，人世將變得虛無。

*

生命感或外或內。無生命感之生命，至為憂悶。

單純順而無逆之生命，仍可只苦悶或無聊，故「不仁者，不可以長處樂」。

*

若連情感與人性溫暖也失去，生命將只無方。

心應盡正面地活，無須為世之不善而憂悶。

## 自然與生命

親近自然，人始對生命有所體會。

生命與欲望雖同似生命激素，然欲望所對為物，唯生命始如大自然生生不息。

*

久處自然美善中，生命始能獨立對世俗之依賴。

*

人或由情感而誠摯，或由歸隱之心而淳樸。人由對人與對自然之深愛而懿美平靜。

縱使志有所不得，天地始終賦予生命其意義，人始終可與山川草木為友。

## 我所喜愛的生命

晨早而見清陽、傍晚而見黃昏、靜聽細雨密密之聲、近見草木在微風中擺動、遠無邊際之田野、夕晚而羣動寧靜安息、鳥之歌鳴、雲之自得……，如此與大自然生命，使我無限喜悅。在「日出而作，日入而息」外，生命也只田園晨昏之生命而已。

如田園般平淡生活、求為人平實明白而思，兩者亦我生命而已：一者來自本性、另一者來自我心志。

我所喜愛之生命，亦求為對美善、生命、人性之明白，及對美麗思想及心懷情感作解說。如此生命，使我平實而喜悅。

# 人生

又新一年。人若如年一樣，不斷更新，多麼好！年歲難道只是人生命指標，非生命歷程之更新？

## 人生

除客觀際遇及性情氣質外，人各有著一原始之心：潛藏之想法、心情、心態、感受。每人生命由是而塑成。

幼年感受寧靜之愛，與只感受人類仇恨，如此體驗將多麼深遠地塑造其一生。

從童年品性、姿態、天賦能力、及向往，可見其人之全部。人實只童年之結果而已。

*

人生由不同價值與幸福感所塑造。價值為心所求，幸福感為心所安。價值決定其事之方向與內容，幸福感則決定其事最終形態與高度。

幸福感非人人相同，此人生與生命形態差異之原因。

*

生命階段各有不同努力需要，無法取代：少時用功非即後來必有所學問。《論語》翕如、純如、皦如、繹如亦人生寫照：早年求豐盛、後純一專注於事、事漸光輝真實、終見其事包容生命之一切。

*

縱使教者盡心地教，然學與否仍每人自己事。每人生命仍由自己塑造，無人能左右。生命之一切，都自己事，始終與世無關。所謂人生，即人最終亦自己一生而已。

*

人生最終只兩種：或求富貴與成就、或求道與心安。人也只兩種：或求優越與幸福、或求生命之真實。

人生無論多不得已，最低限度仍應盡力作一真實之事，不應完全虛度。

*

無論多偉大，人生始終平凡。偉大性在實際當下都被分割，非如作品之完整。此所以我們看不到在眼前之偉人。

人一生事過後都無大不了，不如平實真實地面對人及自己。

*

人生盡如晨早至黃昏，應在黑夜外。

生命亦可在死後始開始：作家一生，只是死後生命之準備。

## 孔子之生命

「吾十有五而志於學，三十而立，四十而不惑，五十而知天命，六十而耳順，七十而從心所欲，不踰矩」（《論語・為政》）：

人以學為生命，故始於十五；三十應以人格與價值向往而自立；四十不應再任意好惡，應由閱歷而客觀真實；五十見自己一生努力所是，如天對己之所命；六十由生命全然獨立而與世無所對逆，對悖逆之事亦不再在乎而能包涵明白；七十欲與心因純然內在而一致，生命純一而圓滿。此人生階段之正。

人至五十始能回觀自己一生，始見自己究竟。如是一生未必為自己所計劃、或所以為努力；只不知不覺地、如由天所決，故為「天命」。

*

「立」「不惑」「知天命」「耳順」亦人努力之深淺：身體力行、愛好、有所智慧、及至生命與心懷內在事。四者為由身至心之內化。

## 老年生命

老年為人真正收獲之時刻，從中見其一生努力之真偽。

縱使一生所求已為真實，仍唯老年始能無過，此老年之精純。老年非暗晦，為努力能致境界之時刻。

孔子「耳順」與「從心所欲」，是老年之境界。

*

老年之光明在心，非在身。

人一生若只求為身體，老年將變得負面。生命若求為心志之成就，老年將是其光明之時刻。

對自身老年珍愛，是人至懿美時刻。

*

世界可能性雖隨年歲變得越少，但老年生命更專注、精細。

能單純面對自己生命而存在，這是晚暮之優點。

忘懷使老年生命精淳、使心簡潔。

年老仍可「不知老之將至」，有其獨特內在生命。

*

青壯年視眼前一切均短暫、仍有無窮未來；老年一切已無可改變、如死寂般。然無窮未來只假象，由壯年至老年，只突忽一線而已。未來與改變對生命言雖重要，然若無所沉澱，終也只一無所有。

*

人不會因年老而改變品性、不會因年老而變為善。此戒。若老年無奈而遺憾，應如是想：無論什麼，一切即將過去。如是自己由無所執著或負擔而仍能活潑向前。

## 人生之判決

人生終結時，其過去對錯已不再重要；重要的，只其一生究竟具體地作了什麼。

*

死亡一事實說明，個體終無所得；能有所得，唯人世而已。個體之真實與否，故只從貢獻言，與自身所得無關。

為人作了什麼、留下什麼，這始是人一生最終的。其他，如幸不幸，都隨逝沒而逝沒。

## 死亡

人只在老年始自覺死亡。死亡故非生命之反面，而是老年始有之事實。

死亡之省思只對有我者言，無我者無生死之患。

*

死亡也只生命之完成，非其失去。

死亡之抉擇，由生存意義決定。

*

人生終結時最重要的，莫過於自己一生有無對身邊人予以全力幫助。這是人生終結時唯一切願與安慰。

死亡教人明白「他人」之意義、明白深愛者之情感。

*

與其哀傷，不如在生時多伴隨人快樂。

# 生活

生活又安定及平靜下來。前兩天把陽台弄成小庭院，早晚在外面乘涼，閑適生活似簡單地實現。一時再無渴求，心靜如止水。能在滿足中平常地作為、能日夕親近大自然寧靜，實在喜悅。

## 活

情感為存活之本，人無從利益而有存在意義。

為心懷之人較為享樂而活有意義多。

為善良與誠懇的人活便是，無需理會小人與權勢。

如子為父母、父母為子，事必與人有關，其所得亦終為人。

*

人之真實在其心懷。若只看著世界而活，其活多麼虛假。

應活自己心志，非世界有什麼便活什麼。

活是生命之力行，非舒適或求得多少。

*

工作非一切、非定奪人一切，始終應有人自身生命甚至心靈成長之努力。

成己較求成就，其活更真實。

真實與虛榮二者間，前者更是活之真正意義。

*

活之重量在為義。

人多因工作而自限，然生命始終應開闊而不息。

*

生活心情具體而真實，思想之心情非是。

是非複雜，非活之真實。

以觀念分析世界，不如以道之平凡而活。

*

簡潔儉樸之活光明無負累。

存在越單純越美。

人大多活在自己過去中、在過去心情與際遇中，然當下始是真實。

*

## 生活

生活也只事而已。由農事有務農生活、商事有商人生活、教學有讀書人生活，連每天在河邊釣魚或山中採藥也是一種生活。生活繫於平素事而已。

「日出而作，日入而息」與家，始是生活之本。文明構造縱使高度，仍不應越過此種淳樸。

*

與不求勢利、不好自我而平淡之人生活，始有生活真正喜悅。

在力量爭鬥外，生活始美。

在自然或人倫間生活，人始能人性而自己。

*

萬物規律在「時」：一日有早晚之時、一年有四季節氣之時、一生有成長階段之時。生活規律，由守時始善。逆時輕者事不達，重者多疾病。

生活問題多起因長久，解決故須從習慣做起，如改變飲食或作息，偶爾藥物實無濟於事。

生活不應為物所負累，淳樸指此。

*

都市生活一生如一日。自然生活始見春夏秋冬生命。

*

人創為之生活多自我而虛構，社會生活亦只享樂、權力及罔顧人性之利益，非生活本然之真實與美善。後者在人性，非在工商業或政治中。今生活必須面對世界、他人及歷史，必須面對社會、制度與人之虛妄。如是生活多不必要、多不只是生活。

*

若人世變得市井，歸園田居已是道。

## 生活與德性

德行非只道德，亦可是生活。生活由德性始美善。

德性生活或內在平靜，或「居敬行簡」地平實。

清貧與簡樸，有如生活中之至德。

「行有餘力則以學文」：能在生活現實中仍不忘讀書求學，這多麼已是人之德行。

## 現今生活之偽

思想構築之世界，只人造之世界，非人性本然的生活。人都只活他人之虛妄，鮮活真實之自己。若只能在人類主觀創為中活，不如活歷史沉澱下來之傳統，無論是作品抑城市風貌。

*

現今生活與工作中事，多只現行社會制度之反應與順承，非事情本來正面之努力。今生活多只一種「活」，非有「生」之喜悅。

*

物化之人類存在，其生活也只身體事：負面時勞累，正面時也只享受甚至麻醉而已。資本主義生活既強迫亦重複（repetition compulsion）、既無目的亦無價值；其勞累如活生生的死亡。

## 工作與勞動

應好勤勞，非好逸樂。

赫西俄德《農作與時日》這西方第一本個體著作，直從工作與勞動言起。

*

《詩》〈十畝之間〉：「十畝之間兮，桑者閑閑兮，行與子還兮。十畝之外兮，桑者泄泄兮，行與子逝兮」、〈甫田〉、〈大田〉，或王維詩〈蓮花塢〉：「日日採蓮去，洲長多暮歸。弄篙莫濺水，畏濕紅蓮衣」均勞動之美。

*

安逸與勤勞，都有視乎人心志理由與處境情況：邦無道之隱逸為德性，為利而勤勞非德行。百姓安逸是道，君王安逸非道。該勞而不勞無德，能安逸和樂仍戚戚不安亦無德。勞動之真偽，一在勞者之心、另一在勞動之實在意義，宜分辨。

*

人非本然懶惰，懶惰只由對權力或壓力之逃避。不過，縱使無外力，人成就仍有天賦與誠懇多少之差異。

勞心仍是一種勞。

勞累也只勞累，不應怨尤，更不應破壞內心平靜。

*

人類大部份勞動，只為少數人奴役，與生存需要或價值無關。

真實為人之勞動與社會虛假之勞役，是存在有意義無意義之根本。

今人類勞動多只為無意義之消耗而已。

古埃及生與死後世界（神與人）均如一地勞動，古希臘勞動更是一種競爭，勞動於希伯萊則是懲罰。古埃及作而無欲無望，希臘作而求表現，希伯萊作而求如贖罪般補償。勞動之為競爭與痛苦、為永恆地必然及如死亡般無望，為西方對勞動之看法，至今仍然。

# 行作

秋天忽然到來，心身都因收歛凝聚而興奮，生命再次待機而發。雖仍孤獨，但心又是多麼遠大無所計較。

## 行與作

人由具體行作始見自己真實。縱使是思想，都必須從書寫與離開書本獨立思考之行作做起。此踏實與真實性之始。

縱使是道，仍應從人能具體作什麼想，非只從道理本身想。

*

作事只有兩種意義：或為自己學習與生命需要，或為人民百姓需要。

作為若非盡事之真實，必也求為利益或自我肯定而已。

作為也只有兩種價值向度：或為美、或為善。若非如此，作為無甚意義與真實。

若非善，無論怎樣，不應行。

*

作為都有目的及手段兩面。目的幾近無不善，不善唯在手法。如養家賺錢，不善多只在方式損人利己上。錯誤之難於自覺，因目的多無不善。唯對手段與方式亦有所自覺，作為始能美善。作為多指方式怎樣而已，非事情本身或目的多麼合理。

*

責任有多種：自覺或難於自覺的、只承諾或生命作為上的、雙方之間或面對人類、面對歷史傳統、面對後代的。人不應只守表面責任，更應負起人類深遠責任，如此始不致對人有所危害。

作為之等次由下至上如下：為一己利益、為人但僅只服務、為人而有所貢獻、貢獻達於歷史而獨特。對作為等次應有所自覺，以知付出之意義與努力之真實。

如寫作，為後代而非為目前而寫始無利益功名心；同樣，為未來而為始沉實，非一時之快或僅只眼前考慮。

若非有所深愛，作為難於真實，亦難樂在其中。

*

誠懇之作為必獨自默然。求在他人前作，多不誠懇。

泰伯「民無得而稱焉」、堯「蕩蕩乎民無能名」，無能名言之作為，始天之作為，作為之至真實者。

*

作為之好壞，由平素習慣養成，非能由捷徑或特殊方法。若非由日復一日努力，求「一番作為」仍無以能致善。

*

作為應求平實真實，非圖突出特別。作為應不急不忙，如沉浸在其事中。寫作如是、講課如是、彈琴更是如是。能不畏難，始更是作為之真實。仁者故先難而後獲。

*

欲望使心無能專一安靜、亦不能如日常地作。如日常行作，既安靜亦自然。縱使為生命向往與所好，仍應平靜深愛地進行，不應如欲望般求得。

*

行為應如太極運拳，發出仍能收回、不失太過之虞。過失往往由太過而已。事情發生時固然可有種種特殊理由與原因，然事後人之判斷只從其事本身言，多不理會其曾有特殊理由與原因，作為故應只從事本身想，不應以發生當時之理由為藉口。

*

人多只在定式下作事，鮮能自由誠懇地作，善事亦然。作為不真實之原因，往往在缺乏反省而已。

作為應單純面對對方，如內在自己事，與外在世界無關。人多只看著世界作為，如與自己無關。

依循社會規範，縱使虛偽，仍為人人稱道；依據心中志向而為，由不為人明白，縱使美善仍無所稱道。然人由心志始真誠，非由於依循。

無論多似獨立，人之想法與作為仍都或依據社會他人、或依據過去習慣。人故應對其作為之美善與正確性多作反省，不應只為依據所決定、更不應只是摹倣。

屈從而非自由地作，必然虛假。此由人性與只由制度而作時，其真偽之差異。

*

不希望他人作之事，自己應先不作。希望他人亦作之事，自己應先作。人大多相反：他人作之事，縱然不善，自己亦跟著作；他人不作之事，縱然是善，自己亦不作。

*

真誠的作為，無須顧慮世人評斷。

若為心中價值，應直行其所是，無須為其他真實而顧慮。

作為若是道，無論有無成果，本身便是意義。

*

不應只看他人之作為，先看自己究竟作了什麼、成就了什麼。如此更真實。

作為之真實，多在事後始見。

人都想作很多事，其實，以一生完成一真實事，如此已足夠。生命應簡單，非汲汲而多。

*

未有能力只應學，不應作。行醫從政都非從行其事而始學，教育更如是。

任何事可影響他人一生，尤需謹慎。醫生看病如是、法官判案如是、老師教人亦如是。

非真有能力或真有心，盡可能少作事。多作只多害人而已。

## 為事

為有益於人之事，非為有益於己之事。

從義而非從利，此事情之光明與意義。

*

讀書是一種事、寫作是一種事、耕種是一種事、遊歷亦是一種事，孔子「出則事公卿，入則事父兄」（〈子罕〉）亦一種事。事亦事而已，非必生命成就或興奮喜悅。事非必樂，樂非必成事。

*

為事，目的為先，內容為次，自身為後。盡事情之客觀，與個人自己無關。

為人為事，應忘去自己。

事由朝其目的之美善而為，始非白費。

*

事之真實在心之真實，先在人其所是。若只一時熱情，始終虛假。

對事真實，必主動地學習與作為。

縱使優異地執行，若不見敬意，事始終無以美善。

*

得失之心使事無以泰然而直。

誠懇從不講求利得始。

*

事情越難應越用心克服。「仁者先難而後獲」。圖易事者多少有利益之心。

於事困難表示行作仍有所不真實，應多反省檢討甚至重新學習。此困難之意義。

事只事，不因人而激怒不滿。

沒有事情不能解決，人借藉口不解決而已。

*

不應在未實現前把事情想得太好。

於道義前仍有現實顧慮，無義亦無勇。

人多借事消耗自己體力而已，非以力量作有意義之事。

## 為義

義為人由物質境況而有之本然必需，與時代所求實用效益無關。社會效益與時代需要，非必人真實需要。

*

義為生存基本，與欲望無關。

義非只與人有關，更由事之嚴重性定奪。

遠離「務民之義」，事無論多似有理據，仍未足以立。

*

對義事不為，使人有感羞惡，此所以「羞惡之心」為「義之端」。羞從己言，惡從對方言。

世事非只看與聽，仍應盡自己所能。

# 努力

努力終歸兩類：或為人，或為物質知識。唯前者始真實。

成怎樣的一個人，這始是人類努力共同而基本的目標。人是怎樣的人，較一切問題更根本。

*

虛假努力有二：求索超越性，及對物質過度開發。真實努力亦有二：人文教育，及人性地為義。

如哲學及物質文明之致力，仍只屬人類偶然而已，唯美善始為真正努力。故連藝術亦不應只求概念造作。

*

努力應立於正面、對正面明白，非只反思（世間之）負面而已。

知美善而致力，始知切磋琢磨，及知努力之為努力者。

不知價值向往，或非默然為價值努力，其一切努力徒然。

*

若不能平實，努力仍有所偽。

努力若為一種外在表現，非善；安靜而自己之努力始是。

創新未必如明白之努力真實。

*

善之努力必有待前人及人類歷史。

意義由共同成就。真正意義更由人對美善之共同努力始成就。

*

努力是否真實，非從未來而先從當下言。奢言未來之真實，到時連我們自己也可能改變了。

若不當下努力，將永遠無所努力。時不待人。

*

世界不乏美善努力，只往往為人之自私所破壞。對如此努力，既應肯定，更應承繼。

使人知之努力，仍真實而善。

*

所謂生命，實也只種種努力而已、為人努力而已。歸根究柢，努力只個人生命之事、生命獨自之事。心只依賴世人判斷而不知獨立，無以努力真實價值。

*

真實努力必發自深愛。

生命之努力不應倦。心不倦不厭。

*

無一事情本然自然，藝術如是、思想如是、修身亦如是。然其困難與壓力於純熟後又將顯得多麼自在，此努力之意義。

由困難始有努力，單純簡易故非教育時正確方法。人對事情放棄，非由於困難，由無感意義而已。

*

非只於困難時始努力，平常時更是。

真誠的生命努力，不在乎挫敗與不幸。
於時代而感自身努力失落，仍可由見歷史之努力而鼓舞。
在自己努力外，必有他人亦同樣默然地努力。
若仍未失去上進努力之心志，外在失敗並非最後決定因素。

*

如農耕與其收獲未必成正比，努力與回報非必然有關，能如此努力始善。
若是善之努力，不應再作比較，各盡所能便是。

*

努力為人之希望與自我肯定。無能努力的世界或社會，至為絕望。
否定善之努力，既否定善、亦否定人。
使人之努力徒然與白費，這至為虛假與無德。

## 能力

能力非在文憑或稱譽，在是否能把眼前事做好而已。
清楚簡明、有條不紊、輕重有序、乾淨俐落，如此非只能力之基本，已是能力真正表徵。

*

能力由習慣養成。

*

縱使為鑑賞判斷力，仍由平素而致：長久經歷、切身體會與反省，如此始知貴者之所以貴重。

*

所好與所能應一致，否則所好未真實、所能無以成。

*

能力求付出，非求得獲；為助人，非為成就自己。

與其虛假關懷，不如盡力協助。

*

真實作為者，知事之困難。

能力應平實而真實，不應用作競爭或高低比較。

*

超出能力之作為多不真實。面對自己之能與不能，此為者首先真誠。

*

知事情客觀需要，及知自身之所能與不能，此始能力之真實者。

能力始於努力、終於努力。未曾努力，沒有所謂能力與否。未能者應學，非妄行。

*

真有能力者愛好平淡、平凡，無真能力者始愛好表現與突出。高遠能力無可取代，非能競爭比較，亦非如地位與富有者可相互取代。

*

能力與人之賢德有關。除富而驕外，人亦可因能力而自大，此有能者之狹隘。

*

能力一如財富，多引致人怨嫉，故應深藏不露。能力只自己事，非與人之比較。

*

不能忘懷自己才能，無以謙下，不得志時亦難泰然自若。才能應為自己生命事，如此能力至為真實。

善盡自己能力便是，無須看著世界而感無力。

*

世人所謂能力與成就，多虛名而已。

為人更善而好能力仍善，但為名利而好能力，多麼虛偽。

## 成就

成就由善始成。

成就只從事之真實言。人對人之毀譽，非與成就有關。

成就只事之作為，非地位聲名之求得。

先成就自己之真實，非先成就天下之真實。

不心懷真實，成就終必虛妄。

*

於事能光明，此始是成就之喜悅，人讚美非是。

*

成就由日常平素自然而然，非汲汲追求而刻意。

成就唯一步一步，既無僥倖、亦非夢想。

成就是一生、非一日之事。

持久用心是成功真正原因。人能改變亦如是。

*

地位職能非成就，反而，在這樣位置與職能下，人作了什麼、有怎樣為人之作為，這才真成就所在。

富有與地位，因有時勢與命運在，故非真正成就。

真正成就非世俗成功能計量。

*

大成者未必無小過，無過者未必大成。

大成必曾有所弘毅而善。善而無成，其善非大。

成就無論多高，仍可在不知不覺中倒退。

*

人較自己有成，不應嫉妒或自卑，「見賢思齊」而已。

老年能以一生體驗對人有善之教誨，已是一種成就。

從成就言，孔子只「述」而已，非「作」。

# 求取與佔有

求取之道如下：一、不為無益於人之事、亦不求物自身發展。二、只依據需要而求，「釣而不網，弋不射宿」。三、不壟斷，盡節儉與讓。四、面對一切謹慎不貪。五、盡求安於各種境況。六、無論現實怎樣，都不能放棄作為人時人性之善。

*

人一般所求只生活境況之美好，非人自身之美善。人類求取而越更不善，原因在此。

*

在圖得、求得前，應先看自己是否值得如此。

*

求取若無損人利己，有而又能讓與，無獨佔之心，其求取始正。

讓使取得非只為佔有。

與共雖較佔有為善，然與共應從對等者言，若非對等者，則為分送。

*

壟斷與霸佔為求得中至醜惡者。

# 財富

富有只經濟假象或表象，人民生活充實安定（庶）始真實。求富有只使人類越加貧窮貧乏而已。

講求利益只使社會立場對立，國家整體一致福祉由是不再可能，利益始終必然對立而自私故。

富有之所以為假象，因富有只由致另一方貧困始成就，其背後必有不均不義在。

*

資本主義源起於向外求利益之念。利益心使企業與資本形成，亦使人類為資本所奴化。不安於所有而向外圖索，縱使只絲毫利益，已使人類落為經濟奴役。經濟本只內在安定充足，與富有或向外圖發展無關。

助人致富非義，解人困急始是。

*

為生活而求得亦有種種，只言利益不言真實與需要始不善。

*

利為短淺或不當收獲，非勞作應有所得。

人都只知求財富，但都不知財富應有之意義。求富有而心中無對真正美好嚮往，多麼虛偽。

富有使人失去人性心原有之單純美麗。

富有亦使心失去真正價值向往，使心如拜金主義般盲目浮誇，故多致人於不善。

財富所帶來滿足，不應為生命最終所求。

縱使為商人，仍應對德性價值有所敬重，如子貢。

*

無所不有之人，已失去生命與努力之喜悅感。無所不有，已失去有時之喜悅。

能不想及錢財生活，始真正幸福。

*

孔子把浮雲之易散比喻富貴，多麼美麗的形容。

## 貧困

簡約在富裕與貧窮外，富裕始與貧窮一體。

*

人類貧困非因物質缺乏，因過於奢華浪費，及財富不均而已。

*

人人貧困而自己盡其擁有，多麼可恥。

# 存在

道格颱風使我昨夜無法好好睡。屋子三處漏水。若一日心能平淡至連大自然最微不足道的海岸聲或一草一木都能專注地聽、專注地看，那心將多麼無我地平和寧靜。

## 存在之真實

對存在敬意而非對存在追求、對存在和睦而非對存在辨貴賤、對存在情感而非對存在享受，這始是存在更高意義與真實，存在之人性意義與真實。

存在之美善在詩、在人倫情感、在人心甚至在大自然草木，非在物質富有或俗世價值。

存在意義由此始得見。

存在滿足唯在人倫與人文，單純物欲滿足，始終空虛。

存在美好只在人倫生活間，非在形上價值上。存在價值若非平凡地美善，只存在之虛假而已。

*

存在有義與禮兩面：一從需要、另一從存在美善言。後者或為心之美（「興於《詩》」）、或為行為之美（「立於禮」）、或為創制之美（「成於樂」）。

若人均以德性為向往、各自勞力、無佔有不均，縱使物資有所困境，仍已是存在理想。

*

人應詩意地棲居大地，從美善觀存在。人性之真誠與美妙，使存在活潑富有生命。

負面或對逆性，為存在本然真實，人由對其超越始得生命意義與喜悅，故不應於負面前怨嘆，亦不應以存在負面性為無意義。

縱使現實無法改變，人性美善始終仍為存在唯一意義。存在價值在人生命，非在存活。西方以生命感為最高，存在莫不立於其上；中國以德行為最高，從德行感存在之美善。存在之正面性莫過二者。然生命感始終繫於存活，德行始亦成就人自身，使存在美善而真實。前者故只主觀，唯後者始客觀真實。

*

無事而靜，此存在之本，亦人所必須首先學會者。

存在本單純淳樸，由人聰明與知識始變偽。

大作為之悅樂，不如恬靜淳樸生活喜悅。存在非在客體，亦可單純在主體。（在社會外）直對事而存在，如此存在始平實不煩躁。

如養育小孩只為成人、非為己悅樂，存在亦先只平實為事，非為己求美好。

*

學與為事是人於世存在中之正面自立，唯為事仍未如學之能純然自己。其他如在世中之感思與心情，難無憂晦。

*

人能如其所如地面對自己，非只虛偽地求取社會定位與認定，如此存在始真實。存在正確模式在人於獨立中而相互，非在整體間之相互箝制與勞役，後者使人變得自我而盲目。

*

政治未如家庭或生活事真實。以政治而存在，已是人類存在之虛妄與墮落。

*

沒有一事物不再重現，或不曾存在過；沒有一人心志或心懷不再在未來重現，或未曾存在過，存在「永恆重現」。表面上多麼不同之事物與人，都實已存在過、亦仍會出現。一切永恆地重現，非只當下偶然。如此對存在之肯定，為對存在最高肯定。

## 存在與自然

人與大自然德性地結合，此田園之意義。

人大自然草木化、自然人性化，此人與自然之和諧。

*

與大自然結合，無論以藝術、建築抑生活，始使存在美善。生命由自然而滋潤，人亦由自然而感化。

物若非為需要，多只欲望之事，非如大自然草木之與生命有本然關係。

*

在自然中，人始得回存在應有之平靜與喜悅。此自然於王維詩亦有之意義。

## 存在與人

存在意義非在神性般偉大與永恆，更在日常心境之光明坦蕩：由對人付出與努力而平靜，及在德行中而喜悅。

人性對存在之期盼，始終如一：人倫之敬愛和睦、家之親近、國之安定、人之美善、禮與心懷之懿美。雖似平凡，然又是多麼必然。

*

生活、社會、歷史、命運無一必然，人只在偶然中安頓自身而已。存在之偶然，由為人及心與心之連結而變得真實。

*

人並非都能反省，更非對世界一切必有所認知。以知性而非以人性為存在之本，只使人失去人性直道而變得盲目。

人以為問題在資本主義、在權力鬥爭、在環境、在教育、在都市……，而不知，問題只單純在每人自己而已。

人都在不明意義與價值究竟下耗盡一生，甚至耗盡人類歷史的一生。

*

人無多少未來可能，一切實唯當下而已。

## 存在心境與心情

心懷

整體地懷著人類，始不在乎其錯誤。心由距離見，否則只因被動而不能自己。

對支持我們及日夕關懷我們的人，應以生命為他們活著。

## 心境

閑：心無所牽掛，無一事。存在以此心境為高。

心向著未來已有所欲；閑，從心不再對向未來始。

## 艱難

凡事必有所困難。

人由困難而非由舒適安逸而真實。

*

困難多在進入另一階段後自然解決。人生歷程，始終有著更廣闊空間與層次，不應執著一時而自困。

困境多是轉變時刻。仍應深信，美好將會來臨。

對困難，心應努力解決，不應過於要求或有所放棄。

*

存在心情，應如晨早般喜悅、或如黃昏勞累後之滿足。黑夜應為休息時，無須徬徨焦慮。困難應如傍晚勞累，始終貼近生命而親切美麗。晴、雨各有其美，只心是否知觀賞而已。時間有其過去，亦有其未來。

## 傷痛

盧梭說：「痛苦正是產生於我們願望與能力之不相稱」。痛苦若非由於心，便即源於對他人之承擔，此其所以真實。若只源於一己想法錯謬，其偽必與欲望有關。

傷痛只由於欲望不達，抑由於他人不幸，二者相差很遠。

*

從痛苦可見愛之深切，此痛苦之意義。人由失去而痛苦。痛苦由淡忘而終結。回憶應帶來共在時之正面感，唯失落之心情應隨歲月而淡忘。

*

痛苦若由於欲望多不仁，若由於愛則更仁。從痛苦故見人本然之善惡：善者由痛苦更善、惡者由痛苦更惡。

人為惡非由於痛苦，由無愛而已。本於愛之痛苦，其背後美善，亦使人心懷更寬大而體諒。若能不逃避，痛苦見人之偉大。

*

痛苦之所以（使人）偉大，因在痛苦前心更真實、更沉默剛毅。人格由無懼苦痛而提昇，由承受而直立。

## 憂悶

憂慮有二：或因人（如家室顧慮）、或因心不滿有所求。然憂慮多心之自困，與事情解決無關。作為生命感，憂悶與人生命未盡真實有關。

*

否定感由求得始有。生命若平實，始終光明正面。

少見不快、多見喜悅之事。憂悶無益於己、無助於人。

憂樂如患得患失地相繫。心應在二者外，平實清靜而自己。

*

若無力解決或承擔困難，心始終應「坦湯湯」，無需不快。仍可保持平和開朗、樂萬物之美善。

憂可由他事而忘。

顏回「人不堪其憂，回也不改其樂」。

## 空虛、無意義

存在之感傷，非只由於世界，更可由見自己亦失去本初之單純與誠懇、失去赤子心之光明。

心感空虛，亦生命沒有作真實之事而已，心無所向故無安。

生命或存在意義，應從自己內在努力建立，與外在無關。

*

寂寞似個人，但實人人共通；其本在時代，為人與人對立或自私所形成，與個人自身無關。

人連人亦只求擁有排斥，非「毋友不如己」，此寂寞所由生。

友人是一種存在通達。社會狹吝、無友人之善，人始易感冷落寂寞。

社會因過於羣體地盲目，此特殊個體之所以孤寂。

## 怨

無邪之心無怨。

人由無怨始立，由無怨始有光明人格。

*

不怨先是平素不埋怨而已。

「不應該」若只關乎一己、無關乎道義，已是怨。

怨尤非只感受，更多為性情與心態之狹隘。

心能正面，由不怨始。

*

因美善之不得而怨，非由於美善，由一己有所求而已。

怨本於利得或求得之心，此所以不怨難。

*

怨可由於他人，但始終與自己處境有關。然人對自己處境不滿，仍多是心慕外而已。

毋須羨慕，做自己而已。世界沒有什麼真值得羨慕。

*

「人不知而不慍」非只人不知己，亦含世人不知是非善惡與美善。「不慍」故言人亦不應因如此無知而憤疾批評、不應怨世。

世界縱使不善，人仍可努力自己所能，為人盡喜悅與幫助而無求無怨。

*

怨實一種不願接受。能平靜地接受，已不怨。

怨者生命無法平靜喜悅。

## 醉忘

醉應只由於喜悅，非由於哀愁。喜悅地醉始醉之美。

借事忘心之憂悶或忘世之不得志，均為醉。

*

人應無視、忘懷世間醜陋、壓力、痛苦而努力自己生命，活一真實的自己。

面對他人時忘卻自己、面對未來時忘卻過去、面對自己生命時忘卻世界……。人由忘卻始真實。

## 安

人在熟識中始安：熟識的事物、熟識的環境、熟識的人、熟識的人性與人心。

安全始能親近與喜悅。心由安全始正面。

過求快樂往往引至痛苦，應知安而無求。

安從當下言，非從已得後言。安由遠去所求而生。

*

生命由有所定向與價值而安，如「仁者安仁」。

安定下來、靜默作自己事，如是幸福難以形容。

*

輕浮使人不安，不如腳踏實地。

單純思想無法安定，仍須實行。

在安逸背後，必曾是努力與辛勞之付出。

*

## 存在終極

朝向整體美善、或含涵著整體美善者，即存在意義與終極。

存在終極有二：或從人全體言之「興於《詩》，立於禮，成於樂」，或從個體言之境界。

前者至真，後者至高。若非二者，那作為個體仍繼承並延續道而創制，如劉勰《文心》，仍是一種存在終極意義。

*

人隨年歲最終所能體會到的真實與意義，亦為存在只為人性所維繫著而已。此存在之終極與意義所在。

孔子以「安」為人性終極之道（「仁者安仁」「老者安之」），多麼是德行之極致。

*

能求仁得仁，無論存在好壞，生命始終無悔。

「耳順」境界，由生命獨立無求，致心已在人類存在現實外，對對逆冉不感在乎。

## 理想

人人公平平等、無私有而共產、再無勞累而解脫、能為所欲為地自由、於愛情能擁有……，如是完美非必真實，更非必為正道：公平平等非即存在和睦悅樂、共產非必安定富庶、解脫往往只心態負面、非承擔而立、自由所求非必真實價值、擁有非真實情感……。完美多只欲望幻想，非事情真實。

*

求完美不如求能更善。

存在之善只能從改過言，非對完美理想之追求。

遠慮只設想事情之未來，非對理想之追求。

若言理想，只應從人求，如「貧而樂，富而好禮」那樣；物事之不得已，始終使現實無法理想。

*

快樂往往在追求完美中反而失去，事物的本來與完美理想相反。所貴在事情本來之單純，非在完美理想。

能樂為人生，亦從生活無止盡困難中見其美與善而已。

## 現實

所謂現實，即借物生存對人所作之強制，物性的人存在狀態。

存在與人均本然有限。現實由人不甘於有限，以理想之名求無限實現。若非如此過度，縱然好利，人仍不會自然地現實，人自然地人性而已。現實因而是：不甘於有限而對有限性超越，及對彼此欲望之禁制與對立，二者均使存在負面。

現實由超乎需要之物資造成，為對如此物資之佔有與掠奪。更甚時為以如此物資宰制需要，使存活艱難。

義從真實需要言，利則超乎需要與真實。求取若本於需要，非利。然現實之求取往往超乎需要，故造成爭奪與貧困。

*

現實往往如戲劇化般由表象所成，如視人為善惡二分、或制造偶像地盲目崇尚。現實一種存在之戲劇化而已，非其平凡真實。

*

人應依道理怎樣而行，非以事實只能是這樣。現實之普及性，只主觀而已。

道與謀：一為原則價值，另一為實現之法，然二者均與利益無關。

非不顧現實，但也不應因現實而無道。

*

人類存在實非只現實，現實與超現實始終同樣真實。

現實本身實由人非平實地欲望而致而已。

*

人性理想非不能實現，人以現實「理所當然」為藉口不行而已。「現實」即人放棄美善或不願平實地付出努力之代名詞。

*

人不敢從人自身言理想，怕對自身不利，此所以人現實。

人為何只是現實的一面，不應更是自己單純喜愛且真誠這另一面？

現實始終只現實，與存在喜悅或生命意義無關。

## 存在之改變

存在應以安定為本，然人都急於改變世界，非為安定而致力。人生活怎樣始問題根本，非世界怎樣為本。

安定，如安定於目前所是、安定於工作、不汲汲有所圖、不利用任何機會。心只求真實、無利益之想，如此始能有所安定。

安定為日復一日之感。

*

一如富貴，物質先進非為驕傲，更非存在目標。「庶」只言充足而已。

先進與現代化，只物質虛榮，不如求索人文美善。

所謂現代化或現代感，往往只求反自然及遠去事物本然狀態而已，非一種安定感。發展多只與求強大有關，更只是幸福之假象，非真實求美好。

*

進步非從新穎言，只切實於更善而已。真實進步只在安定下成就，非欲望無止追逐。

*

虛假時，人幻想種種偉大的發生；真實時，人只安於單純恬靜之樂。

心在人自性、在生命真實、在事情原本，始遠去現代追求、崇拜、誇大之心態而真實。

*

百姓之不安，由政府政制之多變、企業之自利、時代欲望之好新異、社會權力對自主與自由之剝奪所造成。沒有安定，沒有真正進步可言。

人民負擔著如此種種虛假，故生活無以安定。

*

春夏秋冬只微漸地改變，突變只造成風雨。

《易・革》說：「己日，乃孚」。變革只由於衰微，非無時無刻之所圖。更須以真心，否則多「悔亡」。變革只為改善而有，非欲望圖得與發展。

*

改變只由特殊原由，不應全面、不應為利益或為改變而改變。

改善只自下而上，由見人民實際困境；非自上而下，只為滿足當權者（改革）之欲望。

善必須長久始有果實，與一時改革或改變無關。

## 存在之偽

人類存在最大錯誤，先在其價值觀，如以功利為價值、以求強大或超越性新異性為意義。人之錯誤，先在價值而已。

存在之惡，除由上位者或個體造成外，更根本地，源於社會整體運作模式，其主要有十：

一、競爭

二、壟斷

三、利益（如市場價值）

四、強弱對立性（社會階層之分化）

五、表現或表象性【表現、表演對反德性修養，只求偶像崇拜及譁眾取寵。故傳播媒體多以惡為表象】

六、物化（科技與工業）或量化價值

七、縱欲及享樂主義

八、法制化（奴役心態）

九、資訊化知識

十、個體主義（求權利平等自由仍然）

以上模式，為現代社會所繼承。存在之所以無善，先由於如此整體模式，非由人性惡。然統治者始終可改變如此事實，此其為存在善惡之本。以上模式在西方社會仍有一公共機制平衡著：或以社會福利使貧窮非不能忍受、或因國家始終有對人民關注不致於過惡。至於縱欲或好求表現等，亦可由理性價值之崇尚所修正，使不致於沉淪或盲目，故有如知識真理之探尋、技術知性之開發、對個體真實性或優異性之肯定等。若非理性對惡之平衡，社會整體模式之惡，將直呈現為亂，如見於中國現代社會。

*

存在之虛假，一在權力之行使，二在近遠之顛倒（怨者近，親者遠），三在社會與人際關係之純然利益化，而四在自我無真實性之存在。

今存在由偶然傳統與未來性、現實與虛構、形式（法律制度及生活形態）與主觀價值所塑造，鮮能人性地簡樸。

*

現今社會需求，與人存在真實需求（義）無關。社會價值及勞動如是變得偶然任意，脫離存在真實。

生存困難非由於不足，由於耗費與過度發展而已。

*

在貨幣制度中，生存已轉化為賺錢問題，非由事而有之困難與心力付出。

科技、資訊等生產，制造種種虛假需要。為致富而生產，純亦主觀而已。

*

機械與科技湮滅人之努力與主位、突顯物質力量與主導性，此其所以不人性。人在機器前只能接受、非創造，亦無努力可能。人在機器前只是在資本下之一種具體縮影。

自社會、傳播媒體滲入人生活與生命，人變得被動與接受。**Dasein** 亦只能接受存有其「有」（**Es gibt Sein**）。

*

方便與快速只助長壟斷，為奴役與壓力之本。除隱含浪費與耗盡外，亦是人存在阻隔與疏離之真正原因：使勢力集結，分散及排斥民性關係。

*

資本主義之小利，只帶來更大剝削。科技之便利，亦只帶來壟斷及更大勞累而已。此所以利短淺。

大商業與工業內在地破壞，小商業（如小販）外在地破壞。利無論大小，既反美善與道義，亦內在及長遠地破壞。

存在實為工業（科技）、企業（壟斷）、商賈（為成本節約而偽造）徹底破壞。人類存活實如死亡本能而已。

*

人類在技術外還有什麼，這才是問題所在，藝術如是、生存與生活亦如是。

# 悅樂 情感

春天終於來臨。昨遊陽明山蝴蝶谷，很美麗。陽光、仍帶有點冷意的微風、草地、石徑、山池、木亭、鳥鳴、帶來的食物、寧靜的步行、孩童的天真可愛……，一切很美麗。但願我所愛的人都能分享如此喜悅而幸福。

在漫不經心外表歡笑中，埋藏著我心平靜地對人與事物之情感與愛。

## 悅樂

喜悅近道，憂傷多現實。憂傷同情，喜悅復返天然。

*

身性動，心性靜。動乃身之樂，心由靜始樂。

「知者樂水，仁者樂山。知者動，仁者靜。知者樂，仁者壽」。樂與靜是人生命兩種正面心境，同在憂慼外。樂相反憂悶，平靜更在兩者外。仁者性平靜，故樂山之潛隱寧靜，亦由此平和本性而壽，壽從生命平靜而得故。

短暫快樂不如長久安靜真實。

*

能單純面對內心平靜，如眼望田園、藍天、草木、里仁、童謠⋯⋯，心始由衷地喜悅。靜，非性情好靜而已，更是心境之平和寧靜。

*

身體與心靈一起之健康始一致，平靜與儉樸一體之快樂始真實。

*

那一面相不為欲望掌握而單純、真實？閑逸、自在、平靜，是生活能自己之時。商品世界之樂，只為欲望所掌握。生活還有

*

樂應由內心，非刻意所求。前者為「孚兌」，後者為「來兌」「引兌」：「孚兌，吉」、「來兌，凶」（《易・兌》）。

求樂之心使人低俗。

*

人只知快樂在「驕樂、佚遊、宴樂」，然快樂亦可在「樂節禮樂、樂道人之善、樂多賢友」上；非快樂必難求，人自限其快樂之可能而已。

真正快樂必然光明。以驕奢為樂，多麼虛偽。解除憂慮及壓力之快樂仍外在。見自己心志美善、努力、誠摯、深愛德行，如此快樂始內在。孔子「樂以忘憂」非圖外在快樂，因「發憤忘食」而已。

*

內在快樂，應如生命地認真，非嘻笑遊戲，更非與生命事無關。表面之樂無法觸動內心，其非真正快樂在此。外在歡笑只彌補及隱藏內心之不樂而已。回想過往情景而能單純喜悅並心樂在其中，其事與其人多麼光明，其喜悅多麼是生命之內在。

## 存在之喜悅

存在之喜悅，亦內心平和知足、心回歸萬物美善而已。自然非只觀賞對象，更如農事有生命依存關係。對自然之喜悅，故是回歸德性母體時之感謝。

*

安樂對百姓言，是悅樂之根本。孔子以「飯疏食，飲水」言存在淡樸之喜悅。存在之樂在淡，非在濃烈之事。

從每日必歌與彈琴擊磬，可見孔子平素心境之悅樂。然其樂在雅樂，非在鄭聲，此其正。

*

心輕鬆而不沉重，始是生命之真實，生命之喜悅在此。

於事中能悠然自在，才於事中喜悅。悠然無負擔之心情，同亦喜悅感而已。

*

人雲見自己故往生命世界與努力，如過往與今時仍一體、既無間斷、亦無忘懷、生命始終凝聚著、情感亦深深地維繫著……，縱使剎那，如此喜悅多麼是生命之永恆。

一無怨悔之生命，多麼已是快樂。

## 人與物之樂

見他人快樂而快樂，如此快樂至為無待、亦至美善。

勝人非樂，和樂始是。

因優越而樂，不如為人付出而樂。

善之回報，先在心境平和喜悅。

*

人由回歸故舊、熟識、親近的人與物始喜悅而安。憂而不安，多由遠去親近熟識而致。見事物整齊與美而喜悅，實由見人對萬物、生命、存在之愛而已。人由見人心情感與愛而喜悅，由見人努力而更愛生命。

*

如樂舞，樂應在人與人間，此「成於樂」之義。由物擁有而獨樂，始終分裂。由物致樂，應如「琴瑟友之」、或「鍾鼓樂之」而已。

*

赤子純真之快樂，為智者與心現實者所不能。前者仍可心境平靜，後者只能沾沾自喜。無論原因為何，不再能自已，是人不再喜悅之原因。

*

知平凡微小而快樂，心始能常在喜悅中。快樂只從可觸及事物而來。不能達至者，只造成憂悶，不會帶來快樂。

*

對快樂及對真實心境之了然明白，始是快樂之本。快樂建基在對正面光明事物之明白上。既能體會〈韶〉、又能「飯疏食飲水，曲肱而枕之」，如此不受限於物，始是快樂之無待。

*

能完成生命心愛之事，如是喜悅始真由心發出。財富所能之樂，只一時而已。

習賢人之樂，非習不善人之樂。

*

真正快樂不逃避痛苦。

慾樂之麻醉，由人性快樂之失去始然。

快感之強烈，已是其虛假之標誌。

欲望無法滿足已表示：如此事物並非悅樂真正原因。

*

富有只帶來舒適及減少憂慮，快樂始終只從人倫和樂及內心生命而來。

財富所以似帶來快樂，因提供生命無限可能，快樂仍由生命本身。不明生命之財富，只生悲而已。

*

從社會言，財富與權勢往往一體，既使存在虛假，亦無法成就快樂。

*

「貧而樂」，多麼美麗的人、多麼美麗的道理！

# 情感

情感是人與人、人與萬物之根本，《詩》故始於〈周南〉。

情感為棲居、存在之本。人與人應人性情感地活在世上，非規範地、亦非藝術地。

*

從對象存在中而感生命喜悅、與對象互感之喜悅，即情感。情感為萬物互感中之正面力量，使存在肯定。情感故為生命喜悅與存在維繫。

對生命根源與養育之感謝，如此情感，在古代，為禘與郊禮之所由。

情感之根在生命。若非與生命或存在有關，情感終也必相遠去。

*

情感由乳之懷抱初來。

情對向過去，愛對向未來。情使過去迎向未來，愛使未來納於現在。

情感使人與人長久。

情感於天地間，亦仁而已。

*

如父子、師徒之人倫情感，較情愛更能寬大懿美。友情亦由相互依持而維繫。其中仍必有一種奉獻或忠誠在。

*

真摯的情感無我，非如情緒自我、亦非如表情造作。其強烈時為激情。情感對人專一而內在，如死亡將至時人心懷之真誠。情感最終從幫助及愛護之德行見，非從愛欲見。

*

事物易說，情感難說、亦難於描述。情感應盡能正面，不應只是失落感。藝術中情感尤是。

*

見有情感，無論什麼，都自然地美麗。虛假與醜惡往往由於無情而已。美之極致繫於情感而已。

## 情感之真偽

從巴赫可見對神之情感、從解放與自由亦見感動、「賜愛其羊」、孔子「愛其禮」，均是愛。情感之真偽故非在情感本身，而在其對象。雖愛，仍未必為是。

情感為人抑害人，這是情感之真偽。

*

心必須獨立而光明，不能因情感過深而晦暗。

*

情感不應為外在事，如宗教與政治黨派之崇拜。情感應在人性、人倫間，非在政治宗教上。情感不應轉變為同情。對同情者盡力，非盡情。因以人性本惡，情感於西方故與人性無關。人性情感之美，往往落為情感主義而已。

*

表情是情感之不及，激情是情感之太過。激情內在時仍為力量，若表現於外，多只激動而已。



## 愛

泰戈爾詩：「總有一天，我會在另一星球的晨曦裡向您歌唱：從前，在地球的光明中、在人類的愛裡，我曾經遇見過妳。」

*

人由真有所愛而平靜滿足，並感存在意義與真實。人以欲望為生存意義，因無愛而已。

愛成就生活中之情感，亦由對生命存在之情，見心懷之美。

愛從心盡生命懷抱。

*

成熟的愛在心，故盡其鼓勵、安慰、與慰藉。

愛非求為幸福而已，更與對方努力生命中一切困難。

愛長久為對方付出，此所以愛非愛欲。

*

愛既親密、亦相伴相隨。

白頭偕老靜默之陪伴，為愛之至美。

*

愛由心而真誠，無分貴賤，如「飯疏食飲水，曲肱而枕之」仍是樂那樣。

愛使人超越享樂、亦無視痛苦。其快樂與喜悅屬更高層次，甚至對多數人言，為其生命之極致感動。《易》故以存在正面感受一在〈咸〉、一在〈恆〉。而〈咸〉先是情愛而已。

情愛之道，見於《詩・陳風》，其為人性首先揭示，故見於《關雎》。

*

把愛只視同喜歡，仍未知真正愛人。

*

欲望往往非美善地、非真實地愛而已。

*

愛單純正面，與恨無關。恨為欲望之不得，愛只付出。

因愛而恨，問題非在愛，在人而已。

不能割捨所愛，人無以立。

愛情之求，同亦「溫、良、恭、儉、讓」而已。

*

不明白對方生活方式與生命、不了解其想法與期盼，愛難長久真誠。

非如自己所期盼之方式被愛，使人以為對方真不愛自己。

夫妻之道，仍由禮始美。

*

多愛大自然及美善事物，愛始不會自我而狹隘。

始終，只有在愛情外，人才體會真實的自己。

## 愛惡

如對閑靜淡泊之好，愛好亦可由於心，甚至有德性在，非必求舒適享樂之滿足。《易》曰：「噬乾肉，得黃金」。

*

見美善而愛，與只個人愛惡，一者客觀真實，另一者多少虛假。

從所愛見人性情與品格。

*

生命所好多深藏不露。若刻意表現，只求自我而已。

說自己喜愛與自己確實已是，後者始真實。

*

不本於愛好、只為生存利害而作為，絲毫無所真誠、真實。

若不能童真地愛好並喜悅地作為，仍應依道之美善有所承擔。

*

愛惡往往只欲望，非愛之單純正面。敬之偽為諂媚、和之偽為盲從或盲同、而情感之偽為愛惡。

*

人喜批評人、或朋黨而好，鮮關心自己之仁與好惡。除仁者外，愛欲好惡鮮不害。

孔子與子貢各有所惡。而我所惡，為好權力而驕、能力只能欺善與弱小、無恥而令色、狹隘而自視、勢利而無所崇尚、好偽而視如真實、不辨是非價值、心無所愛、只見己利而心無他人者。

*

人各有好惡，然不能以所好強人、不能以所惡傷人。惑之愛惡害己害人，愛惡不應強烈致此。「四十而不惑」：不惑即，與他人有關之事，非依據好惡，依據道義行事而已。

# 欲望　身體

臥病在床幾天。體力恢復後，心境完全改變。年少時種種正面無限生機心情，清晰在目。心再次年輕起來，世界亦變得正面肯定、有著無限可能。如此無限開敞與可能的世界、能自己的生命、不計較之心、毫無封閉的自己、無執著自我、因無名而無所負擔與自由、無求無怨時之一片生機……，連年少時之回憶、感受、感覺，全如活生生地、自在地重現在眼前，隨心之所欲。這我久已忘記的自己、自己所愛的自己與世界，全然回復。生命如此每一片刻之肯定與光明，實亦如存有之喜悅。

## 欲望

欲望：《易・噬嗑》。

*

有物欲、有食色之欲、有好新穎之欲、甚至有好求觀念知識之欲。欲望有多種，但都只欲望而已。

欲望亦可從性情及心境言：淡泊恬靜抑慾欲是兩種性情、兩種心境。

*

哲學中「存有」因超越地遠，非如人性平凡，故已與欲望本然締結。此真理與欲望首先關連。如尼采日神酒神美甚至一體期盼，仍可由過於強烈而只為欲望，非能平實真實，不能以之為根本。

*

人類任隨其想法，超越事情簡單真實而求索時，已為欲望。

欲望多本於一時愛惡，人由長遠始真實。

*

欲望如求飽足，飢餓時逼迫，事後又似無所重要。

欲望隨身邊偶遇而生，既無一定、亦非必然。遠去故為不陷於欲望簡易之法。老子故說：「不見可欲，使心不亂」。

如權力、成就、名譽、財富等世俗欲望，亦求人寵幸而已，非必與對象有關。欲望在需要外實可有可無。

*

欲望只純自我感受，非對對象真有所見。

「欲望為自身保有對對象之純粹否定，因而享有十足自我感。」（黑格爾）

*

欲望似由於自己，實不能自己。

欲望沉迷依賴而不能自己；其誘惑多柔和，故不剛。

「棖也慾，焉得剛」（〈公冶長〉）：能不受外來事物影響之心境為剛。剛與毅，一者不受外物誘惑，另一者更能堅定於心志。

*

欲望似與所得有關，此其魅力。

在欲望中，人只看見自己所沒有、從不見自己所有。

*

幸福本於滿足，與欲望是否達致無關。

知止而不欲，人才真面對其所有。

*

欲望之心不安而憂悶，既無法單純喜悅、亦不如平實行作之平靜。

欲望由想像助長，此其所以虛幻。

*

欲望無顧及他人，亦多害。

強行欲望而欺騙事實，此人之所以可悲。

*

無欲使心光明，更使人由無負擔而自由。

人由遠去欲望始成為真實的人。

*

「七十而從心所欲」，此生命之極致：心由心志純一而遠去欲望。

「我欲仁」是欲與善最高結合，其關鍵在「我」而已。

## 誘惑與色欲

傳統言「欲望」，仍見人主動。今多從「誘惑」言，人存在已被動，世界始主動主決。

*

性本平常，不應誇大或物化。

食與色不作為欲望始正。應行其事原本意義，不過不淫。

*

性可只為身體事而短暫，亦可為心靈事而深遠長久，維繫二人之美與平靜。性其本在情感，為心一體之悅樂、為內在親密之延伸，非只感官感受，故不應流為欲貪與表象。

*

媒體表象與公開性使性失去原本私密之美，失去人更深關係之意義。《詩・野有死麕》故說：「無感我帨兮，無使尨也吠」。

性現今多是人與人疏離之彌補，藉性緩和空虛與不安。人非因性衝動而心理變形，相反，性是人心理變形後之結果。

性之泛濫只教人從他人身體求得享樂，故如崇拜，使人既失去平實自己、亦失去人性獨立。以性為（潛意識而）絕對、或以道德為對性否定，均誇大。性放縱或解放，亦自欺而已。

*

色雖非獨指女色，然從人言之色始終為本。

希伯萊以女性（夏娃）被誘惑，古希臘則以女性（潘朵拉）誘惑人。

*

色欲之特殊在：因本於身，亦與人美善有關，故言衝動壓抑，非如名利外於人。色難自制而矛盾：既肯定又否定（自我壓抑）、既主動（潛意識）亦被動（意識）、既由己又非能自己，故為病態之所由。齊宣王故說：「寡人有疾，寡人好色」。真實美感必由於德性，此色所以鮮為真實之美，其美只由欲望，非由人自身。

## 女性

母體無可取代，為人性美善之本。

《易》於〈漸〉與〈歸妹〉言女性。

*

女性美始終由於性情、人格、素養與心懷。

在不同生命階段中，女性有著美之不同深度，唯過於追求青春始失去其他可能而已。

*

人只應盡人性所有善之形態可能，不應強執兩性之自我。

「唯女子與小人為難養也。近之則不孫，遠之則怨」（〈陽貨〉）。如是對舉，所言為不孫與怨之兩種形態：一本於情愛之親密、另一與現實或生存依賴有關。「與」字已涵女子非小人。孔子所求，亦人無怨無不孫時人性溫和之美而已。問題非在女性，在好強好鬥與性情溫和兩者間孰是孰非而已。

## 身體

身體之道，在動靜與神：四肢動、身軀靜、頭腦則清明有神。身體為生命，既有其感受需要、亦會疲乏痛苦，故須溫和對待，不能置於極端或不安。此善養身體首先之道。

須內感身體本身，非至痛楚始知有內。

*

古代中國，心與身對應：心悅樂為樂舞、心誠樸寧靜為齋、心懷念敬謝為祭、情感之深見於三年之喪、和敬仍有禮……。心由身體現。

西方所言健康（生命力）只表象，如青春，非同為心靈健康。

以意志言精神，已有對身體強行，非身心一體而毅。

*

身心一體，一者損益同亦為另一者損益：精神可隨身體墮落，身體亦可隨精神向上而勤奮；身體因心情低落而多病，精神亦因身體勞累而耗損。

涼寒人始能思考，悶熱時只能身體勞動。

*

「以心行氣」、「以氣運身」（〈十三勢行功要解〉）。氣為心身之連繫。由氣，心物故非只二元。從能感知言，身為「體」，非為「物」。體可一體，非物物分離分解。

心與身一體為氣、氣與身一體為經絡、身與天地（四時）萬物一體為陰陽五行。物之分離分解，只源自阿那克西曼德與阿那克西美尼。

*

運動應如太極，從腳而腰而手一體，拳亦貫串。

氣為心意，非力量。動應由意，非由力。

能動者，實手足頸腰而已，動作亦屈伸與旋轉二者。人由內在屈伸與旋轉而活化身體。

西方視身體為力量，印度瑜珈視身體為伸張，中國視身體為氣之運行。氣本於心，伸張為身體靈活，而力量則只物性。

*

享樂快感只求為身體，故造成精神衰落匱乏，非身心一體而美。

享受與否，由心態決定。求為身體之快始為享受，若有精神更高價值在，已非只享受。

## 感受

萬物由感受而一體，萬物感受亦一致同一：魚之樂亦我心之樂。人思想之私密，使心與外表分裂而始有偽。與萬物一體，始終為感受與存在之本，唯思想始造成對立分離而已。莊子「無聽之以耳，而聽之以心。無聽之以心，而聽之以氣」（〈人間世〉）：耳辨（聽）物性，如技巧音色；心知分析，如音理結構、風格意思；唯氣為心物一體感受、感通萬物生命而真確。由氣，物如心、心亦貫徹於物，非思與耳片面之辨。

*

理性只相對現實，唯感受始人性。

真正理性始終人性而真實，故必感性。人否定感受，本身實已是好惡，其執迷更只一種非理性而已。

解說思想易，教人正確感受難。然正確感受決定心與價值之一切。

*

**感性本更高覺知。以現實為理之人，其感性多薄弱而已。**

**感受所及為心而客觀，理論因本於思始終主觀。**

**感受應與對象一體，若只為自身感受（auto-affection），始終與真實無關。**

# 教學　讀與寫

又今年最後一天。早上寧靜地在充滿陽光的書房內，沉思書寫、再沉思再書寫⋯⋯。

今年開始研究詩學與藝術形上學，望對美善能有更深體會。

## 學

人真實地學習，這是人首先美麗。

柏拉圖也不得不說：「人學習」，這是人最簡單及第一真理。（參見《智者》262d）

*

學之心態單純而真實。

學是人格及心態之正、是生命向上與存在意義之本。

學而能進，此生命莫大喜悅。

*

無論人抑人類，實只是否願意向美善學習而已。

事不能盡善盡美，亦人不思不學而已。

*

人不學，先由有自我。自我只求為自我，既無從謙下、亦無心於真實。三十後，人由求立多現實地勢利，故難再以學為生命。

## 學問

學問非知識多少，而是心靈有否向上開啟。其主要在：是否對美善有所向往、是否有真實感受、是否真能（自我）反省。知識只職能工具，甚或一種欲望。唯學問提昇人心、教育其心志性情、使人真實、及更人性地懿美。

非能為學問之知識與研究，都非根本。

*

人於學問所缺，唯在深度與高度。

*

學問如登山，越高遠越博覽，但能跟從之人越少。

能體會他人甚至故往心靈於學問之誠摯，是學習莫大喜悅。

## 學習之道

學習非即真實。如研究，若非從對象有深刻發現而啟始，只自擬主題或興趣以求知，如此於己於對象均非真實。

學習不知求真實而仍偽，至為虛偽。

*

朝向人與事之美好而學習。

道理、事物、與歷史其正面者，始人學習應有對象。只研究歷史與現實醜陋，鮮能為人而美善。

善用僅有時間精力於偉大作品，此學習首先明智。

*

若非對人有所關懷，學問必偽。

從經學明白道理、從詩明白人與心懷之美，此學問根本。

*

學由微小簡易始，不畏困難，學必有成。

學由一一有序而簡易。

*

學能持久，一在安靜專一，另一以對象為內在自己事，不隨意廢棄。

專注地學：一時間只學一事、只深入讀一書。學習由能階段而踏實充實。

專一使心安不亂。

*

有學習能力者，會問、會聽、會想、會做。

反省首先在：遇有美善而知學習。

*

生命須獨立，學亦須獨立，非事事依賴或求伴。

學之能力與真誠，由自學見。

縱使默默跟隨，仍能獨立並主動反省。

*

經驗往往為對重要不重要之分辨，此跟隨年長者學之意義。

視野廣闊、境界高遠、洞察精微、見識深邃、思想周慮、價值品格、心懷懿美……，如此種種，更是從對方所應學者，非只其內容之表面而已。

*

「學而不思則罔」：「思」從自己反省與明白言。如有關一樂曲意境，自己應先對種種情懷心境有所體會反省，始能於對象前有真確明白。學問境界之深淺，非在知識多少，而在講說一事物時，自己背後已有多少。背後有無數體驗與反思始為深刻，此學問所以為境界。

*

學之真實在能深廣地反省，非只知而已。

*

「罔」如「〔君子〕可欺也，不可罔也」：言君子雖可欺，然不能致於違道地虛妄。「不思則罔」者：縱使有學，不思後果仍嚴重，仍可致無道虛妄地步，非以為有學便已是。

*

學能具體，或由見其事之真實、或由淵博通透、或由處其地以體會。越非只是概念文字，其明白越真切。

研究之方向，先在向裡越加精微，後朝整體昇進。
學能微細精密，由內在分析致，故不應只外在比較。
盡內在地透徹明白，學如此始扎實。
精微非瑣碎。瑣碎背後無見整體而支離。
雖如一書一書地讀，然心始終懷著整體，既不狹隘、亦不自劃。

*

深入前人學問歷史、從傳統之善而學、不因時代而無知歷史價值，此學問所以深厚。
一而未博不能深，博而不一只浮泛。
無論多高深學問，仍必須能簡明，如孔子「一言以蔽之」。
如見孔子「一言以蔽之」讀《詩》而知一切經典亦可如此，此學之聞一知十。

*

實行與學同時，始相輔相成。
行不忘學始為真實的行，學亦在行始為切身的學。

*

困難為學習本然事實，然一旦豁然貫通，則有無比喜悅。

# 學術

學無術。

以學問為學術之道，非以學術為學問之道。

關懷人類較為理論而理論更是學問之本。

*

學問之真實在道理，非在文字考據；在道理之氣度與視野，非在論證求立。

徒具知識而不顧道理，此孔子時宰我之偽。

*

真做學問者，對價值與賢者必有所敬。

如經典，人多只視如知識，鮮知其中價值與高度。

*

求學問而不能擺脫文獻之聲名、權威、甚至深奧艱澀等表象，無以能客觀真實。

真正學問突破學術規範與界限，順隨對象生命而自由真實。

真理所以真而自由，因在學術圈子與典範外。

想讀書便自己讀書，無需依靠學院機構。若是道理便直為道理，非靠專業始為道理。學問若不能獨立真實，多流為學術而已。

*

真實學問必宏觀深入。所謂專業，往往只表面一二之知。詮釋應盡少構說、盡最大意義。如結構起文本，非為構說，只為更大意義。相反，對文本徒增考據，可只是構說，非有所意義。意義與價值始為詮釋之本，非文字構說。

*

縱使理論研究，仍應從自身生命有所體會，非只視為他人思想。學術議論所以無意義，因對研究者自身言都不信以為真、不視為價值。對所學不好，或毫無生命感，亦自欺欺人而已。

*

今人學術，只知否之事，與成己之志無關。以學問為困難、或不能現實、甚或只利用為比較，非就學問本身而學，已非學。

*

今人學術，只求為聲名利益與自我表現，頂多只視為愛好，非求為善與價值，更少用於自己生命中。

為俸祿而求學問，已無法真實。

*

學術可有流弊：一、學問作為價值本遠現實，然學術所由思想多只基於現實、並為現實之延展。二、無求所研究對象之價值提昇；或只求如主觀好惡，絲毫無客觀意義。三、缺乏思想常識基礎，亦無心志真實與反省。四、淺陋不深入，或深入而仍表面。五、一知半解、未能全面。

中國近世學術多無價值之向上力量，只世俗現實之延伸。

西方學術由過求思想構架易引致下列流弊：一、所求高度雖不可攀，然結論往往幼稚或無真實意義；二、從不以道理為依歸；一旦困囿於負面現象便無能自拔；三、雖致神化地步然無能使存在美善；四、虛構不實。

於學術，中國無「學」而西方只「術」。

讀書求道理明白，非求文字見識。

讀書之基礎，一在獨立思考、另一在心志向往。若非二者，讀書必引致偽。

*

閱讀時思考有四：提問、觀照明白、解釋、求索更善。其道理如下：

閱讀非以求知，以明白道理為目的。

明白為豁然開朗、返回事情真實時之知見，非只事實考據。

閱讀之主動在提問、整理；盡能掌握其核心要點，使文本立體化，以便思考與推究。

閱讀中觀照，如視句子甚至文字為觀點，從中進一步觀見更深遠道理或透視其背後所見，非只求對句子文字解釋而已。藉由句子所言明白及洞見其他，此閱讀所以能有所拓展之原因。

遇不能明白處，盡從自身閱歷平實地解釋，始終應致明白地步，不應自欺、亦不應欺人。

最後，應能離開書本所言求索更善可能。

*

閱讀須注意四點：

一、先明白作者之深度與功力，盡以同等深度理解其所言一切，不能以人一般無知視為作者程度。

二、常識為最基本真理，平素多體會常識心與道理，作為思考之事前準備與依據。常識之真實為作者與讀者所共同，因而為二者銜接點，亦讀者於閱讀前先在地具備之知識。

三、從作者立場與角度見其所對對象，而此終以人類存在為最終並共同領域與真實。一切莫出其外。

四、無論所言為何物，必須平實地理解，回歸平實真實與事物內容，不能以為有所誇誕事。縱使如神或存有，都不能視為在其自身地真實，只能視為人類思想產物，從此角度平實地理解。思想或閱讀一旦求索奧妙，便即全然虛妄。

*

閱讀所對有二：文字本身，及文字背後事情真實本身。前者使閱讀精細，後者使閱讀深遠。閱讀既應參照著整體、亦能於文字間而細微；既如詩地吟誦反思、亦能體會文字本來心境與世界。

*

書必須平靜平和地從心閱讀。好的文字，應使心平靜平和，非怨悔謾罵之聲。讀書伴隨生活而閑逸，為生命之閑逸與悠然自得。

擺開身旁忙碌，單純凝聚在書本上。

*

讀書使人心向內自己，成一更善良懿美生命，此讀書本來意義。

讀書是生命自身之事，非偶爾或教學職能始有。

*

人應多讀書學文，由讀書成文人；讀書人則應多離開書本，由體驗而反思。

從讀書，人始有自己及一內在世界之可能。否則，他只是周遭世界一物而已。

*

文字始終不離人內心世界，縱使知識仍然。

讀書若不能從明白而內化為真實，將也只是一種生活方式而已。

## 書籍

書為歷史向度之物，非為時代一時消遣。

道理如《書》，美善如《詩》，書籍之至莫過於此。

*

孔子教人閱讀的為《詩》。然我們今日所閱讀，或過於通俗淺易而無誠、或過於艱深而與生命無關，既愚昧人心、亦誤導心智能力。書籍由此失去學之意義。

書籍樂趣在尋找、思索、發現。若處處只毫不費力，已不知閱讀之喜悅所在。

二手資料、論文研究，多只文獻考據事，非關乎思想與義理。閱讀仍應以經典為主。

*

中國典籍多為人生命與道理，西方經籍多為理論構架。縱使文學，仍多虛幻。

看著書架上西方典籍：《希臘悲劇》、《柏拉圖全集》、《神學大全》、康德《純粹理性批判》、馬克思《政治經濟學批判》、尼采《權力意志》……，多麼批判地強硬。中文書架中書籍：《尚書話解》、《詩經》、《論語集解》、《三農紀校釋》、《陶淵明和他的作品》、《杜詩詳注》、《佩文齋咏物詩選》……，多麼親切平和正面而善良。

## 教學

單純研究屬學，非教。教應從具體教育言。

*

教，先由培養興趣做起，「知之者不如好之者」。教育孩童尤是。教者自身是否愛好，因而是教育成敗之本。

人之教育，應有心靈、德性、知性、才能、靜養五方面：

一、心靈方面有三：多見美善對象與價值（如詩），使「心志」有所向往；以音樂啟引「感受力」，使心遠大；以弈教會「思」之周慮與正道之沉穩。

二、性情品格：重視敬、和與愛；性情應直而不曲、簡而無傲、溫和謙讓而寬大、處事嚴整不亂、平實而信。

三、以廣遠見聞開啟心靈之知性與智慧，非只偏限於時代或眼前社會流行之狹隘。

四、以經典與道理為思考讀書之對象，並從閱讀與分析增強語言能力。

五、盡可能給予一寧靜簡素少欲環境；一切從身體力行體會，少浮泛爭辯。盡早隨賢長者學，去幼稚遊戲心態，亦不羣不黨而獨立。

*

教育人才幹與能力，不如教育人善良而真實來得重要。

知識是每人自己之努力，唯品格始需被引導。教故以人內在品格、心志、感受力為根本，非知識為本。

*

教人以能獨立自己生命、自覺美善價值、知不再順隨時代、而有真正向往為最終。能獨立地面對、真實而不自我虛妄、不隨波逐流或人云亦云，此亦人成人所在。

*

教育應順承人性情能力，朝其一生長久受用之聰慧為目的；若只求為一兩考試考驗，如此教育只殆焉而已。

教學亦可以人生命安舒為目的。如彈琴，應以人與琴獨處生命為先，其他目的居後。

*

生命所須明白有三：作為人之道理、自身志趣與能力、所處環境情況與可能。生命幸福取決於三者之平衡及明白，亦子女教育首先真實。縱使能力聰穎，失去三者仍只帶來生命不幸而已。

*

教應先以美善與正面事物為主，不應好求負面。

教育以人文為先。

*

不知向善，沒有真正教育。

教，亦明白每事之道而已，如仁之道、歷史之道。

非只事情怎樣，而是事情怎樣始能更美善。

*

教應考慮內容次序、深淺，及對方能力、處境，按步就班而整體地真實。

縱使自己能深入精微，教學仍應簡明。艱深是研究事，教學仍應簡單明白。

*

教育應引導而非強迫，讓人自己學、自己作、自己判斷。教育而強迫，必因急功近利。

擺開自己始能體會他人之未知，此引領之本。

*

教學非為求理論與思想之精彩深奧，而應在道理之平實上：平淡地教、平凡地學。

教學本平平靜靜。平平靜靜地教誨指引，無須造作。

*

明白事情本身、及反省其意義為何，此為教學兩主要方面。解釋「學而時習之（…）」句意為前者，說明「人不知而不慍」君子人格、及種種主體性差別，使人見其意義為後者。

講授觀念理論不如好好地讀書。一句一句深思其意思與具體真實，非籠統或抽象地講說。

*

真正教學是學者其人自己想法之正確性，非只知識他人理論。教學應先針對人，非針對事。如哲學，應教人自己能對同一問題反省，甚至反觀自己想法。於內容，仍以能力培養為先，非只求為知識。怎樣思考、閱讀、怎樣更深入明白與分析，較知識本身更為重要。

教亦可只是教人自己怎樣學而已。

*

教學言創新，不如改變人思想習慣，使人對道理有所覺識並能正確地反省。

*

教學失其真實，先由教者自身仍未真實而已。

縱使在學院機構，教學仍是個人事，不應形式化，或只求學術成就。

*

教雖微不足道，但仍應是學問與研究最終意義。

若不能為民從事，那盡力教育便是，無需再想其他作為。

「民可，使由之。不可，使知之。」

## 孔子之教

「子以四教：文、行、忠、信」（〈述而〉）：年少學文、長而學行、為事學忠、處世學信（真實、信實）。孔子之教，長遠至人一生歷程。

「文、行、忠、信」亦反映孔子教學關注之四方面：教人學文、教人行為、教人對人善、教人自己真實。

*

孔子之教，亦平素所應行而已，如「弟子入則孝，出則悌。謹而信，泛愛眾而親仁，行有餘力則以學文」（〈學而〉）。

*

對孔子言，經典之正有三：美善之興發、道理之正、及（行為之）自我反省，此「《詩》、《書》、執禮，皆雅言也」（〈述而〉）之意。

## 講學

默默地講述心愛之美善與道理，教人見人於美善中所作努力。

講學是內心生命之事，是師徒間平實的學習努力，非自我表現。

*

教先對人，非只對對象內容。

*

如教《資本論》，非只分析資本主義，更教人見自己存在之虛妄，教人應有道理。

如死亡問題最終所教亦人之行善，那單純教人善道便是，無需對負面性作理論探索。

## 人民百姓之教育

國家應以百姓德性及基本教養為主；至於事業技能，則為百姓自己事，如是人始會為其生存各自由地學習，並有努力可能。

能善用文字而知為己讀書學習，始是百姓文教之始。教育應使百姓自覺文字書本世界，非只以知識為功利。此教育真正方向。

*

教育不應有所競爭，更不應以教育造成階級，人民教育尤是。

不應使有志者不能學，此「有教無類」根本意思。

*

公德非道德，而是教育問題。以百姓為自由意志，只以法令規訓懲罰，實逃避教育責任而已。政府應具體使人民養成風俗習慣，有對行為與人性之自覺反省。教育必須啟導，不能只以法令規訓。

教育不應求人遵從，更應自覺並能自發地向往。遵從盲目，非有所明白。

*

若真有為人民而教育，不應助長其反面，如財貨好色、利慾薰心、偶象崇拜、無禮無敬、對文素價值漠視……。教育由反教育而徒然。

# 教之種種

父母有養育之恩、朋友有仗義之恩，而老師有教育之恩。教育是人生命一生之事，非只求俸祿而已。

致力真實的教，已是德行。

*

為師之道，一在學問，一在面對學問及為人之態度。態度對人影響尤巨。

人狹隘，學問亦必狹隘。

*

教學非求聽眾，求心向學者而已。

對求學者之選擇，非由才幹優異、由能否進步改善決定而已，此始為教學意義與真實。

教誨非能隨意對一切人，唯對後輩及好學者而已。

*

教學應是學者而非只教者之努力。今日教學相反。

心若非向學，教學沒有意義。心若絲毫不知敬仰，亦難謙下向學。

孟子：「教亦多術矣。予不屑之教誨也者，是亦教誨之而已矣。」（〈告子下〉）此孟子所以為正道。

*

平實之教一代一代地傳承，非求個體能力之出眾。

學問無類，非只為專家。

雖非只以專家為目的，教仍不應通才般浮泛。如技藝之傳承，始終應能獨當一面。

*

讀書本應對人人為簡易。弄成困難競爭，只使人不愛好書本，只教育之失敗。

若無不美不善，還能教導什麼？這才值得思考。

*

教之成敗繫於：是養抑只是教？是一種向往、抑只為知識？

好的事物，只在寬裕緩慢下始能培育出來。

*

對孩童教養，盡力而不倦不厭，不應心存成就之功利。

教育對人始終有無窮意義，非只單一求其事之成功。

# 寫作

著述應是美善性情及修養的人之事，非人人之事。

寫作心境應如詩般懿美。縱使為理論，仍應如《論語》般平和真實。

寫平實的道理。為百姓而寫。

*

文字各有其體，然使人感動，多在情感與心懷。

平靜而素雅，是文字之美。

寫作應如大自然般充滿生命感。

求為生命，尼采故不以學術論文書寫。

*

寫作應有明確目的與意義，非知什麼便寫什麼。

學術寫作之陋，在造大其事而實無所重要結論與意義。其求自我表現而非為事之真實在此。

*

寫作以充實無冗贅為基本。

句法應簡單直接，無需曲折。

*

寫作宜注意：

一、對人之目的與意義。

二、盡簡約、平易、明白、充實。

三、避免使用概念與重複。

四、注意語調及語辭態度與修養。

五、切勿造作，應直述其事本身。

*

著述需一平靜而凝聚生命。

寫作如耕耘，既默然又非必有收穫。

為人真實地書述，已是一真實生命。

# 文字

看著一筆一筆文字誕生，心多麼寧靜喜悅。文字所以美，因既是萬物、亦是心。

文字之真實在心，概念之真實在物。

文字應承載心與道，非刻劃欲望與事實。

*

文字非只語言傳達，仍有其自身真實與真誠。

縱使只文字，仍能致人心境廣闊平靜，此文字之力量。

*

文字背後有四：對象內容、想法、人、及心。

縱使為論說，所見仍先是人類自身：其心志與價值向往、其想法、及其創見之特殊。

*

辭由字成。文字而有辭，見人德性修養，非只字之概念化、非只求為言說而已。

文字風格或辭氣，反映作者對德行之關注。

古文始終有著一種敬意與簡潔在，仍有著文字素養之真誠與自在。

*

由思想至文字，必須經歷一番努力始能善。思想非寫下便能真實。

心但求意思充實、精確、簡明而平實，已是寫作最高境界。彈琴亦應只如此。

*

「辭達」為一切表達之原則，連藝術亦應如是。

文字之光明在：單純、直接、無隱晦。

文字越簡單越美。

論說文字求為說服，故多非簡潔。

*

《論語》文字，溫和而平靜。《孟子》文字，正直而高大。

《草思》只閑靜中思想，非求論說。

*

詩般文字所以難，正在其既美善亦真實。

文字在內容知識外，由心境或性情而感動、感化。

若以為文字不如事實真實，多亦其人不讀書而已。

*

不應因文辭而誤解，如以「特殊」形容一平淡恬靜之演奏，或如孔子以「至德」形容泰伯之「民無得而稱焉」，都非因突顯而為「至」。

社會習性口號，只使人不思，只反映蒙昧幼稚，甚至只一種奴性表現。

*

文字（語言）若想為心形象化文字，仍先由字之為單音詞始（如漢語文字）；若為多音詞（如西文），本身已無法凝聚為形象、已無形象感。此所以語法若不能形象化為靈活單詞而必須如句子結構般固定，其語言越失去形象力、越遠去心形象化之可能。

# 德行

已深夜。能在此人人熟睡寧靜的時刻，一字一字述說《論語》道理，心多麼喜悅充實。

## 德行

人由德行立。人不立己便只能言刑法規範。

價值從外在言，德行從內自己言，與功德或公德無關。德行只個人自己作為人之事，非存在如制度般依據。由德行，故見人真實之善，非見制度之約束鞭策。

力量與德行雖對反，然為弱者勞之德行，是力量與德行之結合。此德行與份位關連，如「為政以德」。

*

德行先只平素事，非一番作為。

德行非必善事善行，善事可由有所限定或因循而只為表象。德行只從自身事做起，非外在善事。

德行於人，先是好學、真實而不貪圖富貴權力等而已。有無貢獻，只能力事後之事。份內德行較為社會付出更先是人本份。若父母各得其養，便再無老人無依問題。

*

事之德行往往在端正、簡直、不自我表現或為己求得。於事先要求自己，非要求他人，如此已近德行。

*

德行只自己怎樣作為，故不應以他人為藉口。「據於德」較客觀理據更是行為之正。

*

德行多默然，非如善之顯見，故鮮為人察知，更與聲名無關。德行歷久始見，對賢者故不應只從當下看。

*

德行不悖逆人性，故非苦行。人由意欲非由德行而傷害。精神病患或由自身、或由他人欲望而傷害，非德行對人壓抑。

食、色雖為自然本性，但德行更是人作為人時之人性努力。

*

人只重視自己之愛惡，鮮重視自己之德行。

賢德之人，是從助己向上努力言。人無「賢賢」之心，亦因無向上努力而已。

對權勢、富貴、聰明能力有所崇尚，已遠去德行之心懷。

*

社會本於對立與自利，故使人難於自覺德行。

社會能達致人性，已是社會之德行。

*

中國之至高為德行，西方之至高為正義，二者相差很遠，一者本、另一者末。

《論語・泰伯》為德行總括。《詩・清廟》為德行極致：「於穆清廟，肅雝顯相。濟濟多士，秉文之德，對越在天。駿奔走在廟，不顯不承，無射於人斯」。

德行為人類唯一根本之道，非時代各自所見。

德福一致只能是假設，但由安仁而樂則為本然真實。

*

西方以精神性平衡物欲，中國則以淳樸之心去物欲。淳樸為德行，精神性非是。如心靈之高貴，仍未必為德行。

德行於人，較藝術素養與品味更為切實。縱使藝術，德行仍為其美之本。

## 道德

遵守道德者，非必由於人性，可只由於社會外在訴求。言道德者，非必對向人性，亦可只對向人之為社會公民個體；只如康德所稱，為理性及理性存在者。

無論人類是否遵守道德，道德在西方始終為理性存在最終依據與依歸。

*

為著幸福理想要求人道德，與為人幸福要求自己德行，二者相差很遠。道德與德行根本差異，亦要求他人與要求自己而已。

*

道德或正義感往往只一種自我感覺，非如德行之為無我努力。

若非為德行自覺，人善與否，多取決於性情與所好。道德外在強求難於自然，往往亦善之表象而已。

道德仍可有利益心，如作為整體存在共同利益之理性考量，非如仁或體諒，單純出於心之人性善。

*

道德作為社會安定因素，始終只為上層階級優越性或利益之保障。排斥在如此優越性外之低下民眾，雖有遵守道德之條件。

作為共體對個體外在規範或強制，道德本性與法制同一，此其所以非善道。

## 有關德性種種

西方德性由對象（之德性）而立，如神、存有、國家正義、崇高作品。中國德行由人自己而立，如仁。

*

敬、愛、和三種德性，是其自身之原因：對人有所敬愛，始亦為人所敬愛。

唯「敬」使人向上，及自覺自身應有之努力。

於人前仍有自我，非真敬人。以自我之態言敬，非真敬。

*

養育與教導，為人生命兩面，「孝」故從生命之回報言。

*

為他人善而為為「忠」，自己事事真實為「信」。

人可信任，先本於真實地善，非先本於能力。

*

「誠」先在：誠實面對自己存在，不因反應而虛偽。

生命沉默不求表現是誠之本。

於世存在中，誠不隨眾隨俗。

誠者反複用心。只偶爾地行，非誠。

*

「讓」多受益，不讓多損害。

*

由他人無知致己巨大損失，是「寬大」之考驗。

人與人之事無法盡明白，問題故只在自己是否寬大而已。

寬大者，其生命少怨。

*

「簡約」為美之本，不美往往由不簡約而已。

*

「中」與「庸」均從真實性言：切中其事而真為中、知平凡微漸之真為庸。二者至難，故「民鮮久矣」。

*

「勇」為人於生存現實前之德性、人面對存在之力量。現實多好強，故以勇為德性。然孔子說：「君子尚勇乎？君子義以為上」（〈陽貨〉）。

*

「柔」對外有所依賴，未如「剛」對外獨立無所欲求。「溫」只為（對外）態度，故與柔不同。

*

「爭」為世俗之態。無爭而作自己事者始真實。爭鬥起於比較。不與人比較始能自己。與不講理者鬥，實亦不講理而已。

終究而言，爭鬥競爭仍只遊戲，非善之成就。

*

「自大」往往由於無知，無知亦往往由於自大。

自大與自私可表現為一種我行我素、一種潛在之自我性格。

強者驕傲於其所能，弱者驕傲於其粗鄙，二者各有其驕傲自大。

人多只以世俗價值、鮮以德性為傲。

驕非只低貶他人，更對價值有所誤導。

人所有都鮮為自己製造，故何驕之有。

不接受他人指正，較自豪所有更是一種驕傲。

驕傲最終必自毀。

不驕。亦不取笑人。

平實而不卑不驕，為最美麗的人。

*

禮本於感謝，宗教本於「崇拜」；一者立人，另一者造神。

崇拜往往埋藏驕傲與欲望在，非敬愛之默然，更非心真實的思慕與懷念。

崇拜與謙下相反：崇拜不知真正尊敬所應在，謙下始因賢德而敬重；崇拜誇奬對方之自我，謙下始見人無我之懿美。崇拜自大，而謙下敬重。
崇拜實奴隸心態而已。

*

「讚美」以思齊為實。不亦同時向人學習，其讚美只偽。

*

「妒忌」最是人狹隘及不能自己之時，直是小人品性之呈露。

*

「生氣」本於期盼。其為善抑不善，由所期盼者為善抑不善、為人抑為己所取決。
若能同樣達致，應盡少以生氣之態成就所望。
和睦使人和睦，忿怒使人忿怒。
因忿而行動，可能傷及（有關而）無辜者，如「一朝之忿，以及其親」，此「忿思難」之意。
容易忿怒之人，內心難於平靜。

*

若能平靜地做自己心愛之事，生命終將「無怨」。

# 善道

除解說《論語》外，仍想寫兩本書：一、整理《草思》平易的道理，及二、寫人的心懷、心志、人格、其美麗與真實。人只知寫物事理論，鮮見寫人之懿美。

## 禮

除禘郊禮以感謝為本外，禮一般立於敬、和、情感之美，三者為禮人性之本。禮本於人性本心，非只外表禮貌。如人均喜見和睦、或重視人對己尊重，此禮所以為人性而普遍。人從富貴地位求尊重，實亦求人對己有禮而已。

禮之道，盡於《論語・八佾》。

*

敬心情美麗，和使存在喜悅，而愛更使生命有所方向。

*

敬見於人心，和見於相處，而情感更見於人對人之付出。

禮使存在平實地美善，既遠鄙俗，亦無必求清高超脫。
禮與樂同一，一者見於行為中人性之善，另一者見於作品中心之美。

*

人應以人性維繫人類存在，此禮所以為共體之道。
人能人性地相互對待，此禮所以懿美，亦存在所以為理想。

*

一切作為，均以禮為道。
理只以事物為重，禮始以人為重。
理仍須禮以行。

*

禮非形式。「生事之」而見和睦、「死葬之」而見情感、「祭之」見敬仰，如是已為禮。
禮為事之人性情態，非固定形式。
縱使為儀文，仍由敬謝心懷始為禮。於儀文而有所驕奢與不誠，已失禮之真實。
若有所儀式，禮應如祭純然美善而正面，非為限定而限定。

*

人類問題亦只禮問題。若連富亦好禮或君王知「克己復禮」，人類鮮有惡，故無需先求諸法制。

若非刻意為惡，人與人之傷害，也純起因於無禮或不知禮而已，此存在大多惡之所由。行為之過非只傷害他人，更傷害自己，使一己失其正，此所以「非禮」「勿視、勿聽、勿言、勿動」。

*

百姓之行在孝悌忠信，為政者之行則在養民及禮文之教化。共體之事，如制度，仍須以禮執行，故在位者不能對人不恭。

*

禮訴諸人內在人性感受，故不能如道德外在地規範。法與禮差異在：法只求強制行為（如不准殺人、不准盜取），然禮始終顧及人性對待，使人「有恥且格」。

*

禮先針對上位者之放縱與過份。其所首先約束，為強者之自我突顯及爭鬥心。諂媚與敬畏所以非禮，因始終助長強者驕態，突顯強弱不等，反人之和睦與互敬。

# 仁

人有二面：或作為人、或作為智。前者為其人性，後者只能力之優劣，然常被誤視為人之本質。

理性只從事情思慮，非必以人為主，故未如仁善。

*

仁從立人言，非只對人善。仁求成人，既「己立」、亦「立人」。

《書》立君王、《詩》立百姓、《論》《孟》立士或個體。仁以立人為道，思想只創造世界而已。

*

人由孝悌（對老者弱者之盡力）而立，此所以孝悌為仁之本。人虛妄，由不知真實為人始。

人性雖為本，然仍須努力始致。

*

人於鄰里始終能主動，非如在世存在之不能自己。人是否仁，故先於里見。

里為人與人親鄰關係，人性及人之美先見於此。

*

人能盡其人性、盡其作為人之實而為人，此所以「仁者不憂」。為人之幸福快樂，較一己所有幸福快樂更真實、更無缺憾。人由仁、非由智而安。智只物質發展，仁始為人終極安頓。

*

困窮多非求為自我。能窮獨如顏淵或陶潛，故已為人之立。仁從為人言，清從一己言。微子離去仍仁，由不能盡仁故；陳文子離去非仁，因只為保有一己之清而已。

*

從政、教育、寫作、甚至藝術均可為仁。為仁無限制，只是否有立人或人性心而已。若不仁，無論什麼都非正確：禮樂如是、道理真理亦如是。

*

縱使神性為至，然作為人始終根本。求能為神、以神性而非以人性為典範，此人類之所以虛妄。

仁「立人」之道，為西方所闕如。

# 善

如美只由人性，善亦由人性本然，非求目的原因。

善可只為善事或個人之善良。然以人性為本之善道、從人類存在言之善，始更是善。

如非出於自身喜愛只投眾好之演奏未誠，人為善而失去人性自然真實仍偽。此墨子博愛之未是。

*

善由愛感見，此母愛所以偉大。

*

不言功利雖已為一種善，然安、和、好學、有禮、甚至「貧而樂」等，其善非只利益問題，更與道理有關。

道之善非只行與不行、非只意志問題，更須學與努力。

好非即善，善非即道。

*

善應只從人自身言，利益始終外在並與善無關。

如父母為子女而善，更應在其人格、心懷、甚至儉簡、直義等德性，非只在其未來幸福。

*

善先為個體事，非由社會機構或宗教團體。

神之美善只能仰望，然善更應（如孝悌忠信）是人自己之力行。

*

善無定式，於不同人不同。

善不強人。

*

大善非人人所能，此所以善更從份內微小言。

不善易見，善非眼前易見。不善當下產生力量，善只在長遠中始見力量。

平凡而默默無聞者之善，較有名有位者之善因無所得而實更善。

*

善只由人性自覺，非由社會習慣與常規，亦與宗教信仰、社會規範、風俗習慣、生命情懷無關。

善非只與信仰無關，人更不應因信念而不善。

救贖非人性所能，神之善故非（人之）善。理性所以仍非善，非必以人性為本故。

*

正義不能化惡為善，故非真善。

守法與崇拜仍有盲目，故與真正善無關。

*

人無根本惡，只無知於善或心囿限而已。人由不成人始不善，非人作為人不善。

人非不知善，心隨現實囿限於無善而不善而已。

*

不善有兩種：或單純由於惡，或以為對人善。前者縱使不為，後者仍難免。

不善原因有二：或由於一己利益欲望，或由於認定他人為不善。

*

人不善因往往以他人之不善為藉口。

善只由人自己，不能以現實或時代風氣為藉口。

他人之不善與自己之為善實無關。

於善前不應有所顧慮，更不應強辯不善之善、或善之不善。

*

「民散久矣」，時代之無道已久，故不應以他人之不善反顯自己善，如道說人之不善者那樣。今人所謂為人之善，往往只好為人師而已。

*

人類求為美善而對人不善，至為虛假。

人類所認為之善，多只不惡而已，非真正善。

如為善而爭鬥，實以善之名爭鬥而已。

*

世界非全然無善，只現實中惡較善更為人關注而突顯。存在始終只為善所支撐。

非美善不能真實，未有向往德性之人而已。有多少真實的人，自有多少美善。

縱使未能實現，善仍是善；縱然能實現，惡仍只是惡。

善而無影響力，較徒有影響力而無善，前者仍真實多。

*

虛無主義，實不相信善而不行。人由不相信善而不善。然人之不信善，實先其自身無善而已。

# 惡與不善

中國思想沒有以任何事物為根本惡：人性非是、人思惟亦非必然是。西方相反：無論人性抑存在均為惡，善因而只能超越地創立。

人無一事本然錯誤或不善，唯有過。愛惡如是、生存需求亦如是。

*

人不善非先由於過失，只平素倣效世人無愛人、無好德性之心而致。

大惡固然惡，然人平素好利益與勢利實同然惡，人刻意忽略另一者而已。

一切不仁，縱使似有原因或理由，仍惡而已。

*

「犯上作亂」直為惡，「巧言令色」則似善，此惡之兩種形態可能。

不善多隱藏在善表象背後。若無對道深察，善易為惡。

敵意亦多由不能接近而形成。自以為善而不得，多形成敵意，亦以對方為不善。

*

一般不善不致使人性改變而為惡，唯當權者之自私自利與鄙陋，始使惡由居上而全面、並內化於存在本身，變得理所當然。

社會或存在之惡，根源於政府。

惡與悲劇多由急於改變、一意孤行造成。事本緩慢，非一時能改變。

*

如父母為功名強子女讀書，然讀書本非無益，故無須因對抗而不學，自己不求功名便是。

對抗錯誤並不代表自己不是如此。對權力與世俗價值亦然，自己不是便是，無須對抗。

見世界不善，應反省，非批評。前者善，後者非為善。

若非先反省，對不善不應反應，無道之反應往往只造成更不善而已。

終究言，惡如黑暗，由光明始去。縱使打倒惡，若無成就善本身，仍於善無濟於事。

*

若能致人於善，較只執著其過去之不善而捨棄，更是一種喜悅。

不能而遠去（不善），仍是一種美。此隱逸者之真誠。

## 鄙陋

人愛談論醜陋、卑下之人事，因唯此時自己始在人之上。人不近賢者，實不敢面對自己之不是而已。此人所以鄙陋。

低俗及鄙陋地說事物較低俗或鄙陋事物更低俗鄙陋。鄙陋非在物，在人心而已。

*

人無能為善，始以惡態譁眾取寵。

成就美善難，「怪力亂神」易；由德行受人愛戴難，譁眾取寵易。此人類所以越加鄙陋。

# 是非　對錯

醒來心裡平靜，像很久無事寧靜之感。又四十五歲。這幾年雖有遺憾，但心裡仍真實。越是失去，越見心之真誠。對人始終誠懇深愛。人所盼美善實難成就，誠懇盡力便是，心仍應無怨而自己。

## 好壞

真實多只平常，價值始被塑造成極端二分，如好壞、善惡、是非。好非必為好，壞非必為壞。好壞禍福多只人自己想法。

*

處境均有其表面之幸與不幸。以為有所羨慕，但對其人言非必為幸。好壞如健康狀態，健康時多不覺，疾病時始知不幸。

*

在好壞外單純為事之心，輕鬆自在。

情感、心懷、真誠更是事情之決定因素，非好壞利害。

不過份執持好壞，如此更近道。

*

若言好壞，平淡平靜多為好，妄求新變多為壞，好壞實如此而已。

好壞終有命，一切依仁善便是。

## 是非

是非多只由人之愛惡，非必由道。故，無愛惡為是，有愛惡多非；此是非之根本。

人由他人之非各自以為是。故是多非是，只自以為是而已。

*

時代多浮誇、自大、造作；美好須歷史考驗。不好古者故多不好是非善惡。

*

是與非應從所行言，非只從所思言。

人無是非好惡，將更單純喜悅。

# 對錯

對錯從事情、人從真偽言。

過只言太過，非事本身不對。此所以「過」較「錯誤」溫和。

對錯真偽應從本初目的觀：什麼是經濟之目的、什麼是教育之意義。人類作為之對錯，從回溯無所遁形。

*

人對錯先在態度心態，非在事情本身。

人之一切錯誤，先在其價值觀。問題非先在好壞，而在自己究竟認為什麼是好是壞。

*

人必有過，求如鄉愿般在人人眼中為對，已明顯虛假。

人由知過錯而真實，問題只在是否改過而已。

人非不知什麼為對，以種種理由自欺不為而已。

*

事情無須符合社會對錯，只是否真誠地本於善而已。

禮實亦人事對錯最終依據，禮為人性之道故。

*

對錯有其相對性：殺一賢者為惡，殺一暴君則為道。

對錯多非單方：富者能驕亦因貧者諂媚。

*

世人所以為對者必對、錯者必錯，多非對錯之真實。

人多以原則漠視直接具體真實。然對錯應依據真實，原則只求不為人批評而已，非對真實之承擔。

錯誤往往在以為理所當然中，此真實反省之必須。

縱使所想正確，仍非代表所為正確。

*

對錯應由正道，非由他人失誤。他人無知非即自己智慧、他人錯誤非即自己對確。

正確由自立而是，非對錯誤之否證。

*

事情往往過去後始能看清楚，故應對起初謹慎，不因一時而反應。

欲望多以一蓋全，越是欲望，越易錯誤。事應平實，非欲望地作為。

*

錯誤無須只看成為錯誤，其背後努力仍有轉化可能。

對過失，仍應盡可能不生氣、不情緒化地處理。

人只求指責人，非助人改過。

*

面對錯誤只知對立，非更求正道，亦「攻乎異端，斯害也矣」而已。

社會對錯誤之反應往往只另一種錯誤。前者被指責，後者則被認可。然兩者始終同是錯誤，不同層級而已。

## 改過

改過為對一己想法、行為習慣、社會作為之反省，為人生命平素努力，非只於錯誤時。

心無善，無法見過失而知反省。改過先由善，非只由錯誤。

*

改過非只針對錯誤作否定、非從錯誤反面而作，仍須正確地重新理解其事、明白本來、從始點檢視、重新更正而學習。

單一錯誤只是結果，背後必有深層甚或全面錯誤在，如想法或價值上之整體錯誤。

*

指出錯誤易，使人亦見錯誤難。錯誤可只由攻擊否定，改過唯由見事情之真實始能。

錯誤在發生前易改、在發生後難改，教育人者故應有前瞻智慧。

*

斥責多無濟於事，善意始能致人改過。

應善用親和關係引領人改正。

*

過失，應事前教導、事後寬恕勸誨；非事前禁制、事後懲罰。

不需求人認錯，求其改過便是。

*

天地間事物在長久中形成，非一言能改變。見人不是，故只能不倦地教誨。

人無法無過，但求醒悟便是。人一生亦難無過，但求終問心無愧而已。

# 責備批評

人只見他人錯誤，少明白人努力與成就。人多好批評，少知欣賞尊敬。

我們鮮關心自己之不善，只關心他人不善而批評而已。

*

面對錯誤，應多想能怎樣幫助，非只負面批評。

若非自己已能，不應隨便評斷他人。評斷易，能事難。

*

責善，只應對事，非對人。

若無改過機會，責備沒有意義。

*

人以為對錯評斷只認知之事，然對錯更應從善不善言。善惡內在於人心，非於事情而外在。

只知外在對錯而不知仁（人），如是判斷仍偽。

*

親眼可見之事不多，縱使目睹，事情背後真實仍多只猜想，故少下判斷、少憑想法定斷對錯。

若人非求為個己，不應過於苛責。

*

責備他人、追究責任，不如單純盡自己所能之善。

除非敵對，應視責備為善意，坦然接受並反省。

*

批評由過於激烈而過度，平實地指出錯誤便是，不應批評。

批評指責多負面，唯善意教誨始能正面。

責備須本於愛。由愛與善，教導始能嚴厲。

*

譭罵與指出錯誤無關，反與批評者自身人格有關。

見不是而罵，罵實怨而已。

*

欺壓人不仁，批評攻擊人亦不仁。

智高於人、執理屈人至啞口無言、徹底剖析其非，如此種種，只抑人而已，非教誨。

## 辯

學之心懷在辯駁外、無辯駁之需要。

辯多只對人，非對事；多由於性情或自我之偽，鮮有絲毫真理之心。

*

孟子為道之辯仍直，蘇格拉底之辯（辯証 **dialectics**）則迂迴。

逍遙本無不可、隱逸之道亦美，然以辯更否定人性人倫，此莊子反顯得不是而虛假。

# 言默　修身

梅雨季節。昨晚大雨洗淨後，今晨清明寧靜。很想把內心的喜悅寫下來，但沉默似更是她的喜悅。

近來心又沉默凝聚起來。

## 言

語言以親近與安人為意義。

由心之語言，使心能更真誠。

*

言語似只為外在事情而設，然心內在道理與真實，更應是言語所在。

語言應為使不見者得見，非為傳述虛假聲名。應多說沉默及不為人知之人事、德行與美善，無須對權貴諂媚或對社會現象渲染。

正面事物說而使人心安喜悅，負面事物或批判性語言只使人不安。「子不語怪、力、亂、神」(〈述而〉)。

*

言談舉止應平靜有餘，不應硜硜然或汲汲有所圖。平靜地把所知告訴人，無需刻意或試圖有所特殊地說。特殊或表現地說，非言說之真實、非言說平淡之美。

不應吶喊或怨尤地說，言說始終應平靜正面。

*

直而溫之言語始真切，言語應直由心。只反應他人而說話，多巧言辯佞。

論說只為明白，非為爭辯。

說話是心之結果。故謹慎言辭，毋使人格心態低下。

*

言之難，難於確然真實然後言。人多未確切真實前便言，此所以偽。

若帶有傷害可能，應三思後說。

*

道聽塗說者無真理。

讒言之不可信，因說者亦「稱人之惡」之小人而已。

孔子以「道人之善」為樂。「樂道人之惡」者，非在人之是否惡，更先在「道人之惡」者何以樂。

*

言志之詩與道理之語（《論語》）都須另一層用心。言語之難，或在其雅、或在其深遠、或在其境界、甚或只在其簡明深刻。

能以一語簡約表達，是言語之精純。

## 言與行

先自己行，非先對人說。

*

行與言非真有所別：隨波逐流地行，只如人說話，「說說」而已，非有心。

*

言行不一致，實言與心不一致，非心與行不一致。

言行不一致，必先是言不一致：在這裡說是，在別處說非。

## 默

言行若似無不一致，可因所說只為客體知識，與一己行為無關，非真有所言行一致。

*

默非只沉默，更可因力行而默。

行之深邃使人默。

*

不以才能居於天下，如天之無為、行健不息、默默而作。

人之能力，於沉默努力中見，非由所說而見。

*

美、德性與人格都有一共同根本：在自辯與利害計算外之沉默。

於無道而默然努力，或心單純敬仰而沉默，如此沉默與獨立，多麼美麗。

*

語言（logos）可為物之根本。然面對人，語言並非根本。

對人之所言，非只從所說而觀，更從其沉默不語處觀。

*

道由力行而致，非由論辯成立。此孔子與蘇格拉底差異。
語言可因有所面對，唯作為始是自己。

## 修身與修養

「修己以敬」：修身也先只敬人敬事而已，非學識素養或克制修煉。
於人關係中，「情感」自然，「和」易自覺，唯「敬」最難，此所以修己從敬做起。

*

縱使如顏淵力行德行及明白道理，仍須對時代價值作反省：遠去權力、不習社會流弊、在存活稠密中不致人干擾、在享受自由中不自我自視……。人仍須對時代反省，始能知修身。

*

品格為對作為人之自覺，修養則為對真正美善及價值之認知。
心能辨價值真偽，又淳一於美善，此已即教養。
素雅本人性德性，人世俗始好奢華之偽。

## 克制

「克己復禮」：自我克制，亦復禮而已。

*

法之約束表面，既無對權貴限制、亦無改人自我虛妄。

能「思無邪」者，無需過於克制，盡事物美善便是。

## 靈修

求為超世心境或心靈平靜之靈修（**spiritualité**），均只個己事，非如禮之為人。

*

欲望過度應從平和真實、非從修行求正。

*

「食無求飽，居無求安」非為清貧修行，為「敏於事」及「就有道而正焉」而已。

出家修行因與人倫真實與生活現實無關，故未能為人人典範。

應先求存在可能美善，不應先否定而求出家，以存在為不可改變。

# 低俗

人由拒斥平凡而低俗，非由拒俗而高尚。

低俗由於自以為高貴、自以為高遠，只求為過人而已。

拒斥平凡者實自身平庸，高貴者多愛人而平凡。

# 美

晨。美麗的霧。

雨下起來。在晨早寧靜中，雨聲靜默而美麗。

## 美

初二，外面下著雨，像在花園新城時之感，十分平靜。在書房內聽著雨聲，沉思著。什麼才是真正美善的？怎樣對美善事物歌頌？人淳樸儉簡之美、和樂之美、里仁之美、人與人情感、人默默勤勞、人不驕妄自私、不爭鬥而愛人、禮讓、陽光、田野、晨昏、雨之平靜、山之潛隱、童真、無邪之人民百姓、獨體之農民與隱士……。人無邪思而淳樸，這至為美麗。人無半點不善，如此心懷，至為美麗善良。

人與人和睦、對美善事物致力、對存在敬重、對人愛護、對真實認真、不執著自我……，這一切，至真實、至美麗。

*

美應從人與人、人與物情感、人心之懿美、人對生活之愛護、對歷史傳統繼承等而觀，非從視覺美學觀。

美須以存在或人之善為本，否則浮泛不實。

*

人性之美，從平凡美麗事情見。

單純向往人性美善、向往情感甚至田野之平和、知單純亦能單純地行之人，多麼真實可貴。

*

溫和而平實，既是人之美、亦是人之善。

靜靜的人，這也就最美麗。

*

巴赫虔敬亦喜悅、莫札特純真而平靜、蕭邦憂鬱但高貴激昂、孔子仁而安……，人之所以美，在心。

*

在寧靜中以心相伴誠摯傾訴，多麼美麗。寧靜中見心之美，多麼美麗景象。

回歸赤子童真之心，始見存在本然之美。

美之觀看內在而親近。

*

美由情境形成。「里仁」或歸隱均是情境。

# 美、淳樸與修飾

美源於人對美善體驗而作之傳達與抒述，非始於實用外之修飾。藝非美之根源，人懿美之心始是。

修飾之美是在意義充實後之事。沒有陶潛田園歸隱之真實，文辭之美無多大意義。

*

縱使為精神體現，作品無法脫離物質媒體，故常止於物質創造、變化、複雜性，亦藝術與技巧甚至炫技密不可分之原因。然中國美學不從物質求索，物質故只為淳樸、古逸、儉簡、淡雅、溫良等素質。美純然內斂，此中國美學之本。

淳樸為物之德性：不突顯自身、不強求力量、不圖貴重。

*

樸實為人人所能之一種美，非完美、非工藝美。

複雜與極簡而美，前者易、後者難。此簡樸所以極致。

*

美予人安，因為德性而已，儉簡、自然、淳樸、溫和、寬厚、切實⋯⋯。德性之美所以安人，亦文而不野而已。

強烈鮮明感受，失生活存在平淡淳樸美感。

## 美與心

知識有其對象、善能實見，唯美最不具體，純是人心內在感受、只反映人心情態。

虛假（之人）所以亦為醜陋，已見人心對美必然訴求、美感於人性之必然。

美直是人心對美之讚嘆：對德行而有《頌》、對周文而有孔丘、對繆斯而有《神譜》、對崇高與懿美而有巴赫蕭邦⋯⋯。從讚嘆，見心對美感動之深。

*

美銜接心靈與形體，既是心靈又是形體，既體現於形體，亦興發心之真實、使心喜悅。

美雖因內在而難說，然最是心靈改變力量，此所以心由《詩》而興發。

*

有對美善學習之心，此人所以美麗。

於人，美層次自下而上為：外表、性格、人格、心。

*

均衡對稱只物性原則，美學更應從人性德性言。於物所見，仍應為人心之美。

美以心、非以技巧為本。

感官與（心）感動對反。

*

心使美真實，外表美只庸俗。藝術所以感人，仍先由情感。

美目之所以美，因為盼。

*

縱使外表，所反映仍是作者心情、心態、心境、及其人。

景物使見人心之切願與懷抱。

*

縱使女性，其美仍先在人格、性情，在作為女性之心。

色與欲，與心無關。

*

西方以優美、壯美振奮心靈，中國則以人性心懷之美立人。

功利悖逆人心與美而庸俗鄙陋，美與心靈均不在其世界內。

## 美與生命存在

美深深吸引心靈、直繫於生命、為生命最強烈力量。由此感動，人可奉獻一生，為生命存在意義。

西方色彩如寶石，日本色彩如花草，中國色彩古淡。色彩顯人生命態度，及生命體驗不同層次與深淺。

*

從「里仁為美」，見美以存在之美為最高；人生命之懿美，實亦一種存在之美。

自然與人倫，因同為生存之本與意義，又能致人生命安樂，此其所以美麗。

*

美使人與萬物內在地締結一起。

由〈關雎〉（「琴瑟友之」「鐘鼓樂之」），見美與樂於存在之一體體現。

*

自然因無自我、無造作、無意志肯定否定之虛偽而美。一切如田野般平和柔順。自然之美純為感受，與思想無關。

如自然般變化，為萬物生命之活潑、為美本身之生命。

## 美之種種

藝術為個體之抒發；然美先為存在整體普泛之價值感、為對存在一種更高期盼與感受；二者未必有關。

縱使為個別事物，美仍先繫於整體並反映存在，非在事物自身。

*

美由和顯：如「日月疊璧」、如孔子與人善歌而和、或如詩人之引用詩人、演奏之演繹樂曲、文章對文章之解說、文字對文字更精密推演。

美須能親近，並為人所愛，否則不見意義。此美所以人性。

*

平淡美在好惡之心外始能體會。故少從好惡看事物，多單純感受。

美為人之感嘆，非對象之絕對。

*

貴賤各有其美，亦同可致人悅樂。一切均可美而喜悅，非獨完美或貴重者。

美由切磋琢磨而成，無絲毫定式。

美由非純粹始活潑。美與不美，於人物同然真實。

*

絲毫與利益表象有關，已非美。

縱使為現實，仍應致力美善。非只求為美化，更是對美善不因現實而否定。

求為對反現實而唯美，非美之真實。

## 美與善

美與善均人性地本然。

美與善均由於心，與外在目的原因無關。

「人不善」由美而感受為醜陋，「不真實地美」由善而感受為虛假。

*

善從對人、而美從事物（存在）或人自身言；連美德或人格之美亦如是。

美善可只角度問題，非不同價值，故「里仁」同亦可「為美」。美從自身、善從對人言。

*

美善無自我：美喜悅於其他美、善喜悅於其他善。

美善在沉默中更美更善。絲毫驕意，只使人厭惡而已。

*

直、簡為美善之本。直於人性為善，儉簡於事物為美。性情與事物之不善不美，往往由曲而不直、繁亂不簡而致。

不亦正直真實之美善，只諂媚或鄉愿般醜陋。

*

美由善致。善越大，美越大。縱使夕陽，若非有所光明而善，將不為心所懷望而美。

真實之美必亦善；於人為懿美。色所以偽，因與善無關。

失去善良，美不再為美，此所以善良之美最美。

# 美學

美學真正終究原則在：美（事物或作品）由背後所顯人品格定奪。人之美為事物之美唯一決定因素；表面美好居家設計，故仍可只庸俗。

人與存在為美學兩端；其結合在：人心對存在之期盼與向往。

*

美歸根究柢非理論，而是如田園、里仁、內心、情感、神、自然、崇高、力量、理性、醉狂、悲劇等形態或文體問題。美學應研究如此形態在作品中之體現、其演變、其與人類存在之關係。從美之文體與形態，故見不同心志甚至不同民族之價值與德性向往。

美學非只探討美感本身，更應對美作後設反省，如：怎樣定位美在存在中意義、美怎樣與人類有關、怎樣體會大自然及藝術美、美境界與創造應如何……。

*

美學多只關心創制者之創作，然觀看者心境是否美善，更應是美學之關懷。

*

美學應修正文明創制之醜陋與墮落，非單純針對藝術作品或美本身作反省。

美因不離德行，其學習故困難。有志於此者，唯每遇美而知反省、從見其善而學習。不應忘記：美本於德行、不背離人性、終以人之美為依歸。

## 《論語》中美之分類

《論語》中，美主要為二：

一、與德性有關：如「禮之用，和為貴。先王之道，斯為美」（〈學而〉）、「子謂〈韶〉盡美矣，又盡善也」（〈八佾〉）、「里仁為美」（〈里仁〉）、「尊五美。（…）何謂五美？子曰：君子惠而不費、勞而不怨、欲而不貪、泰而不驕、威而不猛。子張曰：何謂惠而不費？子曰：因民之所利而利之，斯不亦惠而不費乎。擇可勞而勞之，又誰怨。欲仁而得仁，又焉貪。君子無眾寡、無小大、無敢慢，斯不亦泰而不驕乎。君子正其衣冠、尊其瞻視，儼然人望而畏之，斯不亦威而不猛乎。」（〈堯曰〉）。

二、一般所言之美：如「美目盼兮」（〈八佾〉）、「謂〈武〉盡美矣，未盡善也」（〈八佾〉）、「而有宋朝之美」（〈雍也〉）、「如有周公之才之美」（〈泰伯〉）、「惡衣服而致美乎黻冕」（〈泰伯〉）、「有美玉於斯」（〈子罕〉）、「君子成人之美，不成人之惡」（〈顏淵〉）、「富有。曰：苟美矣」（〈子路〉）、「不見宗廟之美」（〈子張〉）。

# 謝林論美

謝林《先驗唯心論體系》有關美感創造說：「美感創造不僅開始於對貌似不可解決矛盾的感受，而且按照一切藝術家以及一切具有藝術家靈感的人們的供認，還結束於對無限和諧的感受。這種隨著完成美感創造所產生的感受，同時也是一種感觸，(…)」。以美為對種種矛盾解消而產生的無限和諧，如於人世種種矛盾後體會「里仁」或〈韶〉和樂之美，如此無限和諧，確實為美，因其中含具一切矛盾之解消。謝林更說，這是一種「感觸」，即一種感動，由內心體驗而致之感動。這是多麼真實的形容。美或是矛盾解消後之無限和諧、或是矛盾紛雜所失去原本的單純：和諧原始之簡單性，其淳簡平靜與親近。美實如此而已：矛盾越深，其和解越美；和解越再無矛盾，其美越美。如「里仁」，實即人世矛盾中藉人性而致之和解。如此和解，較由神而致之和解更美；後者又較由力量而致之和解美。

# 文詩

前些時在鹿港一民宅門上見題「晴暉」二字。其意為：「晴空萬里，詩書映暉」。

## 文

不為感官所見有二：在上之神靈、及在人中之人性。前者使表象產生，後者體現為文。中國傳統以文、西方文明以藝（技藝）為存在價值方向：一者以人性及人為本，另一求物質發展。

應先作為世界存在明白文之價值與意義、見文與人懿美建立關連，非只從文學或文字作品理解；後者只從屬前者，對向人心與性情。

*

文是一種世界開展：「興於《詩》，立於禮，成於樂」，先為人性心之教化，再而以禮立人共體關係，終以人性悅樂為文化創制成就。如是人性世界，與只圖物質發展之世界文明相背。後者之開展為：知識心、社會法制、自我與技藝求新異之物質創制。

存在若以物質欲望為本，人將只爭鬥、對立、相互超越、求自我突顯。若以文為本，所重則為德性、讓、居後而敬、自我約束、簡素淡雅……。物與技藝，一旦遠去以人為本，終必發展為超越之物與超越性技藝；此時，技藝非只為達成目的之手段，更是一在其自身制約人類存在之力量：既構造世界並主導歷史、亦瓦解著人性人倫存在。

＊

存在之美在文德，非在物質先進。縱使崇高藝術，所成也只人心靈高貴，非如文所成，直是人（人性）自身懿美。人之美在文；物之先進貴賤，使人功利慾欲而已；人庸俗由此。

＊

心為人生存根本，心亦只由人文化成。心之人性興於詩與文，藝術與宗教只心靈之彌補甚至麻醉。

＊

人性存在亦可在禮與義，非存活只能由法制及政治經濟。有禮而文之社會，為唯一真實之人性共體存在。人由禮始敬愛和睦，亦由禮始成就自身品格與懿美。

約束若非為人對禮文之自覺而如法制般強制，已使人奴化、使存在失去美善。

*

禮樂從存在、詩文從個體心志言，二者為文之廣狹。

文人從人格品性言。學問應先為德行與道之自覺與明白，知識專業只存活之狹隘而已。

*

文學非外表文采之事，非生活點綴或風花雪月，必須有見人性德性或人心懿美。

詩以生命片刻微漸美麗、世界本然平凡真實，興發人性心之懿美與感動。

*

一切創制，應以人締結一起之光明悅樂為終極，內容以道為依據，其美與善同。

文（物作品）之美，在寧靜內斂潔淨、肅敬幽隱古遠、簡樸淡素親近。

*

文雖外，然實本於內，為人性與品格之體現。

從物見人性，為文；今見人如只見物。

*

人由文始對美達致更高自覺。

文由自覺，非如藝術或商品言好惡。

*

事物之宏大偉大感、其突出與技藝、其商品或聲色物素味，與文德相悖；此所以現代世界無文。

縱使為藝術，亦只應從繪事之素、聲調之古淡言境界，非求為技藝。商業只成就生活裝飾，鮮有人文心在。

# 詩

詩直是人心懷之言，非先為事物對象而說，此所以「詩言志」。「詩言志，歌永言，聲依永，律和聲」。從詩後有歌、聲、律，「言志」故單純為人心美善之表述，非如以悲劇為對存在解救（叔本華）、亦非生命因過剩始創造（尼采）。由「詩言志」，可見人類一切美善亦本性而發，非事事必有原因、必由於外。

*

存在美善若由心而發，即人類詩歌。

詩為人心對存在至懿美期盼。由詩，故見人心懷至懿美時刻。詩獨特之美在懷念與感謝。其他藝術各有所尚，唯詩獨對存在與人懷念感謝，此其更為心之美。

*

歸納地言，詩肯定偶然生命與世界、以意境提昇平凡對象之美善、沒有遠去人性訴求、退讓地成就存在之美、安立人之個體、為人心志心懷之表述與抒發、為思與言之雅正、為志之本。

*

人心情、心境以至心懷，由詩景物情景而興。
詩景象所以美，因本於人性、亦見心之高度。
平凡至如一純真笑容或由心之期盼，所見因為心之美，故同已為詩境。

*

詩去自我與超越性，從存在平凡成就人生命高度甚至真理性。
詩美感之高度，同亦為人心懷、情感與人格之高度。
梁元帝詩：「風輕不動葉，雨細未沾衣。入樓如霧上，拂馬似塵飛」。帝王詩實仍有君主性格在。

*

詩因直為語言又純由於意義，故最屬人，非有其他物質媒介或物性技巧考慮，更非由於觀念而創制。

詩格律因仍本於心自然感受，故非純粹形式。其本有三：心抒發時之感嘆、意之體現、及人性整齊有律之德性。

*

散文如人日常平素，詩如人生命心懷。

## 有關詩之真實

詩人之心，在世俗存活外，此其所以更為真理。

貧窮雖本只為現實境況，然陶潛正由如此氣節而偉大。其原創首先在：由固窮立詩氣象與真實。

*

「種豆南山下，草盛豆苗稀。晨興理荒穢，帶月荷鋤歸。道狹草木長，夕露沾我衣。衣沾不足惜，但使願無違」。陶潛所述非一臆想意境，而是眼前生命真實，唯以情懷之真誠與期盼，使詩成詩。

思想家唯從神或偉大作品言永恆，然詩人對永恆體會，直是世間永恆性之具體體現，從不遠去身邊景物，此詩真理所以更高。（見王維〈皇甫岳雲溪雜題五首〉所言靜謐、生活、獨體、勞作、萬物分合重復之永恆性。）

*

子貢子夏對《詩》斷章取義，非為言說手段佞巧之用，為對詩美善並正面運用而已，故仍「可與言《詩》」。

詩譯說不能失去詩真實。失去文字考據，詩仍是詩；失去詩，文字也只文字，再已非詩。譯說者自身心懷性情之美善、其感受與情感體會，故更是詩譯說真實之基礎。

## 《詩經》

文字簡明、意象平凡、至如歌謠般淳厚雅正，此所以《詩》境界難及。

《詩》之美先在文字簡樸真實，無艱澀深奧或不平凡情實，無個人特殊個性，一切均只人性與人人的，此《詩》所以永恆。

簡素之美，可至如〈關雎〉「在河之洲」「在」一辭之境地。應以如此簡素體會《詩》之一切，其文字、景物、人與心。

*

人對人思念情感，此人性所以美麗，亦《詩》所以始於〈周南〉。怨仍無不善，見心單純美麗；《詩》故亦「思無邪」而已。人之美，先在無邪而善而已。

*

《詩》道理，在人性存在所應是。

一般經典都從特殊而求，以特殊甚至超越者為真理，唯《詩》本淳樸簡易，直對向民性（人性）本然世界與思想情感，成就真理應有本態。〈風〉〈雅〉〈頌〉為情感、和、敬之體現。情感見百姓真實，和為仕真實，而敬為面對德行之真實。

*

《詩》雖淳樸，然孟子以之為具「王者之迹」。對神性與對民心表述，此西方與《詩》源起之差異，亦虛構與平實之差異而已。

# 西方詩學文體

文體（**genre**）非只文章體裁問題。悲劇、史詩、歌詩（**lyrique**），實如荷爾德林所言，為人類存在與人生命向度：或為智性直觀、或為偉大向往、或為獨一情感。文體為存在真理，甚至為理想人之向度，非只體裁問題。

悲劇、史詩、歌詩為西方詩學統括起來有關存在之美與真實三種形態，為美與真理三種向度。

*

歌詩表徵人心靈及其情感、史詩表徵意志與客體世界對象、悲劇表徵人類存在及境況；後者涉及德性與智慧、情感與權力、命運與超越性等問題。

歌詩與戲劇（**drama**）相反。歌詩為自然表述：人內心情感、愛情、田園也只自然甚至人性而已。戲劇則為人所虛構構造（**mythos**），其低下時為現實命運，其崇高時則為超越之必然性。

*

悲劇情愫（恐懼與憐憫），非如歌詩愛與溫柔；所反顯為存在與人性之差距。

# 藝術 作品

悶熱多天，終於下起大雨。天全陰暗，好大的雨。在書房亮著燈讀書，心始終平靜，倍感平靜。

我所深愛的，除了是向往德行之人外，也就是真誠地實踐人文美善之生命，如 Guller。縱使是西方，我所喜愛仍只其人文努力，非其社會。

## 藝術

藝術實人所能憧憬既美善亦高遠境界氣象之表達。巴赫有其宗教神聖氣度，貝多芬晚期亦以宇宙星空之高遠與超越為景象。縱使蕭邦，始終仍向往一種美麗高貴與激情之詩意。高山流水（〈瀟湘水雲〉）、天地大和（〈韶〉樂）、田園故鄉（日本童謠）、農民生活（**Bartok**）、甚至政治景象（**Nono**）或原始野性（〈春之祭〉）……，均可為藝術景象與氣度。作品由如是生命境界而真實。

藉由形象，藝術作品把平素無法體驗到的展現在眼前，使能感見那不能感見之美：〈韶〉

樂使見萬物（及人倫）大和、巴赫使見宗教超世與內心。藝術非為感官事。心靈於藝術中活其另一真實；其美與喜悅更為人生命力量。

*

藝術因以價值為取向（如神性、存在境界、人心情感、自然……）故非只是藝；藝因只求目的完美而非為藝術。

藝術美非在表現力或外表，更在生命深刻豐富體驗、及心志之懿美。

雖與物質媒介有關，藝術始終本於心。

*

人內心世界由藝術及情感見；藝術使如此內心世界永恆化。以藝術為觀念或技巧，已遠去藝術之真實。

舞蹈所彰顯仍只舞者性情、心境、性格，若從舞姿完美技巧求，失卻舞蹈之真實。

*

美與藝術另有其在理性外感性之真理性。真理在藝術中非事實之揭示，而是創造。創造非虛構，只形象地體現內心之真實。沒有如此真實，將亦沒有藝術。

若不能於想像中保有美善，藝術無以真實。

＊

作為對存在反思，藝術非主觀任意虛構或事物表面勾勒。藝術始終應完整如世界，非能外在地片面隨意。

藝術由世界真實之無窮而無窮。

＊

藝術中物質（琴音、水彩、大理石……）本身虛構，非如物品材質之必然。解離於物品之純粹物質，其美非作為物質，而為精神性本身。

藝術媒介，如樂器聲音，非只音響與技巧，更直是情感氣象載體。若非如此，藝術由技藝將遠去內心世界，遠去情感、心境景物、人格……，而落為物素。

古琴、木鋼琴，其聲德性，如水墨。藝術媒介可直從德性言，其本精神性故。

＊

心使景物化為心境。若止於物質想像，心靈只物化而已。

只為強調物質性之藝術，無論造形抑音色，只藝。藝術始終以意義與情感為體。

＊

藝只藝。藝術始終應回歸心誠敬平和之美，非更求造作。

藝術之美始終在禮：在和、敬、與情感。

*

雖非人人明白或感受到的必為偉大，但偉大的，仍必為人人明白及感受到，如《詩》、如童謠、如田園草木、如夕陽之平和或鶴之飄逸。

*

就連手觸鍵盤必先求安，藝術最終只求為安人及使心靈有所寄懷而已，如 **Kreisler**。教人彈奏，亦教人從能平靜地安於其彈奏始。

*

尼采對傳統藝術之說明：一、詩格律形式性，是人對其自身更高限定、為更高自由而設。形式對反一切情感或心靈性質。二、（希臘與歌德所理解之）真正藝術，非在個人而在理想化人物、非在現實而在寓意般普遍性、非在時代特徵或地方色彩而在淡化的神話、非在當代或社會如病態激烈之感性而在簡素形式與藝術意義、非在新穎題材而在古老主題。三、藝術教人以愉悅面對一切生命形態，以致能有一視一切生命存在均為美善之感受力，以人之生活為自然一部份，規律地而非激動地。（《人性、太人性》）對尼采言，藝術非只心靈之事，更是人高貴存在。

*

西方藝術始終如「骰子的一擲」（**Mallarmé**），只個體與時代之偶然，非人性地必然。

## 藝術形態一

一、詩歌：心志、心懷情感之美。喜悅與哀傷。如古詩辭。
二、樂舞：身體韻律與禮之美。盛樂。如大賦。
三、繪畫：景象與心境情態之美。靜默。如唐詩。
四、雕塑：天地人物重量之美。力之立。如論說。
五、建築：存在與世界之美。氣魄與幽隱。如文章。
六、陶藝等：生活之美。閑逸。如散文。
七、書法：品格與性情之美。凝聚。如筆記。

## 藝術形態二

藝術所對真實：
一、詩歌：心志與心境。美。

二、繪畫：自然景象及光與色彩。生命感。
三、樂舞：人與人和諧一體。悅樂（舞）。
四、雕塑：人與物。立。
五、建築：存在與環境、世界與大地。寧靜。
六、陶藝等：需要與生活。安定。
七、書法：性情品格。文。
八、戲劇：人世事、行為命運。德行與智慧。
（詩歌對書法、建築對陶藝、繪畫對雕塑、樂舞對戲劇）。

以上藝術形態可依「人」「物」分：

物　繪畫 → 陶藝 → 雕塑 → 建築　（靜）
【物質之薄至厚】

人　詩歌 → 書法 → 樂舞 → 戲劇　（動）
【人之內至外】

# 對藝術之明白

對作品認識：先喜愛、再熟識、終深入。

觀賞為長久之事：既從作者一生、亦自己與作品長久相處，都非一時。

*

明白必須一番努力，藝術亦然，故非只由觀賞，仍須由學習甚至困難始能對其喜悅有所體會。

欲明白作者心之美，人自身必須同樣努力心對美之感知。藝術中一切體會，始終只人自身心志之感受而已。

*

先對作品所言事物及心境有所體會，始再對作品本身進行反省及明白其所達境界。

意義由整體始明。藝術中意義，由形象所指向存在及情境整體之美而顯。景象所關涉之整體，往往超越現實，為更高圓整世界。如此世界，為情感所繫，亦為心所感見如夢境般真實。

*

美感體驗是生命經歷深化後之事，無法單純以概念說明。一般解說故只能止於技巧過程。至於藝術形象之意義，只能由心感受力及環境之啟導而教育，始終需由生命始及。藉由藝術，人生命始有所境界。藝術境界與人生命並行：藝術境界隨人生命成長、人亦透過藝術經歷人心懿美之路。

## 創作

真正創作只由生命，非由技巧。既非可有可無、更非為創作而創作。創作非創意，必須生命超脫現實與自我、並對美善價值志向與努力。

*

創制仍由繼承始美善。美好只在代代自覺繼承中形成，非一日而致。努力在回顧中始呈露無遺。是否真實創制，也只由回顧定奪，天賦之聲名只一時而已。

## 藝術境界

境界所以真，因本於深邃情感、為心所懷望向往之更高真實。境界所見為人心，非為物。

美感境界，如平和敬愛、澹泊歌揚、平靜喜悅、輕快曠達、沉鬱堅毅、深遠壯麗、情深而甜蜜、悲鳴而典雅高貴……。

*

《滄浪詩話》所列詩品有九：高、古、深、遠、長、雄渾、飄逸、悲壯、淒婉。九品從狹義境界過轉至力感向度，其關鍵在「長」，言寬廣或悠揚。

境界形態類別可有五：一、自然：如閑逸、清淡、自然；二、境界：如高古、深遠、飄逸；三、力量感動：如雄渾、悲壯、淒婉；四、文質：如典雅、和靜、溫厚、平達；五、外表表現：如奇麗、新秀。

*

孔子「翕如、純如、皦如、繹如」（〈八佾〉），為境界之境界。如高古：只求高古地步、抑更達純一；已至光明、抑更通透而一體。

## 繪畫

物品多為單色、存在亦多晦暗，繪畫所首先帶給世界，為色彩生命與淡素之美。

繪畫或為對心懷與不可見者之體現、或表象「看」本身模態。然教人怎樣美麗地看，或讓我們能日夕面對所欲看見者，此繪畫更簡單意義。

*

繪畫或寫意、或精工；前者從人，後者從物求摹擬。中國水墨畫寫意，淡然如陶潛意境與文字素樸。精工則為物質性體現，如謝靈運文辭或松下觀瀑圖般細膩，均有求物性摹擬。西方雖亦有如 **Cézanne** 或印象派之寫意（抽象畫為其極端：意轉化為觀念而抽象）、求對反透視法之對象摹擬，然中西繪畫最大差異始終在墨與油彩：墨近意、油彩則突顯物質性，此所以中國繪畫偏向寫意，西方繪畫仍以物質為主。中國之精工只勾勒物表面微細，非如西方更求對物實體表象、強調空間透視。西方繪畫之意故仍物質性（油彩之物質感），非如中國，連精工（工筆畫）也只一種意、只形，非實體自身或物質感。中西繪畫差異如下：

| 中國（墨） | 西方（油彩） |
|---|---|
| 意之淡素 | 從物質感言之物印象 |
| 對形勾勒之工筆畫 | 物實體摹擬 |

# 作品

作品個人世界只表面，深入後始見其普遍性在人類共同內心、人人所感受而期盼之真實。純為人非為己之作品，至為真實。

*

作品直就是真實本身、直是真實之體現，非只是（對真實之）感受。作品很大程度是作者生活及生命之反映與表達，非先是內容對象。

*

作品使見人類之高度。

作品面相：一為心志所達層次與境界；二為所體現德行、充實性與真實性；三為所屬領域與所有背景（歷史偶然性）。如巴赫領域多為宗教情懷，背景則為基督教。背景雖可偶然，然作品由所表達內心共同情感而永恆。

*

作品是否充實，由多少用心與多少思想見。而用心，也不捨晝夜反複琢磨而已。

*

作品非止於物對象，更先是心境與存在情境之開啟。美亦情境與心境之感受而已。如杜甫〈秋興八首〉，是過去曾有尊貴與眼前悲涼情景交錯而成之悲愴美。詩中用辭，如玉露、楓樹林、巫山巫峽、氣蕭森、兼天湧、塞上風雲等，一如蕭邦形象，均對等尊貴性，亦喚起心懷之高貴。

美始終在情景，非在物事本身。田園、山水、人情、懷舊、生活，各由情景而美，亦作品美所在。辭與意象，故亦情景之引起與感受而已。

*

作品之興、觀、羣、怨：「興」對人心、「觀」為作品自身、「羣」對人類存在、「怨」對人生命。

真實誠摯的作品，給予心靈無限力量：或使人安、或使人勇毅、或慰藉其孤獨、或滋養其生命。此作品永恆意義與價值。如詩之美、如《論語》之教誨、如 **Guller** 之彈奏。

*

《詩》之美或《論語》之善，在作品世界中實罕見：非只盡美盡善，更有不可思議淳樸民性在。

作品仍以悅樂為最終，此所以古代「成於樂」：於作品而見喜悅；亦莫扎特於西方所以獨特。

*

作品所以偉大，非在其突破，更在其平凡日用意義：無止盡重複地觀看或聆聽之可能、無窮予人啟發與心思明白。作品之難在此。

唯作品始能伴人一生，無論生命已達多麼高度、深遠。

*

對作品分析，雖非限於人一般所見，然仍應切實於作者所能、止於其所知。若深層至連作者亦難以知曉，如此分析已太過。分析只應揭示作者之心，非深層事物。此分析應有之道。技巧於作品只是磨練過程，作品是否美，最終仍由是否有真實之愛決定。此萬物美善之本然。

# 音樂 藝

秋天到來。早上在充滿陽光書房內，閱讀著遠方來信。寧靜中佐田歌聲格外平和喜悅。近來心境更光明、滿足。無論遇著什麼事，都再無求無怨。心盡為人善，也無自驕之欲。充實與自足，使我無因缺乏而有所求。在大自然草木中，懷著感謝之心對一切人，期望他們永遠幸福快樂。

## 聲音

聲音之真實在寧靜：自然曠遠之聲、街外遠處之聲、歌咏情感之聲、誠摯傾訴之聲、內心思想之聲、萬物輕柔之聲……。若非叫嚷或擾人噪音，聲音使人寧靜，如雨聲般內在寧靜。噪音最是暴力，既內在亦普遍。

*

聲音非只聽覺，更是心感受：從鳥鳴而平靜、從語調見心品格、從古琴懷淡樸之想。

〈幽蘭〉譜：「不當從聲音中求文字，當從文字中求聲音」。這似說：音樂本非聲音制作之事，更先是心內在狀態：心裡之明白、與所體會境界。

## 音樂

繪畫為心之外在，音樂顯心之內在。

真實音樂，或是人心感慨感動、或如日本童謠直是心懿美之體現。

*

日本童謠，為人性存在原有古逸心境之美。

音樂亦人心境、與心境背後之人而已。

*

西方音樂均立於客體：對神之情感、對超越性之向往、大自然生命躍動、童稚與純潔、存在之無奈與憂鬱、色彩之幻象⋯⋯。

單純立於人之音樂，如反映人民生活情調之童謠民謠、或如見人品格之古琴。

在心抒發外更見對人歌頌，童謠對童真、民謠對家鄉、〈仰げば尊し〉對師道⋯⋯，如是藝術，由對人而更美。

*

音樂中感懷，由見人心或情感對存在有所繫而美，非如一般喜悅之可只一時。音樂非必以世界存在為背景，亦可如莫扎特，為純粹情感本身，非對向世界之存在心情。樂思應先從樂曲情感起伏與行進形態分析。如蕭邦音樂段落：或見歌詩旋律、或有廣闊氣度（**sostenuto**）、或激動不已（**agitato**）、或微細地傾訴、甚或有力地悲壯……。樂曲行進之思路，往往反映存在，亦作者面對世界時之心情心境；人始終不離世界存在故。

*

存在由情景與事物（存有與存在者）構成。情景寫心。如蕭邦〈船歌〉中意象情景：晨暉入漁舟、心澄明悠然、回思之感慨、密雲將至而焦急、烏雲散逸星空明麗皎潔、夕陽西下生命緬懷之氣度……，均為心意寫映，非形象刻劃。

音樂由勾起種種想像情景而如觀看。音色可描寫景物，然不能為人心抒述，後者獨旋律能致。

*

音樂先是歌唱，非先是聆聽。

*

咏如「兮」字感嘆，為心不欲遠去而於音調中長留。

繪畫由見事物之美、弈碁由求應對之正……，而咏歌，或由心喜悅、或有所慨嘆，然非為唱而唱。

歌詠是心情感起伏，非外在刻意表情。

歌咏由情懷而美。

*

音樂因素如：旋律、輔和旋律、伴奏形態、低音。

樂曲因素之意涵：一、旋律：心之說話言語、或對景物之述說。二、和聲：旋律文字之含義、旋律聲調之真正意義。三、律動：生命情態或情緒激動。四、器樂、音色與力度：性格與性情。

和托之旋律（副旋律），由居後而往往更美。

*

莊子「無聽之以耳，而聽之以心。無聽之以心，而聽之以氣」從耳聽聲、心辨音，至對音聲感受，雖明白為音樂過程，然仍未如孔子「子語魯大師樂。曰：樂其可知也！始作，翕如也。從之，純如也。皦如也、繹如也，以成」對音樂體驗深刻真確：「聽之以氣」雖以感受為音聲之至，然能對音調由內在聆聽至「皦如」地步、並能「繹如」地心與音、音與音一體無間，如此詠歌愉悅，始更對音樂行進真正明白。「皦如」「繹如」非只感受，更是音調內在微細真實之感見。

*

巴赫所以真，非由於神，而由人類自身情感感動。

*

〈韶〉樂應如佐田雅志〈仰げば尊し〉，為「疏緩節兮安歌」（屈原）。古希臘亦以緩慢為大度。

*

負面（哀歎）旋律之仍無比美麗，因於其中，聽者內心之孤獨如得見外在共鳴、如重遇知心，由見共鳴安慰而感動不已。

縱使有所哀歎，音樂之美善仍先在平和親切中。

*

淨化（**katharsis**）為崇高對痛苦恐懼之解懷。心懷之高尚使痛苦與卑下得以接受，如於悲劇中仍見英雄之懿美、或於古琴隱逸聲中仍有人之內在自己、又或如蕭邦哀愁旋律之仍伴以圓舞節奏，都見人心靈淨化力量。此淨化與崇高之關連。

崇高由能面對現實與負面性而美。

*

作品或單純由美善、或如悲劇透過崇高而立，後者因超越醜陋而仍美善。若單純寫實而醜陋，不足為作品。

若非有所美善，作品怎能令人喜悅甚至向往？

*

音樂對人之意義，在使心宏大深遠。音樂能具體使人感見境界與景象，為心志教養與提昇之本。神光輝世界（莫札特彌撒曲）、原野（〈田園交響曲〉）、超逸（〈瀟湘水雲〉）、甚至野蠻原始（〈春之祭〉），如此意境，均可為音樂直接體現，無需反省。

音樂在不知不覺中引導人心情與思緒、形造人性情，此所以為教育很好媒介。

## 詮釋與演奏

詮釋以「皦如」為基本。不能一音一字盡清楚明白，非真正詮釋。

詮釋應求作者所本欲聆聽，非求人所欲見之炫技與音色。

*

內在生命力（活潑）與意義感動，為作品從自身言之一切。

若對樂曲（所表達）無所喜愛，演奏必然虛假。

*

琴之道，在和、靜、清、遠。

「繪事後素」、「大音希聲」……。聲音以寧靜為美，稍有躁動，已違音聲之道。音聲以不踰越旋律之詠歌為度。

*

詮釋是一種修身，可見演繹者自身之真實：其品格、心靈高度、與所懷價值。由演繹之豐富性，更見演繹者明白之境界。

樂曲之美對應人心與生命，故由感見、非由分析或技巧塑造而得。喜悅只由心真實喜悅、崇高亦只由人格而真正崇高。

*

樂曲內容，須轉化為演奏者自身之內在，如其自身言語說話；以為客觀，實外在而已。彈奏應為說話（**parlando**），盡一切意思地說出每一音調。此如文字之吟讀，為「詩言志」之「言」。

*

如腳踏大地仰望天空，手指亦安立在鍵底、心懷廣遠地咏嘆。

心持守長音為嘆；心關注音高形態從而詠唱為詠歌。

*

音調是經由作者心思而成。沒有心思感受，技巧仍只外在，心毫不見感動。

超越技巧，非由技巧磨練而致，而是：本實已不為技巧。如彈奏絲毫無求速度，只求皦如繹如地詠唱。

心能與音調同步，如是再無所謂速度技巧。

*

厲害非能致人親近，可親近者非因為厲害，登峰造極之技巧更非是。

非演奏者技巧不好，只未能對其心有所向往而已。能為向往，只人心及其美善，非其技巧。

## 尤拉・居萊（Youra Guller）

居萊每一音調直觸我心，呼喚著人自己之誠摯參與，啟導人心並引領其進入樂曲之美善，手指甚至舞動而欲親自彈奏。其藝術與人渾然一體至此。

*

居萊演奏立於作者上，重新賦予一切作品其價值，對未來亦給予無窮啟迪與支持。其明白深邃精微、品格遠俗高尚、心懷誠摯廣遠。時而澎湃、時而超越、時而詩意、時而沉鬱。其手中一切莫不微細通透，始終保持生命前進之奮發，更對生命與情感無限體透。無所盲目機械造作，一切莫不人性地自然、莫不懿美地至於極善。淳於對象意義與美善，居萊心念再無絲毫世俗現實而高貴。此其彈奏所以優美、善良、感動而致境界：如詩人般懿美、如哲人之心懷、如聖賢地無我……。

*

歐陽修詩：「無為道士三尺琴，中有萬古無窮音。音如石上瀉流水，瀉之不竭由源深。彈雖在指聲在意，聽不以耳而以心。心意既得形骸忘，不覺天地白日愁雲陰。」此亦居萊寫照而已。

## 佐田雅志（Sada Masashi）

溫順、柔和、緩漸、深長、平靜、沉默、明朗、久遠、迴旋、敬仰、開展、故望、情懷、激動……，此佐田歌咏之美。

佐田日本童謠，亦心平凡美麗之至高境地。

佐田〈北國之歌〉題詩：「縱使辛苦，活著仍然美妙。如此感動，言語無法傳達。明天更要努力」。

## 他藝

琴碁書畫雖為平素修養，然亦人日常所能之境界體會。琴表達心志、碁應對世界、書見品格性情、畫記對象之美。琴、書內在，碁、畫外在。於琴碁書畫中，既有心、亦有現實；既有品格、亦有美。

*

中國文字除為言語載體外，其本身直為「文」之體現，此所以西方唯缺書法，其文明只物藝，非「文」。

繪畫寫物只摹擬、音樂詠心只抒情，然書法因為文之體現故於眾藝中獨特：其行進如修身（練字），為求見性情品格之懿美。書法故應用於身，非只用於字。

*

古琴之道，在和、靜、清、遠。琴以清靜為本，此其為樂器典範，亦琴所以為修身之器。忘聲如無聽，使物我兩忘。聲如無聲，此古琴首先境界。

吳兆基琴音樸厚，靜如不覺聲。

*

太極拳術：純然骨架運動。純然骨架，故至柔不剛、隨曲就伸。力量由於肌肉，非由骨架。

操拳，意內在而收斂，在腿非在手。

太極運行須有蕩意：蕩意緩急自然有韻。

「先求開展」：太極開展非在外，而是內在一種無限延伸。表面看似一般，然內裡感見運動屈伸扭轉之極端。此太極所以激烈。

拳中樁步，如坐下休息意，非求腿力。坐下故身鬆淨而意平靜。樁步，亦坐著而已。

操拳，身『坐』腿上而鬆淨，隨步往復進退。

樁既強化脊椎，亦使血氣運行，對健康至為重要。能健步如飛，亦由樁致而已。

手之運行外在，樁步始內在。操拳故只無限樁步而已，拳慢行由此。

慢行如靜止，完全收斂而物我兩忘，此操拳境界。

雲手之意：高立雲中向下俯看，如有君主態勢。

*

口琴既遼闊自由，亦使歌咏時刻伴隨人。

# 碁

看譜下碁，一種觀而無爭心。心既在現實外凝聚，又無現實哀樂之感。所思唯在道之變幻，所見亦人格與境界之高逸，所感唯平靜默然之悅樂而已。

碁，無世界內容之世界性，其樂在力量之深厚變幻。

琴書畫所以未如碁能忘憂，因三者所對仍目前，唯碁所對為未來，直觀著存在本身寧靜奧妙思慮之變幻與開展，故如超拔於世俗現實之深妙境界、人純然自身思慮創為之境界。如是境界，由遠去現實而為生命另一存在、完全自主自由外死生之存在，其忘憂至此。

*

碁之道先在布局與行止中正，其美在淡雅不搏殺，其境界在窮形於無跡可尋地步。

碁之有勢子，使行進始於無所佔有而極乎平等。

吳瑞徵所言「無聊」、「過早」，實未成布局便急於求競之俗心。

*

除布局、中盤、收官等階段外，棋思惟主要亦二：子獨立及遙望相應時潛在意義之揣摩，及，子與子碰擊時死活搏擊之推度。

碁行止正而思深妙整體隱微，廣闊時有無窮開展。

*

由正道而剛強，此碁予人之意義。

平淡進取、行止穩正，此我所期盼於碁者。

*

《忘憂清樂集・野戰十格圖》境界，亦古野戰法：去利益計量心而志生死於奧妙一著。

施定庵序：「行乎當行，止乎當止；任其自然，與物無競。化機流行，無所跡象；百工造極，咸出自然。止於中正，止於淡雅；益窮向背之由於未形，而決勝負之源於布局也。」

# 創造　意義　價值

匆匆一年過去。心期望在新家能過一平靜簡樸日子，開始我盼望的寫作生命。總算把書房佈置好，書架仍空空。書房窗外寧靜遼闊、鳥兒啼鳴、牧場草坪、遠處樹木⋯⋯。

我希望度過一人無法造、人本來之人性生命及真實。人所能造、那與道及人性無關之世界，與我何關。

## 創造

創造有多種層次，如一時創意、針對市場之創作⋯⋯，唯超乎時代而回歸人性之創為，始真正有所價值。

真正創立對向歷史偉大者，非對向世間平庸無識者。

人類藉由創造，試圖把思想、情感、美、甚至心永恆化，使個人永恆。然真正永恆，應唯人性及萬物之道而已。

*

真實創作非求為創新，只把感受及所體驗真實如實記述而已，絲毫無所虛構。

人類沒有無中生有能力。無論科學、哲學、藝術，創造均應回歸事物更簡單真實、回歸基本原本。創造只應由揭示更原本簡單真實而致。

*

創造深入傳統，是承傳之思索與努力，非虛構、想像或自創。

創新以一己為美，傳承始以他人為善。創新對反，傳承歌頌。

*

事物意義在美與善，非在創新。

創新多求為自我而遠去生活，然唯生活始使創作保有平淡之真實。

求新只由智，非由心。

*

一般所謂創造，只求為人不知者而遠去價值與真實，如此創造故同於破壞。

物質為原始給予、非能創造；創造只從形式言，此創造之限制。若如科技改造物質，長遠言非為創造，而是毀滅。

*

由壟斷之劣質化，個體各求創立；因而世界創立多、接受少，形成努力耗費與無意義。徒創立而無深度讀者，使創立失去意義而落為個體求自我獨立；既無讀者共鳴、亦鮮有所承續。人類所需非創造，而是深識之讀者。故唯使人深入明白、使承續可能、並存在意義由此而維繫，始為真正努力。求自我創造，一如壟斷，同亦虛假而已。真為人不知之創為，將得不到時代明白、肯定與接受而為冒險、孤獨、無所安穩。只能靠著自信與誠摯，孤獨地克服並完成一切。

# 意義

意義之本三：人之成人、人類存在、事之原本。

意義由關連於人性始美。其究竟，亦只從對人之善言而已。

*

事情背後人之美善，是事情意義之根本。

事之意義始終由人。如讀書：若非真實需要、若非為己而學，讀書也可無意義。

事情意義亦取決於其所施與之人：教學由遇有用功學生而得其意義。

*

事不孤立，事情意義亦不應孤立地看，若「行有餘力則以學文」，學文便不會因不實際而無意義。

意義見於整體。若孤離片面，事物多無所意義。

*

意義由終結成就：人生或句子意義，均見於完結時。越是朝完結而作，其努力越真實。完結與意義一體，使意義生成，非使意義滅滅。樂曲行進故須由無窮句子頓挫（**hiatus**）使意涵豐富起來。

*

意義大少，與深遠成正比。深遠多隱晦，重要意義故多似微不足道。生活事事似有目的意義，反虛泛無實。

*

從自己所是所有言意義，不應從不是或沒有而感虛無。努力所是，虛無主義只從所無始發生。

逝沒使意義不再，此存在之感傷。然若真實為人付出，意義仍隨他人而永恒。求為自我，一切將無意義。求為他人，一切將充實而有意義。

# 價值

價值與形態類似，亦易混淆。如劉勰〈體性〉八體中「典雅」明顯較「新奇」更是價值。然「典雅」作為形態，仍可有高低真偽之別，此始為真正價值所在。價值辨識之難往往在此：高低真偽中更有高低真偽，此價值之修養甚至境界。藝之完美似神性，然義與意義更是無形之價值。

*

價值其本在人之光明正面，此所以一切真正價值必與德性有關。人若不知心懷與人性美善（之價值）而只知物事之優異或只圖超越價值，人將於價值一無所知。

*

現實所求優越與功利，使價值倒退。若非為人性美善，價值無以進。

*

真與善客觀必然，美始純為人心自身向往，此所以美更為價值代表。美非只為美，更見人心向往，此美所以作為價值關鍵。

*

價值雖抽象，然往往已作為實物直在眼前：《論語》已成書、巴赫已成樂，人取不取而已。人多如商賈，取其虛假、捨其真實。然非價值不在，人不取而已。

價值無需財富以成，甚至背道而馳，如淡雅便是。

*

價值不應與欲望有關，亦無須強求於人，唯單純自身生命向往與自立之事。

價值只求行立，非求爭辯批評。

*

面對價值如見善，盡力跟隨。跟隨從己言，追求從對象之求得言。

心必須長久誠摯地相處、實行、體會，始能對價值有所了然。

# 價值觀

縱使為一般百姓，價值始終起著重大作用：對政黨、宗教、環境（環保）、民族、長上態度、權勢地位、社會習慣風範、甚至現實（以社會價值為價值）……，價值於百姓起著如信仰般真理認定，甚至為生命寄託。連科學往往亦如是。若非如此神化，哲學亦無能為真理；其本身實為對反世俗價值觀之錯謬而已。

價值應以人性為首先。雅正之所以為價值，亦猶人而已。

*

價值源起非在事物，在人對價值本身之熱愛；尼采稱此為人對價值之 **pathos**。事物價值只從好處言，但真正價值正非由帶來好處始純為熱愛所對。好處非價值之源，人熱愛（價值）始是。

由唯獨地能真誠熱愛，美善作為價值故無須自我疑惑。

*

價值如孩童對母親之意義，從內感動生命、是生命內在所需真實。人因純然現實始以現實為價值而已。

欲求由環境盲目造成，故非價值向往。價值向往既來自內、亦必有對善惡覺識。人以為重要與真實的，多離不開當下生活環境與心情。應知反省自身處境之偈限，否則價值無以正確。

*

品味若非由真知價值，也只階級或社會性而已。

# 現實與價值

從社會角度衡量之價值，即為世俗價值。

價值本為人，亦必與德行有關；資本與科技故只價值假象而已。

形上價值，實仍世俗價值心而已，與人性德行無關。

*

世人於價值只知求擁有，非先求反省明白。價值正是從不盲目求索、不為表面好壞所惑言。如知德行或平淡之善，始知價值之真實與無害。

虛偽多與價值（之扭曲）有關，為在義與美善外，以富有、權力地位、物質享樂為價值時之心態。

*

富餘始求精神價值，亦求享受而已。價值是生命一致獨一向往與努力，在困窮中仍然，此其所以為價值。

貧而視金錢重要情有可原，富仍以金錢唯一，多麼虛妄。

*

面對世人，仍應教導他正視真實：真實地善、真實地美，非利益地善、利益地美。若連善也只相對利益而非從德行言，此所以世人鮮知價值而功利。

## 主觀客觀

無所謂不能共通之感受與想法。藝術或品味之主觀性，未接受教育、未明理而已。對文本解釋，沒有主觀與否之問題，解釋是否真而更有意思而已。人性真實可主觀可客觀，情感即其主觀，和睦與敬重即其客觀。問題非在主觀客觀，在是否真實而已。

*

主觀性多只與擁有有關。無能私有，無主觀性可言。月亮星辰或「里仁」之美，無所謂主觀客觀。

若非私有，主觀必即自我執持：見善不從、見不善不改。心懷客觀真實者只依據善不善而行，主觀實只自視或狹隘而已。

縱使行善，若只從己而非從人而想，仍可主觀。

*

今人以國家社會為客觀，然人性與人倫情感更屬永恆，國家社會只一時人欲而已。人由人性美善，非由物自身或國家利益而客觀。

*

西方思想源起於對立人性主觀性，在感性外更求物自身與國家客觀性。問題在仁抑不仁、人性抑自我，非在所以為之主觀客觀，或以為在人性外始有所謂客觀，而實形上盲目地主觀。

*

以主觀為客觀，無論是自我、自私、國家利益、權力佔有、時代崇尚、知識構架、宗教主義……，多麼虛偽。

*

誠可有過錯，然無主觀之弊。

# 文化　傳統　歷史

寧靜一日的開始。充滿陽光的書房，使心凝聚清澈。近日已全力於《論語》寫作。又新一年、新的世紀。切願今年能完成更多註解，再無他求。

## 文化

文化應於人類自身「盡美又盡善」，不應只求觀念想法創新或只圖世俗價值。「文」而非物質，此始為文化。

*

文明終極有四：人、自然、神靈、世界（物）。前二者中國，後二者西方。於西方，「自然」只從物理言，至盧梭始有田園，都非如中國詩以自然為境界。「世界」則只為政治經濟，前者對人、後者對物。「物」其大者為科技、小者為藝術。然獨儒學以「人」（人文禮樂）為始與終。

村野文化不應如市井，從商品製造或食住享樂言。應在天地廣闊間、為如自然農耕作息之心境。

中國山水在人之上，有自然本身之美與善。日本景色與人齊等，為人與自然之和諧。台灣始終原始，人唯因無邪始可愛，否則也只鄙陋而已。

*

文明源起於求獨立。獨立，於西方從生存言，於中國從人自立言。人由禮樂而立，生存獨立則須靠技藝。然技藝只文明假象，只使人類爭鬥奴役，只助長惡而已。

於價值向往，西方以神性（崇高性）、非以「文」為最高。然這只是一種錯誤：崇高只德行之表象，非德行本身。

*

今文明只在智思，非在文德。

在時代功利下，文化若非產業，便只是成習。

*

人實難擺脫文明之虛偽，「唯上知與下愚不移」。

為（物質）文明而負擔，不如淳樸而自在。

面對已非文明之現今社會，個體仍可努力其心之懿美。

# 傳統

傳統非指人過往偶然做法，而是人對美善長久反省與努力。傳統越深厚，人越智慧。漠視傳統，此人類所以無知。

創新只個人事，然傳統集無數人之努力。

*

對傳統之愛，應為對其中美善之認識、分辨與反省，非盲目。

不應只保存，更應傳承。

*

傳統與新穎，二者往往是人心懷德行與人心欲望（無我與自我）之表徵。

傳統與日常平凡，二者均對反人自我欲望。若能於傳統中平凡、或於平常中而傳統，如是無我多麼美麗。

*

深愛自己民族傳統，明白其價值，這是人民百姓之美、亦是一種民德之善。

不努力傳統，這已是時代之驕傲與自大。

# 歷史

歷史非偶然過去，而是生命上進歷程。歷史如人生命，非偶然事態。對一民族來說，國家與土地仍屬外在，其傳統努力與歷史生命始內在。

＊

孔子面對歷史，只關懷其為道之一面，非好奇；故只從時代之善言歷史過去：「行夏之時，乘殷之輅，服周之冕」。

歷史研究應保存、及使人明白：人過去努力之懿美與成果；如王德培先生之《西周封建制考實》。

＊

歷史亦有經、史、子、集之層級：「經」為對一切時代言之恆久歷史性；「史」只記述偶然史實；「子」「集」則為個體之歷史性。歷史除偶然史實外，仍有由個體創為、及在二者上從道言（經）之歷史性。

人性無歷史，只歷久如一。唯人作為個體可在歷史中或致力回歸道、或任意作為：或成就歷史之必然、或成就歷史之偶然。

*

道與現實之二分使歷史觀法亦二分：或從道、或為現實。此歷史之真與偽。

*

人類往往以偶然取代必然，此人類歷史之無道。

*

歷史作為過去事指出：時代或人類曾以為必然的，未必為必然：如基督宗教非必為真理。人類一切亦可能如此。

*

偶然性只在地方與時代中始得以明白與肯定。離開其人民與土地，偶然性變得毫無意義。民族傳統之努力，仍須更深根據始能成為人類歷史之必然，如中國所致力人性之道。

*

資本主義對馬克思言只為繼奴隸制及封建主義後之一歷史階段，對資本主義之分析故仍是理論性質。布代爾（**Braudel**）不同：布代爾見三種歷史階段同時並存，自古及今，為人類歷史長久事實，因而永恆。表面偶然事實一旦為歷史地永恆，本只偶然階段亦可永恆。故對布代爾言，資本主義無可改易，其事實本永恆故。此從歷史事實偶然性中而見之永恆性，使歷史亦如有其自身（永恆事實）那樣。西方文明於人類歷史中是否亦如此？

歷史實可有著種種偶然永恆性：我們可表象一科技決定一切之歷史。然如是在其自身之歷史，始終偶然而已。

*

縱使歷史作為事實永恆，人之價值仍在歷史外獨立。歷史非因為永恆事實而絕對，作為真正價值之道始是。

歷史時期之長短，可使見背後思想形態之對錯好壞：中世紀千年之長，從宗教而致之情感（愛），較希臘重視理性更為人性而正確；殷周近千年歷史，其背後道理之正亦然。歷史不應以政治經濟之興衰為主，其背後思想文化之意義與影響更為基本深遠。時代之價值，始終決定著人存在之好壞，非只政治經濟而已。

*

歷史非只過去，更定奪未來。歷史如活著般，決定當世中誰將是歷史、誰非歷史。潮流永只是潮流，無法成歷史。歷史只由歷史而來，藝術如是、思想亦如是。帝王如冠軍者，只一浪一浪淘汰，與歷史不朽無關。

## 西方歷史

西方歷史所開拓之面相，相繼如下：一、國家政治（希臘）；二、宗教（中世紀）；三、科學（古典時期）；四、人文（十八世紀）；五、批判性與求索「他者」（十九、二十世紀）。

以上層面對人類影響至巨有二：政治與科學；一者對人，另一者對物。若人問題更根本，那西方文明可說為造就國家理性為本之政治存在。這一存在，須靠其他歷史面相始能落實並穩固：如藉宗教（基督教），人始有向善深固如信仰般之默守，否則仍無以對理性有如此信服。基督教意義正在為一理性宗教，使理性能如宗教般為人依從。此外，若宗教仍顯得虛構甚至盲目，科學之誕生，使理性更形客觀，藉由其客觀甚至實用性而為人對理性肯定。西方人文創制之出現，更使理性如亦有人性美善，非只為科技知識理性，更是理性美感之體現。最後，縱使見政治為惡，仍可如近代透過「他者」重申理性應有之正義，始終不離正義作為人類存在之道。此西方歷史始終以理性正義而非以人性為本之所以可能，歷史以不同方式鞏固理性故。

*

政治因本於權力對立而必造就無道，西方歷史故又呈現為對反存在之惡之歷史：希臘對反人性人倫之偏私、基督教對反人原罪（人性欲望）、理性主義對立感性情感……，連當代仍以社會國家或文明之一切惡歸咎於人性（尼采）而求索「他者」。西方歷史始終只為面對（人性）惡之歷史，非以善為本。

# 家 居所

現已深夜。今天入住新家，對向大片黃綠色牧場，心境平靜廣闊而喜悅。如此生活景象為我期盼已久。望能自此新家，成就心內之努力。

## 家

家為人（類）存在之本：既為共體之始、亦為人為他人（仁）最自然真實。人難免負擔他人，亦難不依賴人。然由家，人樂於負擔他人，亦由能相互依靠而喜悅。

*

除自身生命外，家實為人之一切。所有與居地環境對人生命仍外在，家人始內在。

*

家介乎人自己與外在存在間，為人生命與生存首先意義與落實。家為人內在之延伸，亦為社會外在之內化。家之內在性獨特：既為每人首先外在、亦為每人所有內在。

*

無社會中美好能取代家之親近與自在，亦無他國美好能取代自己家鄉之情感。人達長者之齡，始知對長者懷念與親近；然多為時已晚。知對家珍愛，是人首先幸福。家內在地安穩、亦可內在地限制，故必須謹慎。人最大快樂與最大悲劇，往往由家造成。《易・家人》故先說：「閑有家，悔亡」，言對家應謹慎防範，否則只悔恨失去一切。

*

家若為夫妻與子女模式，是一封閉關係。如是家必為國所涵攝，亦西方所以表象國與家為權力關係。中國傳統從孝悌言家，指人對父母甚至對一切老弱者之致力。家此時為人對人之敞開：子女對父母、由孝悌至仁，都非擁有與權力之封閉性。如是兩種模式，前者只以己為本，後者始以人（他人）為本、為家正確觀念。

對小孩而言，父母關係與德性是其對人類關係及德性體悟之始。

*

對子女之愛本身非德行而只是本性，亦人求為自身幸福首先依據，非如孝悌之為人。孩子妻子非己所有，仍應如另一人地忠告。

*

不應因家室而忘記自己仍是自己、仍必須面對自己、負起自己作為人之責任。家室非藉口，不應把自己之不是推卸為家之不是。如自己能否凝聚地努力，與人無關。

# 夫妻

夫妻之道，亦《詩・東門之池》而已：既能平淡而居、亦能對語心中事。二者似易實難。共同地面對世界、家、及種種困難……，並肩地面對，此夫妻之意義。

*

夫妻非只愛情終生，更須相助於義。非只溫馨快樂，仍需以禮相待：有禮地和睦、有禮地敬重、甚至有禮地愛。

「邦君之妻，君稱之曰夫人，夫人自稱曰小童。邦人稱之曰君夫人，稱諸異邦曰寡小君。異邦人稱之亦曰君夫人」（《論語・季氏》）：此夫妻對外時不同姿態與關係，亦夫妻二人在他人中禮先後之道。「君稱之」與「夫人自稱」，亦二人間之對待。

人關係或內在或外在，能內在情感地相處固然至善，然若不能而只如外在地相對，仍須以禮為道始善。

*

夫妻非由愛情，而是由恩情而長久。此屈原說：「恩不甚兮輕絕」（〈九歌・湘君〉）。

人由賢淑而相愛。沒有賢德，愛易淡滅。

夫妻多婚後不知努力於對方。

## 居所

既有自然寧靜、又有人與人親近，既不孤立、亦無擁擠，如是居所至為人性。

應選擇「里仁」或與讀書人居，都市只市場交易之地而已。

*

城邦社會是人工藝化存在，鄉村始人自然存在。

歸園田居，應是對田園自然深愛，非對人厭惡逃避。

對環境之愛，縱使是環保，非只愛物而已，更應是愛人：愛世界之人性化、及人之自然草木化。

*

事物由相應環境或氛圍始真實，哲學亦唯有歐洲文化始具體。

人之素養非由事物知識襲得，更須對環境有所感受明白與深察。事物可單一地形成，唯環境始見歷久傳統，亦人是否養成之所由。

*

不改變環境，人難以真實。不遠離社會，心志與作為難獨立一致。遠離都市，生活始平靜誠懇。歸隱田園山林，人始保有淳真；孟子故說：「牛山之木嘗美矣，以其郊於大國也」。

*

建築由自我節制、不圖突顯而「文」；人性空間由還原自然與天空始有。人性空間從感受、非從方便言。心由介乎內外而寧靜，於建築故為窗牖景色。

*

建築之講求功能，多不關注人性感受、亦不對事物意義作反省：書房真寧靜幽隱？庭園真有四時情趣？抑只炫耀造作？人存在除人倫外，實求一（人性）居所環境而已；然如此微薄所求始終困難，亦可見人類以為有所文明建樹之虛偽。

中國古代建築字詞，如堂、齋、室、樓、台、閣、亭、軒、廊……，多麼人性地美。

# 自然 物事

醒來秋風冷冷，精神清爽，差點忘記了勞動。
昨遊銅鑼鄉，在田野寧靜間，心平靜自足而真實。已鮮見如此美麗淳樸潔淨的地方了。
水原來如此甘甜。
蟬、蛙之聲，萬物齊鳴。

## 農

農民生活：生活而有天地在。
縱使非有城市聞見知識，農村淳樸更使人本性地愛人。
人非必為農，但無論過著那一種生活，仍應學會農民生命。

*

農與文、自然與人性，都同然淳樸真實。
農民淳樸無欲與刻苦耐勞德性，為人人德性根本。

自然本於女性，農事始於姜嫄：載生載育，靜而有化。

*

寫書的人多，讀書的人少，心淳樸如農之讀書人更少。

*

所對越曠遠，心懷越闊大。越是眼前利弊，心越狹隘。

隱居躬耕如陶潛，亦求為在世俗虛偽外一真實生命而已。

*

孔子「吾不如老農」「吾不如老圃」；治國非必只能以現實利益，更須先在禮義與信。

# 自然

在天地間，處處都是自然，處處都可見到自然。

見燕子在屋簷築巢，自然如此親近，多麼喜悅。

接近自然而心平常無求，生命始喜悅而再生。若求為研究或享受，已非自然之心。

*

人由「心遠」始接近自然。

無為而靜，實大自然草木存在之美善。

自然為心與天地之合體。

*

自然如神、人、物、我：既高遠博大、亦為人性居所、既棲藏萬物、更使人心真實。與自然和睦、對天地感謝、心懷大地之情，此人對天地自然之禮。

*

草木獨立而向上，此自然對人之啟迪。

*

人受自然教化而人性，亦人德性與美之本。遠去自然，人多造作而偽。

*

人在都市中，只如奴隸在龐大物質下。唯在自然天地間，人始「佇中區以玄覽」、佇立而為人。

與大自然獨處，人始真實而自己。

*

生命如一草一木，各獨立而有不同生命。若機械一律，只無生命而已。

萬物一直予人以生命，然人一直置人於死地。

*

文明遠去自然久矣。歸園田居而喜悅感動，亦心對自然懷念與感謝之情重現而已。

自然若非如田園與人生活結合，其孤寂多麼可惜。

*

神靈可虛妄、人類可野蠻暴戾、物可只機械無生氣、自我可自私無理……。唯獨天地始終美麗。連一棵草木、一朵浮雲，都始終如一地美麗。

自然與美善之人，此平凡存在中最懿美者。

## 景物之美

心於山獨立、於田野平實、於牧場曠遠。

景物由予人心境心情平和、淳樸、淡雅、寧靜……而可貴。藝術之美，亦應如田園、高山流水，先在人心境，非在其事本身。

*

喜愛田野，因在如此寧靜祥和中，心無限開敞而自由，毫無掛慮：歌頌隨冷風上升，朝蔚藍天空展開；萬物亦喜悅於如此靜穆與誠敬。

景象之美，為萬物所予人，非由人類自己。

*

## 西方思想中之自然

西方思想中自然有三：

一、亞里士多德、史賓諾莎：自然為物義、銜接於文明，其極致為「自然＝神」。

二、盧梭：自然在文明外、對反文明而更真，亦遊吟詩人感性所繫美學式之自然。

三、尼采：自然在理性文明外，唯非從美善而從生命（生育）力量言。

*

回歸自然、以自然為存在之本，此東方思想。自然外於文明、面對自然言支配征服，此西方對自然之觀法。

無論與文明相同或對反，自然於西方均非與人性、人文一體和諧。

自然於盧梭似最能與事物本性一體，然因對反文明，故或落為文明前之原始、或只為文明後懷想感傷對象，非與人類本然一體之天地。

# 春夏秋冬

美若非禮，實春夏秋冬而已。春夏秋冬為美最自然形態與典範、為美最自然真實者。一日之春夏秋冬為晨、午、黃昏、夜。從春夏秋冬言是一種美，從日出日入言是一種善：勞作靜息動靜之善。

*

風雨外在地突變，然由太陽而致之春夏秋冬，則內在地感化萬物。日夜變化微、四季變化顯著然緩慢。變化故應有節度：既不能不變、亦不能突變或長處於變，此變化之道。

*

夏冬強烈，春秋溫和。強烈嚴厲，溫和親近。我們說：「春天到來」、「已是秋天」……。四季亦天地之即近與歸家、萬物之遠去與回來。從四季故見情感之悲與喜。

*

衣著有春夏秋冬，心亦有春夏秋冬，劉勰〈物色〉稱為「情、心、志、慮」四種心樣態：「是以獻歲發春，悅豫之情暢；滔滔孟夏，鬱陶之心凝；天高氣清，陰沉之志遠；霰雪無垠，矜肅之慮深」。

春而萬物向外，秋而萬物內斂。人生命亦由向外與內斂而節奏。

## 天地萬物

於愛神靈時，人所愛，是一超乎天地萬物之上者。然於敬天時，人所敬愛，正是此天地萬物或存在本身。天與萬物為一，沒有背離萬物而在上。天地若從物而不從人心懷言，「天」表徵客觀規律（天時）、「地」則為處境環境（地利），二者為存在之本，人只存在於其中、非其上。

*

萬物之奇妙，在其性質差異；人之奧妙，在其美善之差異。

存在由大自然草木而寧靜、由萬物而充盈。

*

草木，物之生者；金石，物之固久者。生而固久，此存在之美善。

# 事物之道

物形態多種：機械物、風俗物、農或自然物、精神物、德性文物、人表現自我與身份之物（名牌或貴重之器）……。物非只物，亦隨人類存在向度而轉化。美善德性、知識對象、實用器物、財富貴賤，以上為物之四種向度。

*

物於形上學有二：現象界及物自身（存有），一在眼前、另一純屬思惟。神、法、權力、資本、性慾等「大物」（超越體），由思想而致，非物之本初。

*

事物本初均本然美善：農耕、藝術、醫術、哲學、道理……。事物本初之美由制度與功利而失去。

衣服本為禦寒蔽體、非為顯耀，食物只為飽足、非為宴樂美食……。返回事物單純意義，生命結實不浮誇。

*

事以不引致欲望為正。食事之美善故在清淡而已。

盲目追求事物新奇多偽。新穎只多寡之事，與意義無關。

*

〈子罕〉：「吾有知乎哉？無知也。有鄙夫問於我，空空如也。我叩其兩端而竭焉」。事物雖無法盡知（「無知也」），然仍可從善不善兩端而窮，故「叩其兩端」仍能「竭焉」。事物非求竭盡其本身，純為人之善而已。

從善而非從利，此萬物本有意義，亦赫西俄德言農作時心之純真。

*

事本只為人：人人能歌、能讀、能寫、能知道理。事而專業，非事原初意義。

事物因在百姓生活內而美好，沒有在生活外仍能視為美好者。

非從（原初）美善而只依從事實對事物作研究，如此已非真實。

*

事物世界雖紛雜，然莫不只具一簡單意義或功能：桌椅只桌椅、書本只書本、琴為琴、筆為筆……。

事物雖相互關連，然仍應能個別簡易地明白，不應過於複雜。

*

事物本然之美善，隨人類虛妄而消失。

能從原初意義觀物、還原造物時之真實，物始再無事後人欲之扭曲與虛假。

能從其本然內在真實而用物，仍應知變通，不應有所受制。

*

外表簡樸自然、內裡切實實用，二者實事物美與善之道。

名貴與便宜只商賈之偽，質實簡樸始為物之道。

*

事物之德性在儉簡、整齊、平易。連制度與科技亦應如此。然於社會，事物與制度多只複雜與浪費。

人多以事物如藥物或制度，只針對弊病，鮮從物對人德性素養提昇與影響之向度觀。

*

單純平實地對物，無所誇耀。如〈舜典〉：「簡而無傲」。

應善用事物之優點。

*

物非只身邊一物，亦應盡誠或謹慎以對。

事物非只外在地觀見評斷，更可由獨處而為生命內在意義。

應對事情意義與價值有所自覺明白，此事物與人生命之關連。若只圖事情現實，終於生命無寄。

*

事情之真實與美善，有賴他物環境。失去情境，教難成學、琴亦無韻。

*

事物之規律結構非能任意製造，必由整全高度視野始見。按時而作。規劃使事情簡易，亦使心安，如節拍使彈奏容易那樣。

*

物必有所損壞，無須因此而不快。物能修復再使用，是多麼喜悅的一種心情甚至情感。

*

人類創制多只物質化，自然作為物反見人性在。

*

物多為社會所定斷。如在資本主義中，物也只商品財富、由交換價值決定而已。

物之交換有二：或作為商品買賣，或作為禮物。

*

物更高真實，在其所展露人性與人文素養，此古琴之為器。

從物個別差異性，見人性情、品格、素養之不同努力。

*

事物只從對人意義言而已，不應作為自身有所偉大。

偉大事物多虛妄無意義。

影響力只事物之偶然，非其價值。

*

觀物應單純由見美善而喜悅，不應有自我或擁有之心。

致人分離與爭奪之事物非事物應有真實：財富、權力、主義、甚至物之先進落後均如是。

*

心應在物之上，不為物所攝握。

終究言，人如路過萬物、只與物偶遇，不應刻意求索或佔有。

縱使致力，單純物質無以提昇生命，唯心價值向往與努力（如「見賢思齊」）始能對人有所提昇。物質只佔有事，與生命提昇無關。

## 物之思想

中國思想多從事、西方思想多從物言。事情為人，事物為物。從物言規律有二：或規律予人以善、或規律只為物自身規律。前者如堯之「則天」，為天之規律：從四季見曆法、以節氣為人生息及農耕規律。西方自然規律只物特性，只知識、非德行。

*

西方「本質」使物各自獨有，中國言性只事物特性，如水之就下，非從物之分離言，故溫、熱、清、寒仍可一體。

西方對物之觀法，可見於遠古：**Thales** 以物質為生命之本、**Anaximandros** 以物質無限亦無定形、**Anaximenes** 以物質能隨意組織分合。物既不從感受（如溫、熱、清、寒）之精神性言，亦因無定與隨意分合而可瓦解，非物與人一體。西方醫學仍如是。物應如本草，從其有益於他物之潛能開展言，不應使之分解。

於中國思想，物始終完整如一，西方縱使有「物自身」之思，然物始終由分解而解體，無一物「在其自身」。

*

二元觀物只形成極端，只使物分離。淡然對物，物雖各別然仍能齊平一體，非如神、理形、資本之相互超越而突顯。

人類思想多以物觀人：如物可言分解統一，國與家亦言瓦解統一。如是以物觀人，為人類思想其未是。

# 世界 社會

心總沉重，很久沒有從內心單純地喜悅。人類好像也只沉重，亦很久沒有見到他們的喜悅了。活著應是喜悅而內在的，非欲望或患得患失地、非憂慮地、更非沾沾自喜地。

## 世界

世界有三態：作為現實、作為本體界、及作為道與人性存在。

人世如競技場：或競技求勝、或在旁觀看、或場外買賣。求名、享樂、利益為世界現實之全部。中國從立人與人倫努力言，始更是存在與人之真實。

*

世界本於「他者」、一種外來對方之意識。有外來對方或世界意識，人鮮能單純自己。

面對作為世界之「他者」唯二：或對立而現實、或仁。

*

世界只由人毫無深慮之意圖所造成。雖似有以，然實無知而偽。

人非活事情之本然，活人類想法與好惡之偶然而已。

*

哲學論說構架並改造著世界，使世界虛構並為人所構築，再非人性地真實。

哲學眼下世界活動均抽象：創造、毀滅、重複（如商品、生殖、印刷、錄音、攝影、電腦、觀念）、給予、接受、擁有、分離、同異……。所不見者，正是活動其日常人性真實：飲食、散步、歌唱、親愛、聆聽、書寫、閱讀、靜觀……。如是活動，較分析、綜合、對立、統一、辯証、重現、表象、攝取、摹倣、交換、生產更為真實。世界真偽，在是否人性而已。

*

人類所創造的：神、資本、感官愛慾、知識對象、物質科技、藝術、抽象思惟……，都只種種超越世界而已。人性平凡世界非能創造，此其所以更真。

今世界都在極端色彩價值下，如神話童話般虛構幻想，再非素樸平實。

*

世界本簡單而廣遠，霸權之單向同化反使世界變得狹隘與複雜。

資訊越發達，世界由一式一樣而更狹隘。若每事須待人發掘、生活充滿新鮮新奇、性情只在鄰里鄉黨而非時代整體中形成，如是人與世界關係，始有生存本然生命感與喜悅。

*

世界多被表象為有限定形現實；然在如此世界外，世界處處充滿著偶然、未知未聞事物，甚至有著我們仍未知識的美善。世界實在我們知識外、在忽然相遇相逢、在驚嘆與高遠博大心志中……。

人與人（如配偶間）之不同締結，使人有著完全不同世界。世界非單一普泛，而有著無窮無盡可能。

*

世界非已封閉，仍有著敞開的未來。

*

典籍世界之豐富，無法從眼前世界獲得。

*

知識觀看之姿態，使世界為現象、表象。然人之真實在力行、在生命感，非在觀看。

世界觀只人類自身之存在態度，與認識無關。

*

看著世界往往疲憊不堪，不如單純充實自己，完成自己生命。

「賢者辟世」：人由遠什麼近什麼立其真實。

*

生命無能獨立，亦因世界怎樣人便怎樣、世界有什麼便求什麼。人已習慣把一切關連於世界而觀。然心能遠去世界而單純返回自身，見窗外細雨而獨體，如杜甫「對雨書懷」，仍多麼寧靜真實。存在本與世何關。

*

如莫扎特多只為純然情感本身，藝術無必如近代以世界存在為背景，以世界為背景非必真實。孤獨多以世界為背景；徒只面對世界，使人更加孤獨。

*

真實非在外在世界事實，在人自身心怎樣而已。心能外於世界，縱使一草一木之親近或景象，仍多麼喜悅自在。

*

人所需唯自己由學而致之改善，非外在世界之改變。

*

生命只能在安定平靜中成長，世界之汲汲改變，只使生命虛假。

「天下」（天之下）謂在世界上，仍有一更廣大無我之天，此人類不自居時之美。

世界成熟而非幼稚遊戲，由人不自我始。

*

世界美善，由每人克己、非由從順外來命令達致。

世界由人人各自獨立而平靜。

*

事事盡從自身、不關連於現實，如此世界始單純。

存在意義在為人致力而已，非能從世界求得。

*

世界由人維護及肯定而善。

於世界，沒有較人相互愛護、為對方努力更美麗。

*

人晚暮始將明白：一生所活，亦自己世界而已。

關鍵非在改變世界，更在怎樣去世界化。

# 社會

真正社會應為人文、人倫社會，由人性而美，非商業、政治、宗教、科技化社會。

人文社會不鄙野、不高傲；既不功利、亦不為突顯而爭鬥；一切唯敬與靜默之教養與薰陶。

*

在位者公而無私、對百姓生命有所協助，如是社會始善良不自私。人民能愛社會如愛自己家，由上位者行公道而致。

唯政府深愛自己人民與土地，國家始能美善。若只如權貴地敵視國民而自私，如此社會終無安樂。

*

人多依賴社會：社會向上人向上、社會墮落人墮落。能有讓人向上努力空間之社會，為社會基本善。

寧靜的百姓與政府，這樣社會至為美麗。

上位者公心，為《詩・召南》〈采蘩〉〈甘棠〉所詠。

*

社會應為家之孕育；非國家為家之瓦解或對反。家之愛應延伸至社會，社會不仁不應引進家內。

*

人羣體若非由相互愛護，便只能由對立而成黨。縱使人民參與政治，政治始終只黨派利益爭鬥與私心而已。

*

羣黨只使德性腐敗，人由獨立始高尚懿美。在現今社會仍能獨立一己生命與人格，實極難能。

*

人與社會之關連，亦利益而已：或榮譽、或所得、或安危。唯忘去社會，真實生活，人才真正自己、才能真實思想。人由不趨慕時尚、自守生命並獨自誠懇始真實。若如社會新聞評論心態求知，亦偽而已。

*

社會不應有所階級。然人往往混淆階級與尊卑差異，以為無所尊卑始為平等。社會由無所階級始平等，非無所尊卑。

對人仍應獨立地對，非視人為社會大眾。

*

社會以人應為一般典範：相同之道德、認知、喜好與欲望；平庸地守法、求同樣利益公平、以地位學歷為價值、享受一式一樣休閒，甚至有著相倣的生命形態與歷程。如是社會鮮有德行與真正美善之人，社會從不求人真實故。

社會對人之強迫，以考試制度定奪人優劣，限制人生命自然發展，其不仁是罪惡根本原因。

*

社會如潛意識般，致人不能獨立反省。教育若非獨立於社會，將無更高向往可能。

社會以為不良風氣（暴力、色情）反面在童稚與天真，然實在人之立而已。

*

社會性語言無真實。

大眾傳播媒體鮮為人民而教育，若非巧言令色或譁眾取寵，便只求個人表現與利益，此所以言論自由為偽。

*

社會機構所介入如老人無依、家庭暴力、青少年犯罪等問題，實由社會本身產生，非人性本然事實。若非法律與社會教人以無情，人鮮如此不人性。

社會只從「量」觀一切，財富與價值只量之問題，鮮從質考慮事情。這在《資本論》首章便已指出。

*

社會所以有體制、警察與法律，因若非如此，社會必然瓦解。而此意味：社會中一切本非由人性仁愛所維繫而已。

社會把過錯置於冷酷無情咎責中之公開性，其不仁只使人無法改過，亦徒增仇恨。人性應如「父為子隱，子為父隱」。

*

單純講求利益之社會，在利益外仍可見仁。但若只講求理性原則，無論是否與利益有關，再也不見仁。

社會與政治對反人性；求社會正義仍往往只人與人敵對、對立。社會與政治使敵意內化於意識，使人無故地對立。唯遠去社會與政治，人始是人。馬克思：「他們（奴隸與市民）只有在社會外始是人。」

使人無情，不管什麼，只偽而已。

# 政治　法權　超越性

我只希望在淳樸無偽事物中活、與淳樸無偽的人交往、思索著淳樸無偽、簡單而平實的道理。還有幾天便回台灣。連日來下著大雨。坐在窗旁寫《論語》，〈為政〉亦已註解完畢。切望人人能明白《論語》道理，如此善良真實的道理。

## 人民

由人民，見人類存在無限生命，及見人在生活勞動中之美。

人生命本然與大地、人民息息相關，非孤立而自己。人民如大地母體，既為情感所繫、亦生命日夕歸屬。

*

百姓心在平淡安定生活，非在大利。百姓心本平凡，非求索不平凡。

百姓心由「思無邪」而美、而善。

*

人民甚至民族心懷與風尚，可由生活、傢俱、物品、建築見。城市風貌之感人，亦由如見內裡人民之美而已。

單純淡泊生活之百姓，與順隨現代社會現實之人民，其德性、真實與獨立性相差很遠。

*

人民（之立）較國家土地更為重要。

現代世界既低貶平淡真實生活，亦塑造人民為卑下庸俗羣眾，使百姓盲目慾欲而無知，絲毫無對人民教育與提昇。

## 上位者

唯深明存在美善、並懷人民整體如己者始應居上。有所真正理想與領導能力者居次；然誠敬謙下始終為本。

政府官員、企業家、富人、知識份子、專業技能均社會居上者，其善惡直接，人民全繫於其上。

*

人由見上位者努力而努力、由見上位者墮落而墮落。

「位」與人人之事有關，此上位者所以必須戒惕。

*

居上而無愛，無以為上位。人由愛始付出故。

雖只狹隘膚淺，居上位仍會造成壞亂，無能成事。

居上而自私無道，「是可忍也，孰不可忍也」。

*

上位者全部問題，先出於位非其人而已。

*

人類所需為一偉大父母，非政府或君主。此家所以為國之本。

## 上下與份位

生活平凡無差等，份位各只責任，應以禮平等相敬。若為權力，已失人之平凡真實。

成覸故對齊景公說：「彼丈夫也，我丈夫也，吾何畏彼哉？」。

若言位，位應在君臣內在間，非外在於人民而為權力。

位若失去以禮相敬之心，亦將失去心敦厚真實。

*

平等非只結果，更應是根本：非只從所得，更應先問努力。位應有真實、與權力之偽，往往只關係乎只是結果抑是根本而已。

*

諂上己心之不安份。安份由對所有位置感安泰而致。

敬重唯應對向人之德行與賢能；若為地位，只權力與勢利而已。

*

面對小孩，應以長者之愛而愛，非寵溺。

# 政治

政治與知識，非如人倫與生活本然地真實，更非人性真實語言。

人及生活原初真實，由遠離政治始。

*

政治，以正身而治，非以政制而治。

政治若非致力人民生活安定與教化，亦偽而已。

政治若非能成大事而致偉大改革，心也只應盡為人民服務而已；此政治之退而求其次。

*

無事為安定之本，亦「治」之真實。「無為而治」故從無戰或動民之事、及從不以政制強人言。「導之以德」所求為上位者，「導之以政」則只要求百姓。政制多只權力之行使；若治理有道，本無需刑政。人民若有不善，實為政者之不善而已。

*

為政成敗之首先，在用賢及使不仁者遠去而已。用人之道，先在胸懷志向與品格，後始言能力。能力亦知輕重本末、知反省而俐落者而已。取士之法，先從策論後從實行。「雖有周親，不如仁人」。

*

政治之道關繫乎公私。公私之道有二：一如柏拉圖，去私而以國家為公，百姓只國家公民；二如中國封建，由分封諸侯而分化（上位者）權力，諸侯各治其地，化公為私。塑造國家為公始終有人性之私為障礙，德行之治雖難然唯一地人性。全面理性而公非人性所是，私化治理始仍有德行之可能，人性鮮毀滅自身所有故。

*

西方以對立或抗衡為政治之道；正義亦只為一種對立。然在對立關係下之善惡，只能為善惡之表象或假象：善由落為對抗惡而失去善之真實，如因公平而懲罰之理性本無善那樣。人民之反抗雖為道，然政黨間對立或國家以依法為名行使對人民之權力對立則非道，只掩飾其本然無善而已。「對立」本非道，只藉由正義與依法而為善之假象而已。西方政治由是只為假象，其善偽。

最終而言，人民百姓仍須分曉何謂有道、何為無道，非只言民主便了事。

*

現實政治本質在權力力量。好權力與以力量反抗均為現實政治。

力量本於恐懼，只加深分裂，及使力量唯一。道直而已，非以力量反應，其本無懼利害故。

國家不應欺壓人民。然爭取權利，已使單純生活政治化、使平靜百姓權力化而已。

*

無誘人之學問，始強人為學；無服民之德行，始以政制強行。

國家本為人民，今國家要求人民為政府。

# 制度與法律

人所需為規律日復一日之安定，非制度。

人由明白而遵守規律、由見美善而成風俗，二者均較制度內在而穩定。

*

人依賴制度，實非對人與事負責，更非對人性有所自覺主動。

人改善只能由自覺，非由禁限。禁限越多，人越不仁。

*

法律由人制訂，人利益心始終凌駕理性，使法律無以為公道。問題在人是否公允，與法律是否公正無關。一切在人，法制始終無濟於事。

從治理言，王者惻隱心較法律更為真實。若無此不忍人之心，法律也可只為權力行使而已。

*

禮與法差別有三：一、禮本於人性，從人心感受言；法本於目的意圖，只考量利益、擁有與傷害。二、禮針對上位者，法偏袒權力並針對人民。三、禮教育，法只求禁限。

禮從知正面言，法只負面禁限。不知正面何為，禁限失其真正意義。特別如上位者，其知行正面抑只負面受限，此於人民影響差異至大。

禮、秩序、規律、規範、禁制……，此限制其人性不人性程度。人厭惡道德之規範性，然法律更只是規範甚至禁制，再無其他。

*

法律實人事（爭訟）之終極終止而已；如此終止始終偶然，未如人性真實，孔子故「聽訟吾猶人也，必也使無訟乎」。

善惡判準終在人心，非在法律。

*

法只求分格，非求道與義；只加深私有，非人性地使不均均。

禁限本質違逆人性，亦無改於事情，只達成懲罰之欲，此其所以本然不是。

*

善有大小，惡亦有大小：禍及一人者小、禍及多人或眾人者大；偷竊財物小、傷人性命大；居下為惡小、居上為惡大；不知而犯者小、刻意謀害大；一時過失小、重複過錯大……。若言刑罰，應先大者而已；小者仍須由教育、習俗、及發生原因改正始，非處處只言執法刑罰。

若只剝奪自由而拘禁，再無須負擔一己現實生存艱困，對犯罪者言非必真正懲罰。

*

若為真正正義，應同具賞善罰惡兩面，更須公正地判定所有相關者，使各負其責與錯誤：如激烈運動參與者應負其作亂之責、警察亦應負其鎮壓時所用暴力、而政府更應為其沒有改善人民訴求而負全責……。真正正義應各各公正地判決，非只追咎一方而只落為鬥爭工具、或為強者對弱者欺壓之手段。

*

法制成立之名義往往只在偶發之惡，然惡之真實更在上位者權力本身。百姓之惡本只零散，唯權力之惡始普遍、如苛政猛於虎般巨大。

以禁制為道時，惡有二態：依法與不依法；前者未必是，後者未必非。

「依法」可只為當權者不負實責之藉口，只掩蓋他們之不善與無能。

*

人正是法制禁限越度之存有者（巴塔耶）；此事實使法制再無理據：禁限只造成越度，非「有恥且格」。

法律只造就奴隸心態，非人性自由。

惡由禁限變得更聰明狡猾而已。

*

禁限背後須有愛，如母親對子女教導那樣。

*

制度因未能正視事情具體之不同，故無法真實公正而不害。

若必須言制度，仍應盡保留制度外之可能，絕不能抹殺人性及善努力之例外。

*

於體制腐敗時，善仍唯有在人自身德行而已。

## 力量與權力

力量應剛毅，非對人暴力或權力。

毅力只為持續力，非求為超越他人。

*

對抗是一種力量，內在正面成長又是另一種力量。前者只屬存活，後者始是生命。

處境困難激發潛能，此能者求為困難之原因。

*

權力源起於相互依存中求完全自主獨立。存在本無完全獨立性，權力及由權力而致之對立，故為自主獨立性之假象、由自視為獨立始致。

真獨立者求友，非求控制人。

不重視力量而於力量外獨立，始不受力量欺壓。

*

王者所以為王由道，非由力量權力。

除主觀滿足外，力量或權力無客觀意義。力量無能致道，所成唯主觀喜好、始終只為主觀存有，非客觀真實。

權力背後必也只欲望而已。

*

以己意強人，此即權力。上如是，下亦可如是。

權力：以上對下、或以強對弱。

*

壓制只針對權力言，無權力或非權力關係者不能言壓制，如朋友之規勸、老師之教誨、父母之忠告。

專制獨裁非先是強力，更先是不聆聽他人心志與需要而自我。

*

借助力量以得快樂與肯定，實一種脆弱與無能。

求人諂媚之心，實世俗地庸俗。

人無法使人心服地敬愛，始求為使人懼怕，實自己無能而已。

*

權力之強迫最終必不許人有思想反省感受。社會之使人無思想反省感受，其背後必有強力在。

*

王權瓦解非權力消失，只權力之分化及普及化，人人由是各掌握權力。

民主精神非為向往德行或價值而去權力，只求權力之落於人人手中。然因大多數之無知，善仍可由此而犧牲。

今政治權力已因權力分化而流為虛假，只能用為從政者個人利益，無能為人民福祉而建樹。

*

古代中國從德行觀力與勇，西方連德行亦只視為力量。

*

力強時勝，弱時敗。力量互毀而無建樹，不如德性之和睦共立。

暴只更亂、非更善。以善彌補不善，始仍有一點善之可能。

*

政治與權力，無法與生命真實心境有關。

力量之心既失閑逸、亦不自得、更無生命感。

力量破壞生命。人類無法在力量下能有自在生命。

*

權力而無知德行，便已（是權力之）偽，人無法由此有真誠生命。

在現今世界不能對權力自覺反省而盡力免去，無以為真實。

*

事似無力而孤單，實應有力量沒有聚合而已。

## 超越性

超越性源起於平庸者。人漠視人性平凡始求超越：以真理之姿神化一切、求對力量與權勢之崇尚。人平庸始求為在上、自視不平凡。超越性只平庸，非如平凡真實。

*

超越性模態有四：「怪、力、亂、神」。其正為：平常、平凡、正面、人性。怪力亂神可簡約為二：力與神。亂由力致，怪為神之延伸，二者更世俗地卑下。「神」虛構而「力」為惡，亦赫西俄德中「金」「銀」、「銅」「英雄」四族，二為神、二為力。此西方向往超越性之始。

*

宗教與藝術之求遠去人世存在，雖仍可真誠，然已失存在平凡之真實。天及人自身境界所以真，因既內在於人、亦無背離人性。超越性若為外在，如社會中相互超越之存在狀態，雖仍為存在，然作為超越性已偽。境界因可為人自身之立故仍正，「他者」因遠人性而只能非是。

*

從存在言超越性，即現實：資本經濟、國家權力與法律、物質構造、富有消費、個體崇拜、宗教解脫、力量破壞……。存在超越性與現實同一，現實亦存在超越構架而已。

*

社會對厲害之崇尚，與意義或美善無關。能平和地為人而美善，始真闊大而「厲害」。一切求為第一者，如最美味料理、最豪華住宅、最名貴汽車⋯⋯，未若健康食物、人性空間、安全物品真實而有意義。

真實只由平實而致；求超越他人之努力均偽。

*

能力過人仍持守平易之道至難，然亦至懿美真實。

能自我克制而不趨慕力量，為真正強者。

*

醜惡由反人性而顯得超越，此超越性多為醜惡之原因。

存在之惡若表象為超越，將再無以改變。惡故仍應視作偶然或個別。

# 思

久已沒有如此靜下來。雖在斗室，但能反思一切，心多麼清明。田野與天地之廣闊、閑靜中之省思、文字平淡之真實，於願已足。

「草思」：日常之思惟，非體系、非理論，一種思想之平日。人類未來思想之努力，只應在盡力實現對人越加豐富之內容、越有意義之價值而已。以此對反人類虛無主義之沉淪。

## 平素心思

思想之本在人人平素心思，非在如哲學之構思。

*

思想以正為真，非以能思辨為真。思想以正為難，非以能思辨為難。

*

平素心思之正較思想理論更為重要。

思想獨立，言不為他人思想所影響。思想必須能獨立：獨立地面對世間事物、獨立地面對人生命。

真實地為人生命而思、切實地述說道理，非只求依靠理論體系而實不能獨立思考。

*

思想只心志之延伸，非有思想獨立所是。

無志，人鮮能有自己思想；志所對向始為思想真正對象。離開書本仍持久地為生命所思，始為志之思。

*

縱使百姓，心仍應從事情本來正面想、不因現實而負面。能如是保有心思之正面，為「思無邪」之本。

唯善之志向始成就真實而非自我之思。

*

縱使是研究，仍始終反映著人心志見識、甚至人格與心境。一切思想本於心，其美善仍先為心之美善。

思想是否客觀，歸根究柢，在人心是否真實而已。

*

「近思」即人性地對己對人之反思。

思想不應只關心對象，更應反省自己。

關懷自身想法是否正確，此反思之基本。

*

道理之思，介乎人性與對存在反省之間。一般所言道理，只關涉個人利害，非由人性而對存在反省。

若求為道理，應切實地面對人類世界而反省，非只研究一二思想體系。

*

無論自己有多廣博知識，發自自己之思想仍可幼稚無知。所知與所想本兩事。

在想法背後，都有著不自覺但更原始之心態在：或是價值取向、或是感受之淺深、或是期望之程度、或是對真實性、充實性要求之差異、甚或是對一己生命及能力所求高度之不同⋯⋯。這一切都先在地決定著每人思想想法，宜多自我審視。

*

思想雖必由多讀書而致，然真正思想唯從離開書本始。

若不能擺開時代與哲學，思想無以能真實，更不會回復思想原有之單純。

*

只思想書本文字，無心對真實向往，亦思與學問之假象甚至虛偽而已。

# 想法

想法雖由心，然人實難對自己所想再想。人不真實，先由所執持想法而致而已。

想法雖由見識，然亦多由於欲望。唯發自自己心而作為、或單純面對人事切實地反省，始能有所真實。

*

多從人類整體而想，非只為自己而想；從道而想，非從現實而想。

單純從善而不以自己想法為必然，如此始通達明理。

*

想法多順承社會習慣而來、多只固有概念之承襲，若不反省其究竟，難於在想法外切實明白人與事。

承襲得來之想法，非外於而直就是自己。若非透過重新學習，難於有所改正。

*

盡自己想法之善，無需以道理駕馭人。

能「毋意、毋必、毋固」，必亦已「毋我」（〈子罕〉）。

*

從所有而非從所沒有想，生命始正面。

行作遇有困窮，最低限度，多修正想法與心態。

不想是心最後之真誠。

## 明白

思想不應只求認知，更應求明白。明白有深淺真偽：有以深刻體驗反省、亦有只文字工夫；有從心懷、亦有只感官聞見。

*

真正明白必與價值有關，非只為事實之知。

*

意義從與他物關係而明、從人類善之努力定奪，非孤立。

明白必須及事情真實，非只文字真實。

縱使是文字概念，仍須直觀見其背後事物而體會明白。所關心只為事情，非文字概念。

若連概念或理論都能視如一物地掌握，非只概念地，如此始具體。

*

明白有兩面：事物所包含更精細部份、及其從屬什麼下。一微細、另一回溯地高遠整體。

明白應舉一反三、聞一知十地由推廣、引申而體悟。

*

縱使一物，仍須從全面整體認識。對一樂曲心境之了悟，須先從生命種種其他心境始能具體切實。

事物非單一獨自，其周圍與背後必有種種他事他物隱藏著。能對此一切細微亦覺察，始真正明白。

事物之背後，包含其所沒有說之一面。

*

明白是一種即近：具體地即近其事與人。

了悟是一種進入，如皦如繹如地進入一樂曲、或明白作者所處世界及所作努力而進入其心懷。只外在地觀察甚至評價，實不誠而已。

思想之通透，唯從事物心意體察。不能從心意用心體察，縱使多讀書，仍無法博大深遠、無法靈活通透。

*

深入非深奧難懂，而是細微、正確而具體之明白。深入始真有所得，孟子故說：「君子深造之以道，欲其自得之也」。

事物由愛與熱忱始深入。在愛與熱忱外之認知，多未盡真誠。

*

思想是否成熟，取決於是否能多方面並自由地看一事物、有否由歷練而致之充實與價值見識。明白，須在對象上加上從自己而來但仍真實之意思。

*

應能一言蔽之地簡單說明而未能，其明白仍未真切。

孟子：「博學而詳說之，將以反說約也」。博學實也只為能更簡約核要地掌握其事、正確無誤地述說、使人能簡明清楚地明白而已。

*

不應止於明白，更須實行。

明白之通貫細微，由行習實踐致。

實習始能分辨同類事物間差異，始能體會用心之善，及明白意義與價值。從心所欲也只由長久用心實行而致。

只以言說分析始終無法取代其事本身之實行與體會，無法使人真正明白與直見：心靈之美如是、文與人性之懿美更如是。

*

平實之明白始皦如。

孔子之「明」，從反身於己而知天下微細，其「明」深遠。

整體地反省是一種生命態度；《論語》即對人性存在之道作長久深遠體悟與反省。

*

明白以明白世界存在、及道理與人自己為終極。

知識可只對事物，但明白更須從道整體反省、從整體之善明白，非止於其事本身。

回歸「人之真實」，非只作為物知識與事實，如此明白始真切。藝術、思想與一切人類創為均應如是。

*

人未必事事有所知識，亦無須如哲學必從「是什麼」而知，但仍應作為人地切身明白、真切反省而不愚昧。

行為對錯可立即察知，但自己與生命需時日始明。有關自己故更應謹慎。

## 自覺

人多只知覺，鮮有所自覺。

自覺最終為對意義、真實、美善、價值言而已。

*

自覺者必實行，亦為心志之向往與力行。自覺必切實努力，非止於知見。

自覺由每事反省而致。「每事」：或從其道理、或從其每次實行。

*

對心中懷著之事於所偶遇事物中明白，此之謂反省。由他物之感見喚醒心中久久所思，此之為覺。心必先有所思，始然後覺。

自覺從善言。唯離開自己而從他人及人性感見而觀，始有自覺可能。

*

幼稚無知往往因外來不反省而致。知不盲目跟隨並單純發自真實之心，已是一種自覺。幼年體驗難自覺反省。如此經驗若只及個人性情仍可，若為（對價值或有關人類之）錯誤心態與感受，其對人一生影響至巨。當行為或性情不再是一種成習，人始真自覺地行為。

# 思想

思想應帶給人平靜、溫和、充實、滿足、喜悅甚至光明。思想應喜悅無負擔，在沉重外更見人自己心靈之自由。思想能如遊戲，指此。

*

思想無法在憂慮勞累中進行；心平靜凝聚是思想之本。

*

思想之正道在：從人類及人性之善思一切。

*

思想終必以對人及對人存在之理解為真實。

為事情真實與價值徹底之明白，此真實思想所在。若求為自己能於他人前有一席議論之餘地、或求為自己如有所作為，此思想之偽。

*

之所以難有真實反省，因人都受限於語言文字，不能跳脫言說而切實思考。反省故從能跳脫（而反思）對象始，連文字在內。

有所自劃之思想，已非誠懇真實。

*

思想所難，非只內容精密，更是其德行與善。

歸根究柢，一切思想本為人而已，非為物。

*

思想不應受限於自身或對象，應如道般整體。

思惟之整體性，如《論》《孟》之於道理、《文心》之於文、《本草》之於本草。

*

思惟不應囿限於物質而無自身獨立性，人類心靈亦不應只現實而不能自由。

思想能獨立，除思想本身能力外，更是其人對自立之自覺：不隨波逐流、知價值與真實、甚已由立志而知自省。

*

思想本是人直面對天地之思，非書籍理論。

思想若有其作為思想自身之真理，必然虛構虛假，普遍懷疑、超驗分解、辯証法、解構……均如是。

*

只關注現實與不善，如此思想無法善，亦無法真。

一切建基於現實為前提或為必然事實之思想，均非真實。此孟子所以為思想之正道。

*

人不應只按照思想而作為，更應按照道理而思想。

如哲學般事後之思，應作為道理之正而反省，非順承現實而說。

*

思想若非具體地真實，將只思想之表象而已。

離開生命而刻意造作，思想無法真實。

*

人不會思想，非因沒有方法，無心志真誠向往、無求真實之心而已。

思想家應只為人而思，不應自居或自大。

只需從思想其善與誠懇一面看，無需執著其未盡善處。

*

思想應落實於行動。縱使是純粹理論，仍由述作始真實。

「應怎樣做」似較「是什麼」為後，但實更是思想之根本。

*

思想是否真實與實現無關。實行與否在「位」，與思想是否真實無關。

*

不應忘記：存在始終如一，應單純回歸萬物本然平凡真實便是，無需為思想自身無止盡思索。

思考只過程。在最終目的前，人應不思而行。

*

於時代過去後其思想多顯得不再真實甚至無知，所有時代思想均同然而已。

# 有關人類思惟

思惟形態有三：思辨、歷史、與道理。思辨求知事物不可見處，對未知者推度；歷史求知事實與過去，欲見事實之關連；道理秉持人性美善，求明事情平實之正道。思辨求知，歷史求實，而道理求正。

*

思想極致有二：人生存究極反省（中國經學）、思惟自身之無限構造（形上學）。一由人性心，另一由思而已。

*

文與存有之思同然對向世界，前者成人，後者成物。

*

思想淳樸時直說，既不構造情實、亦不構架體系。直對人道理而單純，非對向世界而複雜，此思想之古樸。見德行而不以為美善、於想法只見意識形態、於愛惡而以為潛意識、於平凡世界虛構形上真實、於道義而見規範壓抑、只視大自然草木為資源利益、以人性只為心理反應、視日常生活為存在沉淪……，思想如是無窮後設，不直而偽。

*

思想是否虛妄，先繫於對象。如「存有」非實有，思想如是自然虛構。縱使對象為物，若非單純為人，仍未平實。

個體思想若非以存有、世界等超越體為對象，無以如文學藝術直有個體生命之真理性。

*

如「人會死」一必然真理，於哲學只為經驗地偶然。思想以自身真理，低貶對人而言更重要之日常真實。

*

純粹思惟如：數學之自身演繹、以思惟構架對象、以概念觀點外在地決定事物。思想之二元（日夜、春秋、寒暑、明暗、內外……）本於天地，非只由於思想本身。萬物非因而對立，對偶亦可成就更高合趣。

*

西方只從思想之超越使用對思想限制，故只有康德之批判、馬克思之思想形態、尼采之反哲學、德里達之解構……，然均未如孔子「不語怪力亂神」直從思想之不善言限制。

*

人類思想或依從人性、或本於現實。如哲學思想之不依從人性，只鞏固現實而已。尼采所言思想自由，由只相對傳統價值故始終政治性地現實。若非由人性，思想難於真正獨立、難於真實而自由。

*

人類思惟應以人性價值為依歸，不應現實功利或形上虛構。

*

人類思想多如恆河沙數，然真實善良者無幾。沉迷於思想，亦惑而已。

## 思考、論證與概念

思想之清明在明白道理，非在思辨能力。

思考以正確性為起點，以充實性為終點。

*

頓止為思想之狀態，不知頓止無以思想。如閱讀，由頓止始能反思而體會。

*

若非深於其事而能辨，思想難直觀地作出正確判斷。

學習思想有三途：從現實與歷史反省對道理有所明白、從經典閱讀而致學問深博、從理論構架學會演繹之嚴謹與整體。思想能力建立於此。

思想運用有：明白事情究竟、形構事物整體圖象、引導行動、暫緩行動（再思、三思）。

*

正面、精微、全面、知輕重主次、知價值之善不善，此思想真正能力。

知何時跳越、省略、綜觀、何時須反複精細鑽研、精準地掌握意思與價值，此對思惟言極為重要。

*

除求索本質及對對象分析外，思考更應整體地觀。如「快樂」之與他物關係、其自身有多少種類、它們間之價值關係……。

思想之客觀性直在對象整體，非在本質或分析。本質與分析仍只觀點，為整體可取代。思想之體系性，若仍由觀點所構築，只思想自身事，非單純對象整體全面而具體。

*

西方思惟或依據原則推演、或求索原則。中國碁之思，面對每一（具體）情況重新觀照並全面反省，非只順隨原點推演、非原理式地思惟，故更接近（現實）真實。

反本求索與推論只是思惟之形式，具體全面地直對對象始是思惟之真實。

*

對象雖為對象，仍可以不同觀法觀，此分析所以未必真實，及結果往往迴異之原因。思想之觀點，即理論所以為理論處。分析應統觀每物之特殊，非以一定形式。

*

具體是進入事物內看，從內而明白。思想先是直觀，直觀著其對象始反省。如「平和」，是田園之平和、愛之平和、抑人與人之和睦……，都實不一，故須直觀其情景始能具體。

*

問題非在如何界定，在知怎樣舉例而已。如「境界」，能從不同詩人舉其例子、從例子進一步反省，已是「境界」真正明白。非是思想便即抽象。抽象往往只未盡事物之具體細微、未盡事物之真實而已。縱使是抽象概念，仍應具體地理解或圖式地設想。

*

價值是由心懷向往，非由推論論證而得。

真偽由善不善而明，非由證明而立。

推論雖有深淺之別，然始終只思想表面：思惟構築之過程。

*

推論論證求為排他，非真理單純表述，更非真理直下體驗。

道理應直從其善惡感知，非求理據之辯。論證只求為證明與自辯，多忘卻道理本心。

論據只為說者自己，非為真實。

論證心態鮮聆聽學習，只在乎證明所及之事：一種在論證中始顯得重要而在論證外便變得毫無意義之事。

*

正名為對思想想法之糾正，求想法之正確甚至正面性。

定義般精準性若非見於先驗構造，便只能是低層事物，如彈奏是否準確無誤那樣。然樂曲情感、人心美善等較高層次事物，既無從精準定義、亦難概念化；其領悟屬另一層次、更高層次之明白。

*

名指認並命名事物，如「仁」「義」「人」「物器」。概念則進一步對名作解說，如「道德」「供需」「理性動物」「物自身」。「先驗」「意識」「表象」「他者」均只概念。概念多已支解其對象，只突顯一面作為理解解釋。

*

概念因附屬體系觀點，故有二元二分之必然。名只指認事物，其分類只源自對象，非由思想而二分。

如「心」「志」等詞只環繞行為或感受而言，但「靈魂」「實體」則更從「有」或「是什麼」言，為存有而非行為感受問題。中國文字多非思想概念，多非本於理論。

*

思想想法未必為理論，理論必對事物或世界構架。

理論往往以觀念說明事、以事說明觀念，並以二者成就觀法體系，非以思想單純明白事情本身。

縱使為人事，觀念仍只物性地解釋，「利」「上下」「好色」故為「資本」「階級」「性慾」。

*

概念所以困難，因須藉概念累積與演繹始致明白，鮮能單純於事體會。唯落實於實例，否則不宜空泛地使用。

觀念因只為思想本身意思，故只由典籍、非由事物直接讀得。

*

對一思想，我們慣從後來、從我們時代觀；然思想是由面向其前而形成。從後只其發展與影響，從前始是其發生及所針對問題。從後來觀，亦我們忘記自己只一觀點而已。

須對概念想法回溯，始能明白其意義之始末與是非。

*

雖說詞背後事情始是真實，但由詞，所見世界實不同。真實仍先由人心，非只由事物本身。

# 我之思想

淡泊深遠之思，較形上宏大之思，更是我所愛。

我所思在人，非在物或神。

*

孔子直言道，而我只盡力求對事情價值明白而已。

我的思想，或我所見、或於面對事情時我怎樣想而已。

# 知識　真理

年少時心在博覽一切，而今只想靜靜地懷抱而已，如是親密地。

《草思》只個人之體悟，非普遍思想或理論體系。

## 生命之知

以生命肯定的始為真理，知識多只求存活而已。世界知識多、真理少。

對世界認識，應為自己更真實生命，非為知識本身。

*

作為人，能知正道與事物之美善已足夠，無需逐世求知。

從心感動於事物，較內行專家之知更真切。

*

成就一哲學心靈較哲學知識更重要，成就一向往美善之心懷較擁有藝術技巧更真實。

人其心懷與人格，始是教育之本。

所貴，是哲學教養，非哲學知識；是藝術教養，非藝術技巧。

## 知識

知識問題非先在知與無知間，更在表面與深入二者間：表面或自以為知往往抹殺真正知識甚至真理，使知識更成就無知。

*

知識向度有二：或作為人生命存在所需，或作為其事本身發展。前者從意義或實用、後者從創制言。

由喜愛而求知，非為利用而知，如此始為知識之美。

*

無知有二：或從未體驗其事、或從未對其事作反省。真切見聞與知反省對無知者言重要。

認知有二：或如詩與藝術之臨見、或如知識或哲學之分析與辨解。前者使人感見真實，後者使人明白。

黑格爾相反：以眼前直接者只感覺，真理必因概念辯証而間接。然概念分解往往失去生命真實，亦因構架而偽，唯詩與藝術始使遠去事物由再次臨見而保有真實。

*

知識之法有：

一、盡平實地明白一切（抽象事物與概念）；此知識根本。

二、必須設想具體例子以觀察反省，例子越多越能全面而徹底。

三、回溯於整體，從事物整體及事與整體關係明白。

四、把不知事類相比已知事類以明。柏拉圖常用此法。

五、尋找事物之構造、根源、本因（質料、形式、動力、目的）；從深層分解，如康德從心靈深層對現象、佛洛伊德從潛意識深層對意識作分解而明白。

六、從相關但不同事物比較以明其差異與特色。

七、思索難於進展時，作假設。

*

真正知識與自大相悖，亦承認力行之必須。

「不知為不知」只從不自欺（欺人）言，非教人不求徹底明白，如告子「不得於言」以為只應「勿求於心」那樣。此知識基本態度。

*

單純說什麼或怎樣才真正美，與探索美是什麼不同。前者求為人實知，後者只求對物本身認知。《論語》只事前者；然因窮盡地枚舉，故實同於本質之掌握。知定義一物仍外表，不如切實地從事物所有特性、具體運作與關連而明。

*

知識多只知而不覺、知其然不知其所以然：只知運作、構造，不知從遠處反觀，明白其為什麼如此、何以發生、其歷史過去與發展、其於人中形成之原因與欲望、其目的與限制、其與他物及世界之影響、其對人之意義與價值……。如此而明，始一種覺。

*

盡對事物道理體悟，非只對事物理論求知識。

縱使知識，仍須知善，非只聞見。

*

知識若非長久具體行作體會得來，只表面而已。

知識多只聞見，體悟更是心之努力，其深邃在此。

*

深遠之知，非與聞見或人人可知之知識同類。

是鞏固現實錯誤為知識，抑揭示此錯誤為知識？是鞏固資本主義經濟學為知識，抑批判資本主義之《資本論》為知識？有現實功用者抑教人見真實者為知識？

*

知識技能帶來之善少，所造成之惡則巨大。

智能世界淹沒人性與德性。

*

資訊所以不誠，因非求真切明白與體悟。

知識多只附和世界及其虛偽，唯仁始突破而真實。

*

知識階層之能力，雖無造作而平淡。

需藉思辨及概念構築起來之知識，均超越而外於人。

*

欲望往往為知識帶導。人不自足於簡單淳樸，只為資訊所誘導：寧捨棄存在本然淳樸只求為活在人人欲望中。

知識之高度發明，使人越不知平凡之真實與意義。單純人性平凡生活，需要怎樣聰明與知識？

# 聰明

聰明先是心態或心之用，非天賦能力。

如人受騙而變得聰明，實由反省而已。人是否聰明，由是否知反省而已。

*

以聰明為人，非為謀利。

聰明而有仁，始善。

不仁之聰明，不如童蒙（《易・蒙》）。

*

聰明不為外在亦不為自我所惑。

聰明之心，從外至內、從內（下）至上，**ab exterioribus ad interiora, ab interioribus（inferioribus） ad superiora**。無能知內與上，無以為聰明。

*

真正聰明者無自我，知擇善而學而已。

聰明沉靜而靈活，與固執固滯反比。

*

人由聰明、非由無知而愚昧。

*

人愚昧，只因心不用於真實而用於虛假始致。

*

欲望使聰明遠去生命本然淳樸喜悅。

若非上智，聰明只造成困難；不如淳樸百姓自然真實。

*

知識聰明雖凸出萬物外，然心懷天地而一體，更是人心高度。

# 智慧

「唯上知與下愚不移」：智慧非只處世明智（**prudence**），更是知人性與道而不移。

能對道中正地明白，非知識可及。

*

智慧為對重要不重要之覺知而非只知識。

知識仍可愚昧，唯明白價值始智。知識而無知價值，仍只無知。

*

智由知近善、遠不善始。

真實之智見事物正面，非只批評辯解。

*

「知之為知之」是知識，「不知為不知」是智慧。不知而以為知，實不智而已。

知識往往反使人不學；一生知向學者已為智。

*

智者不惑於欲望與愛惡，此所以「知者不惑」。

知不耗費與作無意義之事，已近智。

*

若真理艱深複雜、若現實難於違逆，那直守善道與簡樸已為智，非必能艱深或能勝現實者始是。

於世俗，智知淡泊而非汲汲有所圖、知素雅而非求諂媚新奇；智光明而真實。

智深於人類中，非外表或一時突出。

## 理論

理論以事實為基點，引申為整體性體系：佛洛伊德以性慾、黑格爾以存在對立性（辯證）……。其所言只為事實層面事，與道理無關。

理論體系由一基點立論，藉二元對立展開。如精神分析學：性慾為基點；藉自我與愛慾、死亡與生命本能二元對立而展開。對理論體系之明白，應先知其觀點或基點構造，及見其二元發展。

*

無論多似深奧難懂，思想理論都實來源於簡單問題，如精神分析學之「人性由什麼本能構成？」。閱讀思想理論，故應先回歸至原初問題以掌握。

對理論作說明，應力求簡易，非使事情複雜。

*

理論雖只為構架，然仍以三點為真：一、其思想仍源起於存在事實。二、其結論仍可有特殊功能與用途。三、縱使如神學般虛構，仍有著一思辨理性在，非純然任意，此神與飛馬所以差異。理論體系之真，如現實中權勢那樣，因可起著現實作用而現實地真。

唯《論語》作為體系，既本於人性真實而非只事實觀點，其體系性只一種整理而非構架，故仍能為道理而真。

＊

縱使是理論，仍可猶人地面對，從中得人之教誨。思想仍可離其理論立場觀見其附帶見解，如有關戲劇、音樂、愛情、生活、宴飲、陶藝、繪畫等等見解，非只偏限於理論立場而已。

＊

理論為其他理論超越之原因有二：一、只單一觀點；二、往往未盡人性（恆常性）故有所偏頗。

存在廣大，有無窮層面可能，非任何觀點能涵蓋，此理論無法獨一真確之原因。道理由相對我們作為人始獨一，理論亦因為人而為用而已。

＊

無論多麼為知識，理論仍無法取代人對美善之向往，更無法替代人對日常道理之反省。理論之反省求構造而終主觀，道理之反省由體悟而客觀。

＊

理論體系封閉，只屬聞見之知，仍須跳脫開來，真實明白人與事，更不能忘卻人性更高真實。理論因只為現實真理，故多所負面。人仍須致力道之學習始能中正。

*

面對人，只能以德行，不能以理論。

人非物，無法納於體系觀點下、無法為理論所掌握分解。理論所見人，多只如物而已。

*

生命、四季有其變化活力，理論體系亦由其變化而吸引。然四季變化確為生命常態而吸引，理論變化則只如戲劇情節，多所重複後反而無味。

# 理

理只範圍事情事物，人性心始終非只由理。縱使為物事，故仍應先從人性考慮，毋使理無道。

理性只從物事言客觀；然於人，感受始為客觀，非主觀。

從人倫人性言理，應如「父為子隱、子為父隱」。

*

「《春秋》辨理」：道從人性之必然與普遍言，理只針對事情個別偶然（原因、情況、動機、目的、手段……）。道與理應二分，非道、理不分。

理爭而禮和。應多以禮待人，少與人只講理。

理始終要求他人；非如德行，先要求自己。言天理亦如是。

*

西方以人為物事，故一切只從理性言。

理性於人為行事之宜與中道，於物為秩序與規律，於思惟則為明事物之客觀真實。

*

共體之理，若非單純以人（仁義）為本，則始終在利益而已。

理，如國家理性，若終以利害為考慮，必也只以力量為依歸。

# 道理

道理作為反省先對人，由人性心體驗而見，然亦一切物事所由立之道。

人行作必有所依據，但所據為道抑為理、為人性抑為社會、為德行抑為利益、為禮義抑為理念、為人倫抑為黨派……，如此相差很遠。

*

# 真理

道理因為人性及人自身之道，故其正明白，無需辯解證明。道理自明如此，故孟子說：「夫道一而已矣」（《孟子・滕文公上》一章）。

西方真理（如「我思故我在」）雖不證自明，然對人言外在。人性道理內在，如先驗地必然，孔子故能以禮言「禮」：以「事君盡禮」「君使臣以禮」言「禮」所是；禮為人性之必然與先驗故。

*

道理放諸四海而平明，直於平素能體會，既切近平實、亦只述而不作，與思辨學術無關。道理人性，亦隨人情況而通達，非如制度原則地無情，受者無不甘心地接受。因為人人平素，道理本非高深。其深邃由人不思而已。

*

人類作為之一切（音樂、藝術、禮儀、宗教……），均可從道理方面言，非只能為哲學或理論所思。講論哲學理論，不如講論人文道理。連哲學本身，亦應作為道理講，非求思辨、更非求想法之奇異。

人各有自身認定之真理、真理之崇尚亦隨情況改變，但人性存在之道至為基本而恆久。以思想想法統攝一切、或求為經濟而虛假，實非如人性地無害，此所以人性為真理先決條件。

*

人性之道於人，非知與不知，有與沒有而已。此其所以為真理。意見始需證明，人性之道確知而無誤。矛盾律等原則只真理形式；對如既善亦惡之人類，矛盾律無所致用。人世真理仍須人性地定奪。

*

非哲學所言便為真理，真理更應針對哲學（真理）之是否真而言。西方真理，往往只真理假象而已。

*

對人這樣存有，真理非能靠思辨，只能由生命明白之努力而致。真理應伴隨心成長。只外在求知，難改人類幼稚，非成人之真實。

*

人應先自立自己生命，無須強求世界真實。

不致人自身真實，不能為真理。

*

真理為人生命深藏之事，既非一時攻乎異端、亦非外在有所強求或情緒化。真理如境界，由歷久深遠努力始體會。

*

如位之使王者德行彰顯，存在者之真須背境情景顯。事物之真理性，須背境始得以體現，連《論語》亦然。存有非超越、非在其自身，只存在者之背境情景而已。以現實為存在背境，此所以真實者無以顯其真理，現實給予虛假事物與價值其真理性故。

*

人類所求真理，多與政治權力結合，以國家、宗教、物與經濟之名對存在制約，既扭曲人性人心、亦使人失去真正自由。以權利平等、自然環保、發展創造……為重要而忽略人倫、人道、愛人始為存在之本，此真理之本末倒置。

*

人由狹隘眼前是非利害，鮮從長遠關懷人類之善，故置真理不顧。

對只時代視為真理之事，可「默而識之」，不信不好。

對真理之愛，若非真實地美善，實只人欲禍害而已。

## 真實性

真實性問題非如此困難：用功之學生、用心之彈奏、對人和睦敬愛、真實地作為、真實地作為人……，如此種種，已是真實。真實地……，這已是真實。

*

真實應從人言；事物或存在事實，只真實之表象而已。

如餓者需食，人必須真實始能最終解決事情。

*

事物之真先在人心，非在物本身、更非在事實與證據。

真實非現實，現實非真實。於生活能人性地美善，始既真實亦現實。

*

人生命必有所階段，真實與否故非絕對。是否有盡其階段（或其事）應有真實，往往為其人真偽所在。

歸根究柢，真實與否只從（怎樣）作為顯，與知識能力等無關。

*

「無是非之心，非人也」：人若無是非真實，連作為人亦不如。孟子對人之要求多麼嚴厲，亦其對人作為人多麼肯定。

*

真實只在平實、在人人限度內。人類以真理之名追求更多更大，只蒙蔽而已。若社會政治所求超乎人限度，實亦偽而已。「道不遠人」。

*

知識、形上思辨、甚至言論自由所求，一如摹倣、寫實逼真，只事物或人存在事實之真實而已，非人美善之真實。

西方只從思想成就世界，然存在真實唯在人：在人之對人、對事、其生命、其心……，非思想之事。

哲學求必然真理，但人身邊偶然之真實更為重要。

*

真實多不從表面見，一切均有內外與隱顯。

如彈奏，外在準確不如內在情感真誠。

*

真實必然內在：或內在於對象、或內在於人生命心懷。外表一時之精彩，無以為真實。真實必由內在建立，無法外在而得。

*

人只求表面多知，然事物內在明白與細微通透始更是真實。面對真實，應內在地體會，非外在地言說。

*

真實者不求人肯定；外在成就多只求得獲聲名而已，此所以稱譽多非真實之原因。人世間多無真實，故不應在乎自己於世間處境事實，只應在乎自己是否確然真實。

*

真偽亦可從其他方面、非必只從其事本身見。如恭敬，若人亦確然善良儉讓，其恭敬必真。此其他方面，亦人之內在而已。

*

真實所以難，因須長久真誠地努力始有所得。

由真誠之程度，真實仍可有境界深淺：真實仍可有更真。

*

如「真」有不同層次，虛假亦有不同層次。明見之虛假其影響最低；非人能洞見，如現實價值對人之矇騙，其虛假性最高。

人只在乎眼前受騙，不在乎自身虛假。

隨著世界與自我，人自然地虛假。真實故須由覺醒與努力致：既不為世界所蒙蔽而隨波逐流、亦不沉溺於自我，此人真實之所以難。

*

世人都只虛假地看：對藝術、對偉大、對事實、對真實。

以為真而實無求真之心，已為虛假。

若只徒為形式，實更虛偽而已。

# 中西思想

近日心境越更簡單，亦少有所求而沉默。唯奮發向上、完成自己所明白道理，也就是最大喜悅。生命實只為他人，如此而已。

## 中國思想

中國思想溫和無爭，其用物儉樸淡泊，於人求為人性性善地親和、或默然佇立地獨體，非求為政治哲人或社會公民。文化所繫在生活切實及人文禮樂美善，非在神性般思辨與精神之崇高偉大。

中西方精神根本差異，繫於對善惡態度。中國精神之本在：如若人類無惡而能無所規限地自由，人類仍能達至怎樣最高善？盡善盡美之境界如何？中國之禮、人性、與藝（如古琴、弈）……，均不從禁限立，所求亦人於無限制中所能達致之善。西方文明因以惡為根本，故所言禁限已否定及限制善之可能。勇與正義、法與權力，均只相對惡而否定，非單純善之立。唯無視惡，善始能無限制地自由真實，亦人類存在所以光明正面。

*

中國道理有經、史、子、集向度。所以有經學，因人道之正根本，既無時空偏限、亦非個體之思。

中國道理環繞人生命反省而整體，非屈從於現實、亦無求超越向度。

*

西方思想以「存有」構架世界；印度思想以「空無」求自我解脫。中國介乎二者間，在有與空無外更見人。

中國思想如已知，深入後始覺不知；西方思想如不知，然深入後多已知。中國思想似易實難，正道非單純概念能掌握，須有德性體會始能致；西方思想似難實易，一旦理解便已理解，無境界或正道更進要求。

*

中國所向往人之懿美在「直而溫、寬而栗、剛而無虐、簡而無傲」（《書・堯典》），孔子亦「子溫而厲、威而不猛、恭而安」（《論語・述而》）。

中國所期望於存在，為德行與生活一體時之德行存在：讀書為人品格、非求為知識；事物非只求效用、更為淡樸德行體現⋯⋯。生活非單純存活，德行亦非外於生活。

＊

中國境界心身一體。如歸隱，始終為心身甚至自然之一體靜遠。心無對立身，更非超越地對身體摒棄。

物在中國非刻意對反人而為物。無論意境（山水）抑文物，始終有著人性品格，非只物質幾何性。

＊

為人（仁）本至為客觀真實，物事之客觀居次。前者為中國、後者為西方之道。今前者已不行，故唯西方始客觀真實，中國只主觀任意而已。

深遠地言，中國與西方差異非先在思想想法，更在生活存在態度：中國平實而人性，西方則極盡思想能事。前者本然真實，後者則有聰明智慧之表象。於多所虛假之現代世界前，人故以西方為道。

## 《論語》

《論語》道理從人而及存在，既可學、亦可思。

《論語》所教，亦切實平易道理，非現實或形上求索，此其所以真。

*

《論語》所言德行非難事，故仁容易，「苟志於仁」而已；亦能有所好惡：「仁者能好人能惡人」。《論語》道理多有退一步可能：未及「里仁」仍可自身「處約」「處樂」而安；「不得而見」「聖人」「善人」仍可「得見君子」「有恆者」而「斯可矣」……。

*

《論語》之「語」溫和平易，「論」深藏不露。一般體系因構架故結構明顯，唯《論語》因人性平易故體系只深藏。

《論語》每篇首句為全書大綱，亦道理之簡約勾勒。

*

《論語》須從用詞明事情之正。如「居敬而行簡」，「簡」一字已為平居全部道理。《論語》字詞即道理。

「亦」一詞在《論語》中指其事本不以為如此但實亦可如此，既反正、亦可有變通，故實為更高；如：「學而時習之，不亦說乎。有朋自遠方來，不亦樂乎。人不知而不慍，不亦君子乎」（〈學而〉）、「是亦為政」（〈為政〉）、「樂亦在其中矣」（〈述而〉）、「君子亦有惡乎」（〈陽貨〉）、「而亦何常師之有」（〈子張〉）……。

「子曰」（「老師說」）如老師平靜教誨；然其中氣度，可窺見孔子講學之深邃。

*

「里仁為美」是一種讚美讚嘆、「擇不處仁焉得知」是一種責備警惕、「不仁者不可以久處約，不可以長處樂」是一種事實揭示、「仁者安仁」是對仁者之一種安慰與鼓勵、「知者利仁」則是對知者之指引與教誨……；《論語》句意背後仍有著種種語調語態。

*

《論語》內容豐厚淳一如「翕如」「純如」、道理光明如「皦如」、通透如「繹如」。其德「如天無不幬，如地無不載」，故「盡美又盡善」。

# 孔子

孔子與西方最大差異，在其正面性：一切只從正道言，既不從負面觀人性、亦不從對立觀現實，一切只盡人性平實美善。

孔子不求超越（構架），一切平常而真實。

老子於有無間見淡泊之道，莊子則求齊物而自得逍遙，二人仍有所對反：或對反物、或（從逍遙）求自我。孔子唯人性地仁而已。

*

孔子之樂平凡單純：「樂節禮樂，樂道人之善，樂多賢友」（〈季氏〉）；一從職能、二從個人作為、三從生活言。

若連「道人之善」亦可為樂，此見孔子生命之境界。

*

孔子面對一切不厭不倦，既盡所能、亦不求回報：「學而不厭，誨人不倦」、「若聖與仁，則吾豈敢。抑為之不厭，誨人不倦」（〈述而〉）、「子張問政。子曰：居之無倦，行之以忠」（〈顏淵〉）、「子路問政。子曰：先之，勞之。請益。曰：無倦」（〈子路〉）。

*

孔子心獨立無怨，故六十能「耳順」一切，既無怨言現實、亦不在乎生命遭遇，此莊子所未及。

六十而仍能「耳順」，此見孔子心之豁達，其獨立與不在乎至此。

# 儒學

盡人道之正面，不為世間而負面，此儒學根本。

因以人性道為本，個體故先在學，人與人亦先在仁（己立立人），均人性道之行而已。《易》言個體於處境中之自守（貞），然儒學更言人與文之立。

*

儒學道理所以自然，因既有家國、亦言公私；既有以孝悌為人倫基礎、亦有對老者弱者仁之心懷。其善非只偶發布施，更有人倫正道在。

於共體，儒學所求唯禮與樂，二者為人性所能美善。如里仁之美，亦純在人與人間。一切只在人自身，無對物質或制度依賴。

*

儒學無所新舊，人道一而永恆，無可新。

新儒家之向慕西方超越性，實不明超越性與人性之相背；既非平實、亦非真實。

# 〈中庸〉首章

〈中庸〉雖儒學，然仍有從世間內「隱微」言之形上觀法。「中」為性與道之隱，「庸」為微言微行或人獨之隱。「中」同於存有，「庸」同於存在，此〈中庸〉形上學。

若不作形上解，〈中庸〉首章可如下：「道也者，不可須臾離也，可離非道也。是故君子戒慎乎其所不睹，恐懼乎其所不聞，莫見乎隱，莫顯乎微」為對「庸」其平凡隱微之解釋。「喜怒哀樂之未發謂之中，發而皆中節謂之和（…）」則為對「中」解釋，言人喜怒愛惡之主觀性，多非切中事情客觀真實。「中」因無欲故為本，「和」雖有欲然由中節而達道。如是「中」「庸」，可無形上意味。

## 老子

老子能從淳樸言形上（道），其形上學至為奇特。

## 西方思想

西方世界有四：希臘與中古神性或神學世界、十六十七世紀知性與科學世界、十八十九世紀感性自然世界、二十世紀現實權力世界。

*

神性與人性，此西方與中國所視為最高及最根本所在。

文與表象對反，一為人性之表露，另一為超越者之體現。從世間存在之為文抑為表象，見中西思想文化之根本差異。

*

自希臘哲學求為對公開性（公共性）奠立，西方世界以言論為主軸，非如中國以文為主。媒體、資訊、論辯、觀念構思……均為世界主導。一切在語言內，由語言構成；所重為語言與知識，非文與德行。

*

西方所成就事物只三類：或對人類有害、或偉大但虛構、或雖正確然未盡真實。

*

神性為西方「人」之形象，或為最高意志、或為創造。能者為英雄，不能者只為奴隸、那人性太人性之奴隸。

人在中國只從人性言；然在西方，人則可為理性或政治動物、神之肖像、國家公民、我思、超驗主體、潛意識、超人、此在……。

西方歷史雖回歸於人，然如尼采，人之一體只酒神酣醉理想之一體、人之肯定只如春天生命感、人之立只從承受痛苦之偉大性言，都非人「立」與「仁」平實之真實。

*

人性世界非能形上；西方思想之對反人性必使其世界形上，西方故始終只求為他者。

如情感與正義，在西方始終為文明所造故而超越。情感或神性或世俗，正義亦或本於神倫或國家（世俗法律），均超越而遠人性。

*

西方以極致為崇尚。縱使負面，極致始終為本，至巴塔耶仍然。

至高者於西方或為「存有」、或為「神」，然二者均非實存，故而虛妄。

*

西方心靈只伴隨物始有：或是事物之意識、或是對向事物世界之思惟、或是對神（創造萬物者）冥想之內心、或是建構現象之主體、或是現象背後之精神、或是身體存活之生命力、或是感官欲望之潛意識、或是精神之分裂、或「在世界中」之「此在」……。

西方心物始終一體，心只為物世界之心，非人心。

內在性於西方始終渴求外在，甚至渴求超越性，如禱告時內心渴求神靈那樣，非能單純正面而佇立。

中國主體求為德行而獨立，西方主體則為主控或創造時力量之超越體。

*

西方理性雖對反神話，然其為思惟構架，非由人性，故實如神話般虛構而非切實。

本質雖內在，然因外於人心而仍為超越，故只能為理形或實體。

*

理在西方由二分邏輯構成。體系為一種二分世界，屬真理者只一方。二分既涵蓋萬物、亦使萬物對立。存在中一切，因而始終二分地對立著。

存在必有所差異。差異性於西方同即對立性，此所以對立為西方現實唯一模式。中國於差異性或見其同、或見其合趣，均非為對立。

*

西方思想均源起於現實：柏拉圖見神話俗世之盲目主觀，倡法治與國家之公共理性；笛卡爾基於物質真理之提昇，重建人作為知識心（「我思」）之地位；盧梭見社會不平等而求人感性理性；康德批判物自身之超越虛構，求人對現象與存在之立法；馬克思見資本主義剝削而對政治經濟作批判；海德格爾見日常存在之沉淪而有 **Dasein** 分析；德里達見西方理性之專制而解構……。西方思想均源起於現實，既因此而真、亦因此而片面，都非從思想之獨立中正立其善道。所謂體系（或世界性），實掩蓋片面性時「整全性」之假象而已。

存有雖超越世間，然實仍本於現實或世界存在。道雖只為人存在之道，然始終在現實之上。

*

西方思想只對反現實之惡立論或批判，從未對正面價值反省或建立：對反世俗欲望而言神性、針對負面威權而求自由民主……；然均未如人性與人倫平實而真實。善在西方，唯對抗惡而已。

# 哲學

又一年。這次重返大學任教，有點失望，後始見些微生機；不知往後日子如何？始終懷著獨自為人努力時之平靜。每當靜下來用功，既喜悅又肯定。心切願著一切人善，更望能對人性及人存在作更多反省。不過，人好像難見自己對人之意義，只能盡心而已。

## 哲學之學

從自身生命所感而反省，是哲學之始。

不應只對哲學思想詮釋，更應獨立面對萬物與生命而思。思想應為自己事；不能獨立，學哲學無益。

生命之不誠首先在：對連身邊境況困境從不反省，致平素不思。縱使學哲學，亦只以哲學為書本事而已。

*

講哲學者若無對真理熱忱、無對問題本身明白，哲學亦種種意見（**doxa**）而已。

哲學鮮為複雜而複雜，其複雜性必有事實所本。學哲學若畏難求易、自欺欺人，將無真切明白。

讀哲學的人多，真實思考反省的人少。

*

無論怎樣知識，其真偽只取決於是否真實為人。哲學思想無論多似深入，亦單純從如何為人之心志取決而已。

雖未必然，然在求為知識外，哲學更應以人類之善為目的，此哲學首先意義。

*

哲學對人之意義在：對存在反省、使人思想深遠宏大。

哲學之歷史意義：體會人與其世界存在關係之不同想法與感受。

*

由哲學，可見人類心靈之價值向往。

若無對人類存在困境有所關懷與明白，學哲學亦只徒然。

*

「對不思考的人來說，哲學毫不重要。但對必需思考的人來說，哲學多麼重要。」

哲學之領域有二：人類存在、至真實者。

存有論源起於存在真偽一問題，存有論因如此問題而根本。

*

閱讀哲學有兩途：一、對個別理論本身構架明白；二、以存在為本，觀見每一哲學對存在問題之看法，如人性、人倫、生活、道義、政治、宗教、藝術、美感、情感……。除對哲學思想內部解釋外，更應對其由來、真實與意義具體明白。

*

不宜過於沉迷哲學家個人創見，更應關注其原先問題之客觀性。晚期哲學雖多創見，然早期必有對問題本身之論述。

通貫古今、明白不同時代世界與真理演變，此學習哲學之基本。若只偏限為專家、只片面知識，如是非哲學根本關懷。

*

如從《詩》可學思想之淳樸、從《易》學存在處境、從《論語》可對道切近又深遠地反省、從《孟子》可學「思」之正……，於立論外，從哲學更可學：

理性本質地掌握事物（柏拉圖）

對現實觀察（亞里士多德）
思想仰觀與提昇（普羅丁）
思想之愛（神哲學）
反思（笛卡爾）
事情本末推演（史賓諾莎）
事情之自然真實（盧梭）
對象分解與層次建構（康德）
概念理解之變化可能（黑格爾）
對現實深層分析（馬克思）
生命之高貴與真實（尼采）
心之理（佛洛伊德）
如何平視事物（現象學）
怎樣理解存在（萊維納斯）
思惟自身之反面（德里達）……。

*

哲學之有體系，一為其觀點之整體演繹、另一反映其思想只為對象之構架。

*

哲學非只論說文字，其文體同為真理體現時之情境：沉思、對話、格言、草稿、大全、分解、辯証、歌頌、自語、詩……。《論語》《老子》文字亦然，故既見平實、亦見淡泊。思想非必以哲學方式呈現，仍可透過文學、藝術、詩……。

## 有關哲學

哲學由視存在為徹底虛假而產生（存有論）；若非有如此巨大虛假性，實無須高等智慧以抗衡，此哲學之所以似必然。

對人類有限性之突破與超越，此西方哲學之源起。人類有限性一在知識、一在能力力量。哲學之求純粹或先驗知識、望如數學之必真（apodicticity）、純由思想本身推度出真理，實求知識限制之突破而已。柏拉圖理形（eidos）實數學（幾何學）對象之倣效。幾何學源起於三角形，為最具變化亦性質不易確定之形狀；角又體現觀者位置與角度，可對觸不可及星辰作推斷，為先驗知識典範。由理形，哲學奠立其先驗知識對象，以之對反存在變易事實，後者無真理。中國傳統相反：人性道既永恆、亦直從世間變易言。人性非如神靈或理形般虛構，變易亦非因為變易便不可確知：如《易》所示，變易本身仍可有道，四季更是萬物變化根本形態；甚至，如弈所示，變易可由對總體掌握而確定。中國如是無須求諸先驗、無須有先驗／經驗、必然／偶然、存有／存在之二分與對立。中西方思想源起之差異，故可歸納為二：一、以人道為常道故無須構架神性；二、直從變易見道而無須求索先驗真理。

*

哲學真理有三類：一、心靈仰觀之神性超越對象。二、現象背後之理、實體、真實，或現象上之主體與精神、方法與範疇。三、在理性思惟外之他者：如盧梭心之感受性、尼采之生命意志、馬克思之勞動力、佛洛伊德之潛意識……。

*

縱使對象單一為神，哲學仍由為世界整體觀法而為構架，此於康德、黑格爾最為明顯，其對象直為世界本身故。

哲學體系構架不同世界：柏拉圖為國家規範化世界、亞里士多德為知識門類世界、中古神學為神意世界、笛卡爾為感官物理世界、史賓諾莎為情感世界、萊布尼茲為力學微分世界、盧梭為人性感受世界、康德為法則建構性世界、黑格爾為矛盾統一世界、尼采為人類文明世界、馬克思為勞動生產世界、佛洛伊德為性慾世界⋯⋯。物之眾多使世界層面亦多。哲學真理因物而證成，亦因物而偶然。

*

哲學之深奧宏大只其立論過程，其本與目的（結論）均現實地平凡：柏拉圖求為理性法制、亞里士多德求知識學問、普羅丁求索心靈內心、神哲學求對神之愛、笛卡爾求對物質肯定、史賓諾莎求幸福、盧梭求自然、康德求內在規律與自限性、黑格爾求證成存在之一切、馬克思求無產者之解放、尼采求生命感受之真實、佛洛伊德求對欲望肯定、現象學求平思世界、維根斯坦求為平凡、海德格爾反求超越日常存在、萊維納斯求人面對人之根本、德里達求「去理性權力」之未來⋯⋯。縱使似深奧，哲學動機本也平凡甚至平庸而已。

*

人於哲學只從超越向度言，如：人背叛神、神人對立、理性自由人與奴隸、自我與外在世界、激情之心靈、自然人（野蠻人）與社會人、理性之世界公民、超驗主體、絕對精神、資本家與無產階級、愛慾之潛意識、沉淪之日常人、越度之人性⋯⋯。無論好與壞，哲學因人之超越向度，否定人單純平淡之真實；人（性）於哲學故必然虛假。

哲學對象歸根究柢非在人，而在超越或現實對象。如是對象始成就哲學思辨與真理之可能。

人只從人性、不能從存活立。縱使生活，仍須從人性見，非只能講論現實生存。

*

哲學所論事物，無一直為人性或人生活之道，故只為理形、神、宇宙、物、社會、資本、主體、精神、性慾、權力、他者……。此哲學之所以遠人。

事物本分明：天地、神、人、物、我，各是其所是。然哲學所求真實必存有地交織一起：自然人、人格神、神性的人、物欲之人（身體）、心靈內之物素（範疇、理念、甚至現象界）、潛意識之我、我性之物（物自身）……。存有交織使事物曖昧不明、難於分格，如：人是自然抑文明？是神性抑人性？是意識抑潛意識？……此哲學思想之自我困惑。

*

哲學所以偽，由背離常識及過求極端而致。「人由面對死亡始本真」「存在只差異性，無本然固定者」「存在只現象，真實唯見於現象背後」「理形始是知識」「我思故我始存在」「神為唯一至高真實」「存在只權力意志」……；如是立論，均背離常識或過求極端，失平實真實。哲學如是仍與「怪力亂神」同一。

如巴門尼德視「存有與思惟同一」以質疑眼前真實事物為虛假，這正是哲學之所以虛妄。

*

哲學之問，如「世界是現象抑物自身？」，其中概念（現象、物自身），均為思惟自身所提供；問只為立論、為思想之分辨與深化，非因不知而問，更非為實際行動與作為而問。

哲學之自構語言，若無相應真實或必需性，於劣者只造成造作。

*

哲學對象（如存有、實體、神）因非感見，故只能思辨。超越性均與純粹思惟有關；縱使為法律或資本，始終有著純粹思惟之隱晦性：或對法律盲目依從（**Kafka**）、或對經濟臆測（**speculation**）。

*

哲學雖知思辨虛構而有普遍懷疑、純粹理性批判、形上學之毀棄、哲學之解構……，然這一切反思辨，始終仍只思辨而已。

思辨既由於思想本身，但又非人對自身反省，故與道之思異；後者本於人性體驗而非為思辨。

## 哲學中之力與意志

力於哲學，可有如下種種：自我生成完成（亞里士多德）、創造他者（神之意志）、自我表象（萊布尼茲）、自我對立異化（黑格爾）、階級鬥爭（馬克思）、改造一切之強力意志（尼采）、權力（福科）、生命與死亡驅力（佛洛伊德）……。力雖多種，然始終只力而已。意志可為創造力、或為自由抉擇、甚或為對立，後者多偽。然始終，意志只與外在有關，此所以中國言志、不言意志。

*

縱使神意志絕對，然非志向人性美善，故仍非志。

絕對意志從連永恆真理亦可超越言，始終主觀，此所以笛卡爾對反中古神學。

*

對無性善之理性者言，如康德，縱使有所意志自由，仍不得不從自律言善；善無以本性自然。

如尼采以權力意志取代人性，權力因不立人達人，若非意志自我否定，否則無以說明仁。

# 哲學簡史

由工藝技術分工之興起，希臘哲學（柏拉圖、亞里士多德）以物為世界存在中心，成就物學科門類思惟之探索，工匠亦為世界中心。如是哲學以城邦政治為依歸，更求理性之公共化與實現，以取代古希臘神話與悲劇世界。

*

中世紀思想反此公共性而回歸內心，從心靈感受求存在真實。神為人內心之另一心靈，一切均在心靈間發生。人內心世界為中世紀所特殊塑造，「我」性位格亦取代（事物）本質開啟出日後主體性哲學。

*

笛卡爾等古典哲學，繼文藝復興之回歸希臘，以自然界及物理規律為真理對象；如在史賓諾莎中，神直就是自然本身。因繼中世紀內在性，自然規律縱使涵蓋一切，然仍只從事物內在言：或為物理、或為心理、甚或內化為思想方法；世界亦或內化於「我思」、或內化於神、或內化為單子（物本身），始終類如主體觀點，由表象或由表達（**expression**）展現。心、物二元為希臘客體世界與中世紀內心之縮影，而「我思」亦明顯為我性位格之承繼。古典哲學以此統一希臘與中世紀兩時期。

*

經驗主義可視為對反事物內在性（規律與主體）而有，因而一切只外在經驗亦偶然，人內心也只聯想地偶然而已。如是而存在失去存有真實，既無物自身內在規律、亦無人內在心靈之真理性，存在實等同俗世存在而已。

*

於盧梭，哲學首次擺脫以物為中心之世界，亦遠去神與主體等超越體。無論是社會抑人類文明，都切實於眼前世界與歷史，再無形上構設。縱使仍有類如存有等級之真實（盧梭之自然人），然只如十八世紀歷史化思想，一切只從源起說而已。盧梭哲學以人為中心，直觸人性及其感性情感，以此為從個體教育至社會國家構成之本，甚至為主體所以安立。如情感，由中世紀對神之情感或古典時期作為自我心理之激情（passions），轉移為人對生靈或他人之憐憫心。正是如此憐憫心，使盧梭關注人類不平等等現象，開啟當代哲學對現實之種種批判。

*

縱使康德有對盧梭讚嘆，然德國觀念論仍跳越盧梭對人及人性之轉向，回歸心主體與物世界這樣主客哲學。由心靈支配性，物世界只能為現象，失去作為物自身之存有地位，而此預示，世間一切均為被建構事物，無所謂本然存有。無論現象為主體所建構抑為精神之進程，現象世界只順隨心靈與精神之理性始能真理化。康德世界對象之雜多性、黑格爾中世界之對立與否定，唯朝向理性理想始有所規律秩序與真理：或終於美感、或終於精神之絕對。心靈對世界建構或化成，使如自由、宗教、道德、知識，美感等均為存在真實。自然與人文合一。這近似理想之人文精神世界，掩蓋了由工業革命帶來存在中勞動生存之醜惡、社會之暴戾與困窮。精神虛假地理性化（合理化）勞動世界之鬥爭現實，為近代哲學批判所由起。

*

馬克思對資本主義及政治經濟學批判，揭示勞動與價值生產之現實。尼采則直從文明本身對此理性虛偽作批判，顛覆一切價值，回返哲學發生前，古希臘對人類存在所啟示酒神或悲劇真理。佛洛伊德則從心靈本身潛藏欲望與驅力（本能），揭示人性與理性知性之本然生物性（非理性）。三人分別從物質生存、精神文明及人自身三方面對過往價值與真理全盤作否定。相反於綜合（康德）或正反合（黑格爾），存在本然二分對立：或為資產與無產階級、或為超人與奴隸般人性、或為愛欲（生命）與自我（死亡）本能。存在唯從有所毀滅與超越而後止。

*

非如三人從負面現實作批判，現象學仍承接傳統理性、繼承德國觀念論之現象，唯非從主體或精神方面、而是回歸物自身言，以現象為人意向、以意向解消物自身之超越或本體狀態與人主體建構性這二元對立。現象學求對意向作分析，藉意向還原存在或世界本然面貌與所是，非為思惟觀點之形構與立論所扭曲。現象學因而從形上真實轉向人存在，見人生活世界。海德格爾甚至順承生活世界而對人在世存在作分析，既藉著人存在事實回歸存有之思、亦摒棄形上學過往視物世界為優位這一傳統。作為當代哲學，雖似見存在沉淪之負面性，然仍如故往，以存有之真理求解。

*

康德與黑格爾明以真實為精神所構造，顯哲學過往思辨之虛構性，為當代哲學共同對反之始點。現象學雖言現象，然以求事物自身真實為意圖，力求擺脫一切構造性。如海德格爾之 **Es gibt Sein**，所求為如事實存在般存有，那在思惟建構或觀點外、原始之有或存在。尼采甚至視人類文明之一切本於人性心理而虛構，德里達亦對此虛構性視為理性本身，求在理性文明外之「他者」。（哲學）思惟之虛假性，自黑格爾後越形明顯，為未來哲學之共同方向。

*

思想仍具真理性與思想再無真理性為近代哲學重要問題。德里達便承繼尼采對西方理性瓦解，其解構視人類存在與思想本一體，若批判，非能止於只對現實本身，更須對思想自身作解構。思想再非如傳統以為，為真理之表達或場域，而是一種運作（「書寫」），既有其目的、亦有其假象性，甚至往往為政治權力手段。解構故力圖揭示：語言自以為是語言（logos）、或一切自以為是（是其所是）之偽。

*

哲學史中「心」「物」兩面圖表：

| | 心之形態 | 物之形態 |
|---|---|---|
| 柏拉圖 | 本質思惟（理形） | 工藝物 |
| 亞里士多德 | 邏輯推論式思惟 | 自然界物 |
| 中世紀 | 內心 | 物質 |
| 笛卡爾 | 自我意識 | 物理學（物之數化規律） |
| 盧梭 | 人性感受 | 人文自然與社會 |
| 康德 | 心靈主體性能力 | 作為經驗現象之雜多 |
| 黑格爾 | 精神 | 現實與人文制度世界 |
| 現象學 | 意向性 | 生活世界 |
| 海德格爾 | **Dasein** 存有之思 | 天地與世界存在 |
| 馬克思 | 思想形態 | 勞動、生產力、商品 |
| 尼采 | 自由與奴性心靈及意志 | 人類文明 |
| 佛洛伊德 | 驅力及潛意識（生物心靈） | 身體 |

# 有關哲學史

## 赫西俄德

《農作與時日》非如後來對存有、實體、神等超越體立論，而是對原始天地萬物反省與歌頌，並從農作時日之平凡日常教人以工作而非以爭鬥生存。此其為西方個體思想（農民哲人）所有之感動、美麗與真實。

*

赫西俄德系統化古希臘神譜，建立奧林波斯神系上界社會，以神靈世界反映及解釋人世存在現實與問題。

## 希臘哲學

古希臘水火氣土四元素為宇宙整體元素，中國金木水火土始是物元素分類、由物類引申至天地整體。

*

巴門尼德「存有」首立哲學最高真實，既非在世間（事物）、亦非宗教神靈。存有使純粹思想可能，其真理性在「是不能不是、不是不能是」一原則，因而排斥世間變易為真理之可能，由是存有與存在（現象、假象）判分開，成就真理獨特領域。人由此可遠離人世紛擾與欲望，轉向形上瞑想，使心靈崇高靜穆。

思想由形上可遠去現實而無限制地自由思辨，此形上學原初意義，亦希臘對思想與真理無限自由之愛。

對柏拉圖及希臘人言，如美之「自身」**heautou**，所指非任何（美之）對象事物。「本身」或「自身」只其事是什麼而已，非一物自身。理形故只思想自身所思，非一超越物；唯思想本身較現實存在更客觀真實，故其所思更為真理。

*

非如赫西俄德或悲劇詩人之仍從教誨言，柏拉圖之理想國度是一藉法律、規範、理性外在地規限之理想存在。連情感、想像、創造等都為典型所決定。如是存在因而純然（理性地）構造，再非現實。

理想國度若本於人性人倫仍真實，若只為理性建構，始終遠人而虛假。

*

科學因有因果推論，無需刻意言理性。理性源起於政治，為國家政制規約，針對人行為而有。理性為克塞諾芬與赫拉克利特所共同，由柏拉圖而落實。

在柏拉圖思想影響下，理性公共語言（**logos**）統治世界，人類存在自此以制度形式、非以德行為最高。

*

亞里士多德與柏拉圖最大差異有二：一、非從理想典型而以個體與現實始為真實之本；二、以四因、潛能／實現、力（**energeia**）與能等概念解釋現實存在中變化之可能與真實。如《詩學》，即以傳統作品（悲劇）為對象、以現實之用為目的、更以戲劇為行動（**drama**）、詩人創制過程（**poièsis**）為詩學。亞里士多德改變巴門尼德傳統，既以現實為真實，亦言變動而非只言永恆如一之存有。

亞里士多德所言實體，亦事物個體之作為真實而已，非在個體外另有實體。所以言實體，為對反柏拉圖以真實在（思惟之）理形而已。

柏拉圖理想（因純然思惟思辨），亞里士多德現實。

中世紀

柏拉圖以事物理性（理形）超越一切而至高，奧古斯丁則以上帝因其無限性甚至超越理性而更高。理性在神面前、在試圖對上帝思考時顯得自相矛盾。上帝超越理性、毀棄本質(神化成肉身、基督化成為聖體聖血之物)。神之超越性解消一切有(物自身與本質),甚至解消存有(負面神學)。如是希臘客體存有論退讓給「我」之位格,使主體性哲學可能。

*

但丁《論雅言》言人心靈能力有三:植物本能求用與益處、動物本能求愉悅、理性求公正與真實。三者之極致為:得救(脫離生存而獲永生)、愛情、與德行。心靈因非只從認知言,此但丁心靈之更為真實。亦從心靈,但丁見人類存在之最高真實。

文藝復興

希臘世界從事物客體而立,中世紀神之世界由心靈而立。文藝復興結合二者,既言物理世界、亦深化人內心與主體,為心物二元之始。

在文藝復興前,真理在自然界外;從文藝復興始,真理轉變為自然界內在規律。形上學、美學或藝術論均如是。

盧梭

盧梭思想因接近人性而獨特，亦在西方中唯一不以超越體為真理者。在盧梭前，超越性在現象外（神、實體）；在盧梭後，超越性在現象內，如康德之超驗、黑格爾之精神辯證、馬克思之資本、佛洛伊德之潛意識……。

經驗主義與實用主義

德里達說，經驗主義並非哲學。

經驗主義之止於眼前物經驗世界，連借由物得以提昇之思辨也闕如，故為人類心靈最狹隘時刻。

康德、黑格爾

康德首次使西方價值向往擺脫神學之羈絆，此所以為啟蒙之始。

*

康德：一切亦現象，無物自身。黑格爾：現象因為精神之現象，故同為本質、亦具有物自身之真理性，非只經驗知識。現象學：物自身在現象內，只作為現象言；「回歸事物本身」與回歸現象描述故同一。三者為：從現象至精神之現象、從精神之現象至作為物自身之現象。哲學沒有因現象之提出而遠去物自身。

*

康德哲學之意義在：首對事物與心靈完全分解，並見其先驗成素。本質因為精神性無可分解，唯物性始能完全分解。康德物無自身而「我思」無我（無心），均只存在構成素。由其先驗，使數學先驗性銜接於存在，成就從存在言之先驗真理，如「我思，我在」或「思想與存有同一」那樣。

*

物自身之瓦解亦個體性之瓦解，整體義之世界由此而起。整體取代個別、世界統攝一切，此現象之根本意思。

物自身於康德自我瓦解，精神於黑格爾由自我分裂而對立辯証。事物再非由自身形成、再無自身之單純正面，所見，唯對立與分裂而已，此精神求為整體之結果。

*

從精神思一切，始見真理之全然虛構，無一真實。真理非能純然只由於思想或理性，此黑格爾錯誤之所以偉大及其意義與真實。

## 當代哲學

若非形上構造而只能面向眼前現實，（當代）哲學只能批判與解構。此所以哲學從沒有脫離形上形下這兩種向度。

當代哲學所分析解構的，正是傳統哲學所以為真理：（欲求為）理性之偽。

*

馬克思以人類存在錯誤由於物質經濟，尼采以道德與文明為虛假，佛洛伊德則更歸咎於人倫本身。在西方，物質經濟、人文創制、乃至人本身，無一不是錯誤。尼采否定超越價值、馬克思否定世俗價值（資本）、佛洛伊德否定人性價值，此近代思想之所以虛無。

*

十九世紀均求為自由：尼采求心靈無超越者之自由、馬克思求共產之平等自由、佛洛伊德則求欲望解放。有關人之立，自由始終外在，只反映存在已全然扭曲而為超越性所箝制而已。

## 馬克思

「人只有在社會外始是人【人性的人】。」馬克思此言至為感動。《資本論》所以為我深愛，因其語言發自廣大民眾之心。

*

在資本主義下，人類完全遠去精神世界。資本非唯使人類勞役，更使人類精神不再。

*

布代爾對資本主義之歷史分析，所見只偶然非理性事實：從交易謀利、日常市場外之遠方貿易、人對國家權力與稀有物品之欲求、人由遠謀深慮而成之資本主義……，歷史所見唯經濟運作之無理、一種不等價及不平等的人類經濟現實；然《資本論》所見，乃對等交換之理性假象。如是無論理性抑非理性，均人類欲望工具而已。

尼采

於尼采，日神為神學、第一哲學；酒神為存有論、一般形上學。

尼采前提有二：一、存在本然痛苦甚至悲劇性，人非為逃避痛苦而存在；二、人心只為存在甚至現實所約束，毫無心靈真正自由。人一般只欲擺脫前者承受後者，然尼采以人更應承受甚至無視前者而擺脫後者。

*

「永恆重現」：存在中一切永恆地重複著、沒有一事不曾存在過、沒有一人心志或心懷不再在未來重現。無論好壞，一切都永恆重複著。存在因而在善惡功利性上，二者（善惡）無所終極，人類亦由超拔於如此善惡而自由。

*

酒神精神：由生命無我與滿溢而對存在真理性肯定甚至渾然一體，對存在（痛苦）之完全接受與承擔，至死不渝。

*

超人，即超越一切超越性（真理價值與規範）而自由者。

尼采喚醒人類對自我審視。尼采更喚醒人類對理性與生命力其差異之審視。

*

尼采所批評道德本於基督教，只視存在與人類為罪惡而求得救、只因怯懦與脆弱而切望善良和平、只因生命無創造力而致自我桎梏。如是道德只法律性格：群眾或世俗既盲目亦扭曲之道德。

縱使政治權力主導一切，尼采仍如是重視道德批判，可見人類存在於價值根據上始終以道德為最終依歸。

*

尼采雖以人為最高關注點，然始終不離存在現實，故縱使憧憬自由精神，然仍非直從人之立言。故有關藝術，只以藝術關連於存在、為對存在痛苦之減輕，非如「文」為對人之立。此見尼采哲學之未是。

*

尼采與西方所見人性，亦只現實存在中人性，非百姓心、非文明虛構外平實生活之人民。

尼采酒神因仍為思辨故虛妄，子夏「四海之內，皆兄弟也」因只本於「敬而無失，與人恭而有禮」，故仍切實真實。

尼采雖深愛存在，但更應深愛人類、眼前之人類。

*

永恆回歸與超善惡始終負面。存在永恆一如超越存有，始終外在，非如道恆常內在而肯定。

尼采與西方哲學始終一致，唯更徹底而已：視過去一切：形上真理、藝術與價值、甚至人性情感感受……，為「人性太人性」地虛假，應為更自由之科學思想所超越；如此尼采，實哲學本身之「永恆重現」。

## 佛洛伊德

佛洛伊德思想在：把心靈化約為身體生理或生物性。

佛洛伊德形上學：存在為感受而非知性；而感受之運作可外於意識，為從內言潛意識超越之事。

*

叔本華以一切事物均有意志，佛洛伊德則連人都沒有意志、只潛意識驅力。兩種看法都非人性。

自佛洛伊德始，欲望再非主動（向外求更多），而是被動反應：求平伏外來或來自身體之刺激，使歸於零。欲望由向外、主動、興發轉變為向內、被動、及回歸平靜。欲望非貪婪不足，只欲回歸平靜而已。

*

對佛洛伊德言，存在只下列三種感受：主動地製造刺激、被動地去除刺激、製造痛感以回歸快感。三者即：對存在創造痛苦、於存在求取快樂、以痛苦自虐地為樂。人只在感受中存在、在痛與快感中始存在。

巴塔耶

巴塔耶主要論旨：人不受制於物，而此先見於人類耗費現象，亦人類君主性所在。然這樣論旨，仍只從人相對物言，仍未完全跳脫西方傳統。

巴什拉

**Bachelard**：現象學「意向性」應從人心原初意向言，如孩童生命之原初體驗，非一般事物意識。現象學故同為一種精神分析學。如此相對人心（非對事物）而言之現象學，更為真實。

維根斯坦與德里達

維根斯坦與德里達同欲直接從語言遠去哲學。維根斯坦求索日常語言、從語言之日常使用遠去哲學。其所以不達，正因西方自印歐語始，日常語言本已哲學化，二者不可分割：實體、實在、存在、經驗、現象等詞已為日常語構成部分。德里達則以哲學語言解構其自身，求在概念間之出路。這始終仍在哲學內，故無法遠去哲學。西方語言必然形上，主謂語法結構及概念物化詞彙都含藏形上性，無法日常。漢語因只為名而非概念，故本然日常。若如當今漢語求詞之概念化，實亦無知而已。

＊

維根斯坦前期「事實」一概念，是後期「日常語言」之前身。因非切實回歸於人，「不能說及之事物，我們必須沉默」仍無以遠去形上學。

＊

德里達解構真理及其純粹性：若非在柏拉圖洞穴，一切對象必有影子在；存有與理性無以能純粹，必有負面（khôra, différance, trace, secret）在。此解構所示。思想必有運作、亦只為書寫（l'écriture），非純然真理。對思想隱晦運作與假設之解構，此為德里達。

＊

解構本身之書寫，此解構之意符或能指（signifiant）：對理性存有之瓦解，此解構之意指或所指（signifié）。解構之意符多，其意指一：哲學之虛構，歸根究柢，亦唯理性存有而已。此德里達所以無以（所）言。

＊

在哲學及政治文本外，德里達作為自身無所思。其所思現實，無道理之能進。

唯存有現實可解構，人或人性非能解構。

德里達所未見：人亦人性而非神性、道平凡而已。

萊維納斯

在萊維納斯中，思想首次擺脫哲學（語言）故往超越性，以人之立場與位格而思。

# 有關形上學

形上學或存有論非源起於有無問題，而是源起於所有是真抑偽這樣問題。

＊

研究至普遍者為存有論（一般形上學），研究至高者為第一哲學（特殊形上學），二者為形上學兩種形態。

形上學基本面相有五：一、神人關係之「神性／人性或自我」；二、人之「生命／死亡」；三、心靈之「感性／知性」、或「物質／形式」；四、人與對象之「主客體」（心物或主動被動性）；五、物世界之「現象／本體」（表象與物自身、存在與存有、內在性與超越性）。

＊

從現實存在言，自足獨立性（autonomy）為最高狀態（價值），存有論故以「在自身」與「在他者」（從屬者）為最根本概念。除在自身外，若為對他者影響，此即「因果」。形上學其他概念，均以二者（本體與因果）為本。

形上學其他概念，有：絕對相對、普遍個別、偶然必然、抽象具體、本質屬性、形式物質、同一差異、一義歧義、相似類比、直觀推演、分析綜合（或歸納）、直接間接（中介）、主觀客觀、實然應然、主動被動、理想現實、信仰知識、理論實踐、內外……。於此可見形上思惟之二元性。

*

形上學求純然思想自身對象，故必遠去世間與人而有所超越。此形上學之發生。作為對反物質，形上學往往心靈化一切：理形是物之心靈化；神、主體、精神與意志是物外之心靈樣態；心物二元也只為證明心之獨立性；巴什拉水火土氣等元素也只心靈或詩學想像力元素。西方如是以為自身非物化而是對心靈之求索。

*

於展開時，形上學同時揭示人類思惟之先驗概念、心靈功能、心靈取向、認知方法、思惟如辯證法之運作……。形上學可作為思惟對自身之明白，如黑格爾《大邏輯》。

思惟自身展示之反面，即解構。

*

形上學與科學作為知識既客觀亦主觀：因嚴謹而客觀，但因只為觀點構架故主觀。形上學作為思想高於一切，甚至越過人對天地萬物道理之體驗，故為人類思想之自我最大膨脹。

*

見事物之超越向度，即為形上學。如見耗費或卑賤事物為有超越向度，即巴塔耶形上學。同樣，見資本經濟之超越運作，即馬克思形上學，為對資本其形上性之批判。

形上學對象潛存地支配人類，如理性、神性、主體性、精神、資本、權力、潛意識……。

*

形上體均有其形下所本：理形本於物、神本於人類心靈、主體性本於自我、潛意識本於性愛或愛惡感受、資本本於經濟、權力本於治理……。形上學故只世間事物之超越建構。講授形上學，故須返回現實以明。

形上學仍順承現實而推進，希臘故以理性奠立法律城邦、中世紀藉宗教確立心靈感受、古典哲學則求物質科學創立、十八世紀更求人文知識拓展，而十九、二十世紀形上學終起著對現實存在之批判作用。

*

形上體之完美、普遍性、至高性，實與功利價值無異，求最好或至上而已。形上與物質相同，均是人類現實欲望，非其人性。既現實又非單純現實，此西方形上思想。

*

人鮮如宗教般往上仰望；形上學往上求更高（理性）真實，實於現實有所不得、或毫不明白人存在應有美善而已。

*

道為人之安立，形上學為物之安立。安立應在人非在物，此形上學所以虛妄。存有所以偽，因使價值遠去人性與人世，非為對人有所成就，其偽明白，「如示諸斯乎！指其掌」。

*

存在之未善，應直從人自身改變言。若另求其他真理，實已虛假。若更如黑格爾以凡存在必合理，如此形上學至為荒謬。

人不求人性與人倫生命意義，始於存在狹隘困惑中，求存有之超拔。人類存在於此而沉淪。

*

形上學作為思想，起統合時代生活之作用，使藝術、建築、價值以至生活模式有所一致，甚至有著時代美感。今日拜金主義與講求成本利益之世界觀，反使建築醜陋任意，無時代美感與風貌。

對歷史時代明白，必歸向其形上思想始徹底。人類歷史軌跡，往往與形上思想一體。

*

縱使虛構，形上學仍因其思想不可思議之深度與境界而奧妙。

## 形上簡史

形上體歷史如下：

一、希臘之本質（理形）與實體（ousia）。
二、中世紀之神（上帝）。
三、理性主義時期之物本體。
四、德國觀念論之主體心靈與精神。

五、近代哲學從現實言之資本、欲望、權力、世界性。

六、當代哲學之「他者」。

*

「他者」之形態：

一、古代中國：人民百姓（天）之「他」、義與事之「他」、他人之「他」【無我、無欲】

二、希伯萊：超越之「祂」

三、古埃及：物之「它」

四、古希臘：人自我向外表現或身體之「她」

（二至四：【有我、有欲】）

*

有關形上史，宜注意以下各點：

一、撇開「他者」，形上學對象隨著歷史越更具體甚至現實。

二、一如希臘神話之虛構創造，形上學初期反映人類思想對真理之自由構想，其不受限於對象。希臘構思物為本質與實體，與物本身內容無關，只顯人類對真理條件之確立：或為普遍性、或為在其自身個體之客觀性。只真理樣態而與物內容無關，此希臘思辨之所以自由。

三、神雖不可見，然首次為確定對象，非如理形、實體只為真理樣態。以神於歷史中先行，明顯因承繼純粹思惟之真理性而有。然因為特定對象，思惟（對真理樣態）之自由構想不再。縱使如此，中世紀歷經千年之多表示：因有著人性情感之可能，神對人類人性言，多麼重要，情感較知性更人性故。如是而神性始終為西方價值之最高向往，為意志所對最高對象；神始終為人之肖像故。

四、笛卡爾雖表面提出「我思」之主體性，然古典時期作為時代言，其時代首次以世間真實對象為對象，或在「我」、或在物體（物理學）；既非只形上體之樣態，亦非從不能具體之上帝言。形上學首次轉向世間，事物亦我（心）與物體兩者而已。由於轉向具體世界，思辨為方法所取代。以往思辨之自由，於笛卡爾中，轉化為知識之想像構設（科學假設），或直體現為意志。意志地位之突顯，至尼采仍然。

五、康德黑格爾之回返主體心靈與精神，是在宗教變得虛假後，形上學再次求向上提昇：從切實之心靈與精神而非從虛構之神靈確立形上價值，否則一切只落為經驗偶然而已。以往思想之自由創造，既不再能從思辨本身、亦不能從意志言；後者如在康德中，只受限於善、只為自律之基礎、只為實踐意志。思想之自由創造，故落於美感想像上，成就一美學性存在，使藝術與自然為一體。若如黑格爾那樣仍以思辨為最高、為獨立，後果只自欺地完全割離於現實真實，落為一種思想形態（**Ideologie**）、一種思想獨立性之假象，而事實（現實）中人只為存活所奴化而已。如是之精神至為虛無。

六、十九世紀可說為對連精神價值亦全然摒棄之時代，回歸現世也非如古典時期正面。現實地運作之形上體：資本、欲望、權力、世界性……，直落為批判對象。古代思想之自由，亦只能從現實求得：或如馬克思所憧憬之共產主義、或如佛洛伊德所期望之解放、甚或如尼采所求對一切價值重估時之自由，一種既超善惡亦再無需真理時之心靈自由與主動創為。

從上可見，形上學作為學問非單一而複雜：既可為對真理樣態之思辨、亦可只為證成世間所有事物；既可為心靈價值、亦可為對現實對象之批判；既可如神地虛構、亦可如資本、權力等具體。形上學非只形上之思，更反映人類思想（西方思想）根本姿態，更是思想創造存在之本。形上學如是無一定，故非當今哲學以為，能有所毀滅或超越。

## 哲學之冗長

哲學實太冗長。人類如此重複地非為善而構架，只帶來勞累與無意義，非如道理真實而自然。

*

哲學之冗長，由難以窮盡而顯得深奧而無限，亦由難以完成批判而豁免其死亡與揚棄。

# 超世間

天真的好大！

這幾日來心裡都充滿著喜悅回憶，一種對生命無比肯定的喜悅，如晨早在北宜公路上、或在十份火車站……。晨，光明寧靜喜悅的時刻。

「謇將憺兮壽宮，與日月兮齊光。龍駕兮帝服，聊翺遊兮周章。」（〈雲中君〉）

## 天、神靈

天從存在言，神只另一人格，只思想想法之事。

*

天非一物，而是人面對存在不知者時之心情、心有所居下時之美。天與自我對反。唯能對天，心始光明無咎。

天是人心對德行之期盼，其真實在此。

*

若宇宙真為神靈所創造，其創造萬物而不自居，亦教人無我而已。

*

人與神應同立於誠敬與德行，如屈原，非信仰或利害關係，更不應有高下貴賤崇拜之心。神靈心情純出於人心意，使心凝聚起敬，與神靈是否存在無關。神只在人心中，非在宗教中。

*

希臘神話與基督教，一由神靈世界之塑造證成存在意義，使存在得以提昇；另一以信仰美善指引世界存在，塑造人善良與德性。二者均與盲目迷信無關。

*

古希臘神話非因迷信或無知而產生。神話所欲指出的是：人應立其自身存在於永恆不朽創造中。

神性是一種價值向度，對人與建造力之提昇。西方由藝術極致之建造，自我神化。

*

西方言神話或神靈，仍從真實意義言；中國言神話，只視為歷史文化偶然或盲目信仰，甚至只與怪力亂神有關，絲毫不求望美善或真實性。

# 宗教

宗教有四：一、西方式以神靈為對象之宗教。神靈之為美善使如此宗教無暗晦性。二、以鬼神為對象之宗教。因只為逝者，如此宗教充斥著負面或晦暗感。三、單純求平安之民間習俗。因只為生活日常事，無寺廟之必然，故可無暗晦。四、以脩身習靜為本之宗教。因非對象崇拜性，縱使寺院，亦多潔淨，如詩或日本寺廟所見。其為宗教至為正面。

*

宗教之真偽，在人心求仁抑求利，其真偽在人，非在神靈。

向神切願與對金錢權勢崇拜之心始終非一：前者只心之願望，後者已純然功利地迷惑。單純現實心無以言神話宗教；若宗教而仍純然現實，背後必圖謀欺騙。

*

迷信或宗教往往使人心於面對人時不能單純人性地真實。宗教非因為信仰而不是，其不是只由於所言善惡價值，是否合乎人道與人性而已。

*

是否迷信，非取決於所信事物是否真實存在，而在所信仰是否能致真實美善。

迷信因執迷不善而荒誕。無迷信而仍不善，實同樣迷惑。

*

人非因科學理性而對神有所質疑，古典時期思想並容兩者。對神質疑源起於人存有地位之提昇，如盧梭以人為價值、康德以主體建構一切、尼采求人心靈在超越者外之絕對自由。

*

《古約》法之超越性外在，然《新約》神因愛而犧牲仍因超乎人性而未是。因神而始愛人，只同情而已，非對人作為人有所愛。神人愛之關係非根本，此愛只他者間關係。人倫非他者，縱使無愛仍有著具體責任，不能因無愛便不愛。

*

宗教解脫，多只針對人心自己及存在負面性，非善之努力。因死亡言宗教只偽。道在生，非在死。

*

宗教未必與善或德行有關，也可只人類另一種欲望。宗教若與世俗心同一，只表現為另一極端而已。

最終而言，人是否美善與是否依靠宗教無關。

*

## 景象

物使心向內，景象使心開啟，與天地為一。

景象較觀念更具體真實，於人生命更為根本。（原初）景象深藏在心靈中，為詩所吟誦。

*

劉勰仰觀天地之文，柏拉圖（*Timaeus*）仰觀宇宙之藝（數學與音樂）。前者見人心，後者見宇宙（物）之心。

象本只天地文德之美善。《易》以意象論道，求為簡潔而具體。若落為世間物事之現象，則與人心無關。

*

物非象。物而為象，已失其淳樸真實。

*

四季之象因變化而使心喜悅，現象則因變化而失去本體真實。

象所以超越多由於空間。空間由俯視仰看呈現，如觀賞盆景、如仰望星空。前者使人自身超越、後者使對象超越。

時間由如戲劇般展開而為象。

*

寫實多所虛構，因只求為象而已。

*

崇高感或由於高遠（於心）、或由於宏大（於身體）。嚴羽所言格力與氣象則九：高、古、深、遠、長、雄渾、飄逸、悲壯、淒婉。

真正崇高必不世俗，世俗之大鮮為崇高。

*

世間之好求造象，使無象之淳樸與深藏不露之古道亦別為象。舞台、媒體、機構、羣眾、市場、國際、黨派、建築、表象效果……往往替本只平庸之人物造象。宗教、技藝、軍備、權力等故為超越性之溫床。

*

存在因超越性、因人求為大象而偽：大企業、大發展、大創造、大事、政治、國家、世界性……。世俗為象而活，鮮知人性平實真實。

唯不知平實真實及不知價值者始為造象所蒙蔽。

*

醜陋易為象，如心意與努力之美好難為象。人故刻意（製造）醜陋，鮮真實地美好。

縱使醜惡，一旦為象仍為世俗所崇尚。世俗之諂媚勢利故。

*

天之象美善，人為之象多醜陋。此於人所以言中庸與禮文之原因。

## 偉大

中國只從德行、非從神性言向往。神性於西方所以根本，因為構造超越性時其方向所本。

宙斯之不如虞舜，因偉大在仁、非在智。

若非德行，超乎想像地偉大仍非真實。

*

西方藉神性或幻象使事物、事情顯得偉大，使人對其努力專注不捨；無此幻覺，事物之本無意義顯明，人必因平易本性而捨棄不顧。

如技藝炫技或形上思辨超乎想像之偉大，只更蒙蔽而已。

*

個體之偉大仍在道，非在個體自身。

心之大（遠大）真實，對象之大多非是。心之大不執著，受限於對象之心只渺小而已。

*

平實始見真實。作品之偉大，必在其平實處；對偉大作品故仍只應平實地看。

作品能成就獨特之善，此於人最難。

*

偉大應從生命言，非一事或一時。

對象或處境之偉大，假象地使我們自以為亦同樣偉大。巴赫、康德、尼采始終與我們無關。

平實地作為、平實地看自己成就。偉大與否，由歷史定斷。

*

人寧求（在平庸者間）看似偉大，不願（在偉大者中）感渺小。

唯偉大者能安於平凡。

# 境界

境界之高遠，實生命體驗與明白之「仰之彌高，鑽之彌堅。瞻之在前，忽焉在後」（〈子罕〉）：人所見者他已見、人所能者他亦能。

意義由明白多少、非由知多少而致。意義之豐富，此往往境界所在。

*

境界非由對象，由人生命而致。

境界之氣象多繫於人心境格力。

*

境界多從平凡處立。超越性本已體現為超越，再無境界可能。境界因平凡而難及。

境界必去一切造作，其為淡泊與自然由此。

*

境界由不為對立所限始可能。太極拳順而不逆、保留音不擊鍵、正道不攻乎異端，均純然由己，非有所對立。

如庖丁解牛，無所對立，此之為境界。

*

境界之昇進：初求盛多、後知純一、終而光明明晰並涵蓋天地、一心一體。藝術中境界，故亦「翕如、純如、皦如、繹如」而已。「翕如」外在、「純如」內在、「皦如」上達、「繹如」渾然一體。

*

境界仍可從美善言。然其為美善，由深入始明。精采多只表面，能歷久而深刻始深厚。前者可藉一時，後者唯長久努力。創造只一時，唯境界深邃並始終如一。

# 命

偶然與必然只兩種角度，從不知者言為偶然，從知者言則為必然。偶然之所以似必然，因人均有無知在，非能全知。命實無知而已。

*

命之領域如下：生老病死、人類之無道與無知、人同然經歷之過失與懦弱、人所受於時代（難於自覺超脫）者、無能與無奈。

*

命極致為悲劇。悲劇只發生於不安命之作為，其因素有三：一、人之處境與地位，如其崇高性或卑下性；二、人之性情與想法；三、人對存在恐懼與憐憫之心。

希臘悲劇之教誨是：人縱使以為依理而行，然實仍不察個別情況、不安於情況而有過，致使事情逆轉而與願違。人越有所求、越有所堅持（因而自我），縱使似為美善，實只造成悲劇而已。命針對個別而言，非能以理論，此希臘悲劇之教訓。

希臘悲劇所仍忽略，是人之內在自己，那依道而無視命之心志，如孔子「求仁而得仁，又何怨」時對命不在乎之德行。悲劇以一切為外在，故只為人與神、君與民、國與家力量較量之事。若從德行心懷言，一切行作與結果，始終無待命。此理與德行之差異。

*

縱使一切似有命定、基因似能決定一切：感受、欲望、情緒反應……，始終，人思想內容甚至其創制無法為命所定，其事與外在有關故。

*

命非道，其偶然無是非對錯，不應患得患失或有所怨。

命雖偶然而無奈，然人所欲本實亦同樣偶然而已，非如道之必然。

*

如史賓諾莎視外在一切為神所命定，實亦求解人內心承擔時之困惑而已、於命求自解而已。

*

道縱使必然，仍受制於人欲而只為偶然，此其命。然縱使受命所限而偶然，道仍是道，對君子言始終為必然、亦無所怨。此道必然性之所以特殊。

雖有命，然努力仍是自己事。

*

毋於命中造作或刻求、亦毋因命而畏縮，盡為正面之事、行其所應行。

應如孔子言道，罕言命。

*

命只相對人自己言；若相對天下，則為天命。

命而在天之計劃中，為天命。

*

孟子對命之總結：孔子雖不得位，然其所得實在堯舜之上，在歷史而非在位。人視為命者故可不如此，非無命，實不知真正所得而以為受命所限而已、誤以為命而已。見《孟子・萬章上》第六章。

命之真實在天命，非在人或個人所以為命。《易》之看法同然。

## 意識、潛意識

睡與醒同是心靈兩種感知狀態：醒時對外、睡時對內。內指心思與身體自身感覺。因非如向外紛雜，故能量更為集中，使思想如靈感般活躍、感覺感受亦強烈深刻地放大。

*

意識程度如下：植物若有若無之感受、動物之知見（意識）、人心之覺悟。

*

「我」有三態：心 → 潛意識 → 意識（「我思」）。潛意識只介乎其中，非其內。「我思」或意識外在地向外；縱使所對為「我」，仍如外在對象而已。潛意識外在地向內；雖所對只為「我」，然實仍如外在地。唯心始真正內在；縱使所對為外在事，心仍先內在地感受自身，故為心。

*

作為意識之「我思」雖不可疑，然不會因此而知「我」自身究竟。唯心始知自身，非如「我思」之仍外在，此「我思」所以非「我」之本，亦「我思」意識為潛意識之根本。

*

潛意識只就人對自身無法覺悟一面言。外在事物只知與無知（不知），唯自覺始與一己有關。潛意識所對反，故是心及其自覺覺悟努力（人自身之立）；若只外在知識，始終仍潛意識狀態而已，非潛意識之對反。

潛意識無心，故實仍外在，如外來限制（時代、地域、傳統、社會等限制）、或如欲望對心之限制。

*

意義由整體關係形成。若無視整體，只由個體驅力或所感而行，一切將只潛意識。潛意識之盲目、其為感覺之衝動，都只因純由於個人，與整體無關。意義始終須從與他物始有。從存在整體言，意識仍屬內（個人）、潛意識更內，純囿限於人自身角度與欲望而已，非如心體察萬物而外在一體。

*

意識而不知意義，故仍只如潛意識。潛意識非意識之反，而是覺悟之反。

人類若只欲求地活，都只潛意識地在愛惡間不明不白而已。道與人性始明白。

我欲非必不善；如「我欲仁」之欲，由心而仍美善。

心性若善，潛意識運作仍可善，故孔子夢見周公。潛意識故非人性之反證、非必不人性；夢亦非必不善，一切仍先視乎人自身心而已。

## 無、無限

無之為善在：無所負擔、自在逍遙、純然主動地重生。

*

無限使人無言以對，心不再平實。

# 其他

下午在大自然寧靜懷抱中，微風吹拂著身體，心裡十分平靜，再無任何思緒。這《草思》本寫完了。數日來思想所見，喜悅不已。像這樣草思般書寫，實生命中至平靜時刻。書若出版，應附上一敘，說明寫作時之背景、心情、及應感謝的人等等。

## 余承堯

在宜蘭時讀余承堯生平，對其人實在敬仰感動。人能活在世上而心仍單純在自己生命所喜悅事物、絲毫無因世間人物得失而怨尤、無視自身生活之好壞與世間善惡、不憂貧賤亦無自卑不足感，如此生命與人格，多麼懿美。

## 古與今

今日我們講求技巧，過去人們說品味與性情，但古人只重視德性。

## 本

如「美之本」，多麼美麗的辭！

## 聊天

聊天多只談論生活好壞與人是非。其實與人交談，應多請教心中疑慮與學問，不遠去自己平日心志與思慮，非漫無目的。

*

言談始終應在善，非在不善；故「君子以文會友」。
言談由生命體驗充盈滿溢而見意義，否則只空洞無聊。

## 逸遊

逸遊指不務事、純為逸樂之遊玩。遊仍應承事而遊，非棄工作而遊。

# 游

魚鳥在水中空中自在之游，各自獨立。若相互牽制，只一同下沉下墮。游各自自在而獨立。魚鳥尚且如此，何況人？

# 《草思》原稿例選

# 一九九四年

## 人

一九九四年一月二日

無論人所達到的成就多麼高，人仍是可倒退的，往往在不知不覺中，在自以為是中而倒退下墮。在學問上如是，在人格上亦可如是。

## 心

一九九四年一月五日

心是人對美善、對一切事物的美善之向往、懷抱與努力。

對一切事物是說，無論人所觸及的是什麼，人都期盼其更美更善。故心是對萬物言的、對人類整體存在言，非對一特殊事物或個人而言。

## 美

心直是人自己於美善努力時，非只求成就時。

去物質而淳樸、去表現而儉簡、去浮誇而內斂，如此之美，才盡美亦盡善。

一九九四年一月七日

作為

不應以自己之才幹居於天下，應如天之無為、行健而不息、默默而作。

一九九四年一月九日

對人

非只思想他人之對錯，多思想怎樣才能更安定他、更是幫助他。

對物之心

若我們能把事物之美多從觀賞其善之心態面對，而非從擁有之欲望心態面對，如此美善多了。

多教人見事物之善。久而久之，人心才思無邪。

對物之心境

在每事中停駐下來，單獨地面對，這才是真正的面對、始是心之靜與萬物之單純一體獨自。

與萬物之存在

古代中國醫學把人身體視為萬物之一而觀，故從萬物而觀身體。只有從萬物之和中觀身體，身體才能與萬物和。如此始健。

人性

遠離法律與警察之無情，人才能學會人性地愛人。

為事

心無所圖、無所欲地作之事情，才是無邪而心淳樸的。心與人和地作一切事、與人和地教人，不應有絲毫突出自己與人不同之能力、不應有與人爭之心。

一九九四年一月十一日

喜悅

人的喜悅，只來自見光明肯定之事物而已，無論是世界之光明、抑自己真實之光明。

一九九四年一月二十三日

學

《論語》除教人種種道理外，其用字亦是純然正面、正名的。如「居敬而行簡」（〈雍也〉），以「簡」字言人平日之行，是教人平日居處行為之道，亦簡而已。雖為一字，但亦一道理了。讀《論語》，除讀其文句之意思外，亦必須讀其字之意思，從字詞之用心明事情之正，此《論語》亦正名之實踐。

一九九四年一月二十四日

心情

人心情不應有所惡，無論是否有原因理由。

有所惡之心情使人心狹隘，甚至鄙陋不正大光明，亦失去心懷敬人敬事時之穩重。

一九九四年一月三十一日

作為

一切必須簡約。連文字思想也是。

簡約才能美。不美亦由於不簡約而已。

思想

每人自己思想、想法之善，這才重要，非求思想、想法作為理論時之完整性、正確性才算正確。

欲得

人對其所欲之事物必須能知止。能平靜地面對其所有，始能靜觀而喜悅。知止，人才真有所有、才真面對其所有，非只圖其所無。

一九九四年二月一日

向上

人無一壓抑管制人的居上者，人才能真正向上。無在上之權力壓抑著，人才能自發地上進。

為事

若人於其所為之事有情感，無論其事是怎樣的事，都自然是美的。

人只感欲望滿足、只圖刺激、只使人感其徒享受，也因於其事無情感而已。有情感，無論是什麼事情，都將會是美麗的。

一九九四年二月二日

我之切願一

我真希望見人都各自自由地、獨立地自覺人性並努力於真正美善的價值。如晨早地純真、如黃昏地懷抱一切、如鳥獸草木地喜悅、如細雨地寧靜。

我之切願二

我盼望著人都能喜悅而內在地生存，非欲望地、非患得患失地、非憂慮地、更非沾沾自喜地。

修身

孔子教人修身，是從種種事情之道而言的，如事人之道、為政之道、禮樂之道、人人格之道等，非只是抽象地從個人之修養而言。

一九九四年二月三日

欲望

片刻欲望的滿足，與飢餓時求飽足一樣，呈現時無可抗拒，但事後又毫不足為有真實意義。

一九九四年二月四日

山川草木之意義

山川草木之意義，在人不得其人世意義時，天地萬物再賦予其生命以意義。

一九九四年二月六日

心之對象

人的思想今多只是以人所創造的事物為對象、以人之思惟之對象為對象，鮮有人以天地萬物為對象，更鮮有人從此原本的天地萬物中表達人自己美善之心。人都忘記，在人之外，仍有天地萬物之美與善、仍有天地萬物之意義。

天地萬物之美

只有當人如農夫那樣活在天地萬物中、在天地萬物之下、明白天地萬物之意義、知萬物意義之善，人才真知天地萬物之美。

一九九四年二月十日

又新年了！屋外陽光普照，很溫暖。

生命意義

所謂生存無意義，也即生命無所值得肯定而已。

一九九四年二月十一日

美

雖是年初二，但外面下著雨，十分平靜。我在書房內聽著雨聲，沉思著。

什麼才是真正美善的？我如何能歌頌這麼美善的事物？

人淳樸的美、儉簡之美、和樂之美、里仁之美、陽光之美、晨昏之美、雨平靜之美、山潛隱力量之美、人默默勤勞之美、人與人情感之美、人不驕妄自私時之美、人不爭鬥而愛人之美、禮讓之美……。還有田園、童真、無邪之人民百姓、能獨體的農民。

人無邪思而淳樸，這是至為美麗的。

人能無半點不善之意，如此之心懷，是至為美麗善良的。

「象」

遠離人的、超越於人之上而呈現的、使人見而驚訝的，這稱為「象」。宗教亦種種象而已，藝術亦種種象而已，西方文明，亦「象」之文明而已，使人卑下而倍感驚訝的、在人性能力之外之「象」之文明而已。

一九九四年二月十二日

**為事之狀態**

遠離人對己之價值評斷，而自己單純努力自己，如此才真正沒有負擔，如獨自在天空中飛翔那樣，自由自在。

若沒有真實的自由，人是沒有真實的誠懇、沒有真實的光明、甚至沒有真實的。

**境界之始**

在無對象下所形成的、甚至，在無需為對立對方或反應對方而形成的、那純然順從自己內在本然之真實而形成的、才有境界之可能。

太極拳在無對立中形成，保留音亦在無擊鍵之對立中形成，真正的思惟亦在無攻擊異端或為向對方證明自己時始完全自由而真實，如此地純然自己而無對、無限，才有境界之可能。

**與對象之關係**

但若不得不無對象，那謙卑而沉默地，也將是其美麗了。除非，能與對方達致一體和睦。

一九九四年二月十四日

作為之道

一切事情，都以安人為道。

手觸鍵盤，亦必求安。教人平靜地彈奏，也教他能安於其彈奏而已。而藝術，最終而言，也只為安人而已。如 **Kreisler**。以自己生命安人，就算在男女愛情上，如此之生命才真實。

一九九四年二月十八日

晨。雨。在宜蘭縣明池深山中。

真正價值

人若不知心懷之美之價值、不知人性美善之價值、而只知物性素質之價值，人是不知真正價值所在、於價值無知的。

一九九四年二月二十一日

美之外表與內在

修飾之美，是在意義充實後之事，如詩之韻律是在詩意含內容後之事那樣，非在其前。沒有淵明田園歸隱之真實，其文辭之美無多大意義。

一九九四年二月二十四日

藝術

所謂藝術的境界、意境或修養，也單純是其人之情感、其內心之向往、其所愛之對象事物，簡言之，其人之心懷而已。藝術也只是人自己之心與情感之愛而已。教授藝術，故是教人其人格與心懷的。

一九九四年二月二十五日

內在與外在

人之能力，由於往往是學得回來，故都非其人自己的。只有其心志或心懷，才真是其人自己、其內在生命。

藝術常有之虛偽，亦只由能力或由於想法而已。

## 平淡

平淡、平庸之可貴。不再在爭鬥或突顯中。

## 默

孔子之默：不辯、不佞、只針對人而教誨。人自己力行，故默而已，是無需多言的。

一九九四年二月二十六日

## 詩

詩也就是人心懷本身了，直接地、單純地，在去掉一切外在性，單純人心懷自己的原始、人自己的本心與性情、純然的每人自己。故「詩言志」而已。

## 歌與咏

歌也就是長咏，心之感嘆而已。如屈原之「兮」。

## 教

教應是純然正面的。

一九九四年二月二十七日

外面下著雨。又冷冷的，我再拿出童謠來聽。

小孩的歌、小孩的心多麼純真：

青青校樹　萋萋庭草　欣霑化雨如膏
筆硯相親　晨昏歡笑　奈何離別今朝
世路多歧　人海遼闊　揚帆待發清曉
誨我諄諄　南針在抱　仰瞻師道山高

## 存在

無論我將有怎樣的一種命，我不會後悔我的生命，始終喜悅著我的存在。

一九九四年二月二十八日

## 有關未來的願望

人無需為其未來始能實現之願望而努力，人努力其當下可能實現的願望便是。

未來，到時一切也將改變，連我們自己的願望也改變了、連我們自己也不再這樣切願了。

事情與人生命

教人，就算教人以藝術，如彈琴，應以其人與琴獨處之生命為目的，以其人於琴有所得為目的，在其個人與琴平靜、真實之間，在琴作為其生命之安之間。

一九九四年三月三日

平靜之心

心喜悅、平淡、無爭及淳樸。

如草木自然之寧靜，心內斂而深愛。

存在之態度

淡化一切。

生活應淡，思想亦應淡。

非以為有大事、大作為、大發現。

非求誇張地深刻。

童真

回到赤子童真無求無欲之心，人始見美，真實的美。

心之內在

收回自己內心內而平靜。不再向外有所求、有所圖、或有所待。啊！屋外的雨漸細了，快停了。萬物像洗擦過那樣，透露出另一種生氣。

藝術

藝術應只是對真正美善所有之想像而已。在藝術中若無力於對真正美善之想像，是無真情感及真心的。

獨立而內在之自己

能有獨立而無求之生命，人心必須凝聚下來，如默默觀雨之心情。平靜、內在而自己，不為世間名利聲色所動，不為自己好多言、好表現所動。

存在之真實

真實，是平靜的。天地萬物如是，人存在如是，人自己亦如是。

一九九四年三月四日

我生命的喜悅

生命在大自然草木上：晨起而見清晨的太陽、傍晚而見黃昏、聆聽細雨密密之聲、或見草木在微風中擺動、遠遠無邊際的田野、萬物作息之寧靜安逸、鳥之歌鳴、雲之自得變幻……。

只有與大自然一體，我才感到生命，而喜悅起來。

人各有其生命喜悅之來源，而我也只是田園晨昏之生命而已。

《詩經》

從《詩經》中明白人民百姓的思想與詩人之心懷。先讀江陰香之譯注。

我生命之兩面

我的生命似只有兩方面而已：若不能為人民做事勞動，那也只有求一平淡田園的生活。此其一者。另一者即為：為人明白地思惟、教人我所見的，如此而已。一者來自我平淡的本性，另一來自我好學好思之心。

平靜之本

不再不停地求更好，人才真能平淡、生命才真能平靜。

一九九四年三月五日

心思

「思無邪」是說，心無絲毫惡意、無壞的念頭。縱然埋怨、責備，仍無半點惡意、無不善。

善

不忘本、不忘人對我本來之善，是多麼重要的為善之道。「以德報德」之「報」在此。

生命

人一生的努力，若只能使自己更善而有道，就算再無任何其他外在成就，仍是生命之真實，甚至是更真實的一種生命、更真實的人。

一九九四年三月六日

春天終於來臨了！昨天遊陽明山蝴蝶谷，實在美麗！陽光、仍帶有點冷意的微風、草地、石徑、山池、木亭、鳥鳴、帶來的食物、寧靜的步行、孩童的天真可愛……，一切一切美麗極了！但願我所愛的人，都能分享此美麗，而喜悅、而幸福！

一九九四年三月十三日

事物

事物之美好、道理之美好，都必是人民百姓之美好，沒有在人民百姓美好外，別有意義與價值之事物。

一九九四年三月十四日

歷史性

歷史性在中國，仍有經、史、子、集之分別。有對一切時代、一切人而言的歷史性（經），有只記述事情與史實的歷史性（史），亦有個人作為個體時的歷史性（子、集）。除了如經之歷史性外，仍有單純個人作為個人時之歷史性的。

一九九四年三月十五日

世界

世界其實充滿偶然，到處有著我們仍未知識的美與善。

世界是在我們知識之外的、在忽然相遇相逢中、在我們驚嘆中、甚至在我們心志之更高遠博大中⋯⋯。

一九九四年三月十七日

自己與他人

不對人有所要求，做自己事便是，如孔子：「發憤忘食，樂以忘憂，不知老之將至云爾」。

一九九四年三月十八日

對自己的期許

我只希望見到自己在讀書、思考、寫作的時候，那凝聚而平靜的自己，如黃昏在田野間、看著夕陽、望著天空、見人人平靜地歸家。雖然人都希望有一番作為，但在不能作些什麼時，我仍只愛看到自己這一面，平靜讀書寫作這一面。

為

孔子不倦：如「學而不厭，誨人不倦」、「若聖與仁，則吾豈敢。抑為之不厭，誨人不倦，則可謂云爾已矣」、「子張問政。子曰：居之無倦，行之以忠」、「子路問政。子曰：先之，勞之。請益。曰：無倦」。這是說，孔子不求事情付出時成就之滿足，能作多少便作多少。「不厭」是對自己之努力言，「不倦」則是對他人付出的努力言。孔子既「不厭」，亦「不倦」。

一九九四年三月十九日

**活**

我希望度過一人無法造的人本來之生命及人性存在之真實。人所能造的，人所造出來與道及人性無關之世界，又與我何關。

一九九四年三月二十日

**寫作**

寫作，不應只是寫道理，能多寫對人之情感、懷念與歌頌，這將更感動、更人性。

一九九四年三月二十一日

**觀賞**

在長時間之接觸中，慢慢反省作者於作品中之言行，甚至，在長時間與之相處中，以生命學其善。

觀賞是一種長久的學，非剎那間的觀看。

一九九四年三月二十二日

為事

為事是為有益於人之事，或事人、或為義，非只為有益於己之事。

一九九四年三月三十一日

我之努力

孔子直言正道本身，而我，我的一切努力，在使人明白而已。

一九九四年四月一日

學

心不安靜，是不能長久持續地學一事的。

在學一事前，必認定此事為我自己的事，如此始能安心而持久地學。

人與事間無個人之內在性，是難於持續有成的。

## 情感

情感由乳之懷抱初來。

## 一九九四年四月二日

## 活

人應為什麼事物而活其一生？為享樂、為物？抑為人、為心愛的人、為自己充滿情感的人？人應為自己真正為人的生命而活，活在人與人之道中。

## 一九九四年四月三日

## 生命之轉變

春夏秋冬各有其美、各有其正面意義與感受。也只是萬物之一種轉變而已，非好壞之差別。人生也一樣，在事情有所轉變時、在生命以為走向困境時，也只是一種轉變而已，心仍應正面地接受它，體驗此生命之另一心境。

一九九四年四月四日

**藝術之真實**

巴赫之真實，並非在其宗教對象上，而是在其情感心懷上。這是其人性的地方。

一九九四年四月八日

**生活境況**

人之所以求一生活境況，如人求歸園田居或山居生活，若非為享逸而是為自己能更真實地為、為更真誠之價值實現、或為自己更真實之生命，如此仍是道。

一九九四年四月九日

**聊天**

與人交談，應多向人請教自己心中疑慮，多從學與問交談，並且不遠去自己平日之心志與思慮。

**情感**

一切情感仍必須正面、必須能向前。

情感不應只是一種失落感。在藝術中之情感更是。

美麗的景象

寧靜，再加上心之誠摯傾訴，多麼美麗！

在寧靜中見心之美，這是多麼美麗的景象！

美

只有美之心才使事物真實地美。沒有心之美，外在之美無法成其美之真實感人。

美，先繫於心真實之美而已。

一九九四年四月十九日

自己之心境

遠離草木之寧靜，我亦將遠離自己之心境。

至真實的生命

知足之生命，這才是至真實的生命。

環境與心境

悶熱。人的心境，也與氣候息息相關。

和暖的陽光、微風、田野、白雲藍天、閑靜的鳥鳴，這不是至平和的心境嗎？

一九九四年四月二十日

教與學

孔子的說話，是一句一句在平靜中對人之教誨、是一老師切身的教導。「子曰」故是：「老師說」或「老師教誨說」。這是記者多麼謙虛而誠懇的接受，多麼沉默的學習。

相處

「子曰：唯女子與小人為難養也。近之則不孫，遠之則怨」。「不孫」與「怨」，都是種種氣。人與人相處，若都只在氣中、在受氣中，多麼難受、多麼難過。人若都必須反應人之氣而活，都不能單純內在平靜而自己地作為，其活多麼不真實、多麼無意義。

自在

游，如魚在水中自在之游、如鳥在空中自在之游，均從各自獨立而自己而言的。

一九九四年四月二十二日

為事

對自己所作之事情之意義與價值，人必須有所自覺與認知始然後心安。

人都只求其事之現實意義與價值，故不知事物之真正意義與價值在為「人」而作中、在人類中。

一九九四年四月二十四日

人

人能靜靜的，這也就是最美麗的了。

一九九四年四月二十五日

喜悅

見燕子在我家屋簷築巢，見大自然亦親近我，多麼喜悅！

一九九四年四月二十七日

賢善

人各有不同的賢。各盡其真實的自己、善的自己便是。非以為有一定善、一定的美。

一九九四年四月二十八日

生活

德性生活是一種內在的、平靜的、簡樸的生活。

人之生活怎樣，也由人自己決定而已，非由世界所決定。

修身

「修己以敬」。

修身，也即學習對人對事敬而已。如此而已。

肯定的生命

人由所喜悅之事物，始心凝聚而自己、生命始肯定而不惑。

一九九四年四月二十九日

寫作

在寫作時，心必須存大自然之景象或美善生氣而寫，使人能近。

一九九四年五月一日

碁

圍棋的每一手，應為求生機、為求「生」之開展而下，一種生氣或生命的拓展，非為佔有或為攻擊而下，亦非只為防守保護自己而下。

圍棋亦子之生生開展而已。

一九九四年五月三日

心之凝聚

心必須凝聚。或凝聚在自己生命之事上、或凝聚在一種平靜、靜觀萬物的心境中，如山居靜室觀雨時之心境那樣。

梅雨季節到來了！

一九九四年五月五日

生活

生活始終是環繞事而形成的，如環繞農事有務農之生活、環繞商業有商人的生活、環繞教學有讀書人的生活，連每天在河邊釣魚或每天在山中採藥也是一種生活。生活都只是每天所做之事情而已，非在每天事情外別有所謂生活的。對個人而言如此，對一民族而言亦如此。

## 心

心是本於對世界之美善而發的，幻想是本於個人欲望之所好與滿足而發。二者雖同樣未必能實現，但一者仍真實，而另一者純粹只是幻想而已。

## 言說

或平靜地把自己所知告訴人、或帶導人見真正美麗及充滿生命的事物，如大自然般平淡的事物。

寫作無需刻意、無需刻意為說而費力氣。刻意為說而說，非言說真正的平淡、非真正美麗的說話。

## 獨立

想讀書便自己讀書，無需依靠學院機構始讀書。

有想告知人或教誨人的道理便平靜地說，也無需採用學術之專業性而始說。

一九九四年五月八日

生命

在現今世界與社會中，能度過一淳樸無爭無求的生活、無怨無尤的自己生活，已是十分十分誠懇及真實的生命了。

一九九四年五月九日

晨

晨早是天地萬物至寧靜之時刻。仍在睡夢中的人們，一天工作仍未開始，剛露出無比精力及微笑著的太陽，漸漸光亮起來的天空，種種鳥兒們的歌鳴，大地的寧靜，生命之始。又一天了，又一日的工作與事情之開始了，又一天的祈願與生命努力……。我恍惚感到和暖的微風，及那田野的草香。恍惚感到萬物對我的懷抱，及我心中對人的懷抱。

人民與國家

是人或人民重要，非國家、非土地重要。

一九九四年五月十一日

富貴與人

能處困窮而仍保有人格的人，這實在是難能可貴賢德的人、是頂天立地的。若處困窮貧賤由於不能獨立生存而有求於人，不能保有人格的正直而軟弱，這實在無話可說。但若再無經濟困境、無需因不能獨立生存而軟弱人格，若這種人仍諂媚奉承、巧言令色、曲而不直、毫無人格努力，這種人，是不足觀的。

棋之境界

看譜下碁，一種觀而無爭心，心凝聚在現實之外，亦無音聲哀樂之感，心在碁子無窮變幻中、在種種人格與境界體會中，如此下碁，多麼平靜、多麼超逸。

怎樣的人

做一個耿介正直的人！

努力

用心努力，非只是處境困難時自勉的，更是平時應該的。

責任

責任很多種。有自覺的、有難於自覺的；有只是承諾上的、也有一生生命作為上的。有兩人之間的、但也有面對人類、面對歷史傳統、面對後代的。

一九九四年五月十二日

生活

日常平淡的生活、無大起大落的生活，至為可貴。

向上之力量

人是否發奮向上，往往視乎其所與之人是否共同地向上。人從他人共同努力中，才得到自己努力的意義與肯定。否則便只能是孤獨了。

生命的喜悅

從一粒種子也可長成為一棵大樹，在我們身邊這些微不足道的事物中，仍可見生命不可思議的奧妙。世界仍到處都是生命，不可思議的生命力量。這是多麼喜悅的一種存在！

獨立

毋羨慕他人，做自己而已。

一九九四年五月十三日

**真正藝術與思想**

真正藝術與思想不遠人。如《詩》〈風〉、如田園草木之美、如山與鶴之飄逸、如童謠之平和。

一九九四年五月十四日

**美麗的人**

一個單純德行的人，多麼美麗！

**聰明與知識**

聰明與知識，使人更遠去人本來存在之喜悅、生命淳樸之喜悅。

一九九四年五月十五日

**感動時之心**

心強烈時呼喊、悲傷時哭泣、敬仰時頌讚、平和時歌咏。心，或內在地傾訴，或從心而長咏長嘆。

一九九四年五月十六日

下午在大自然寧靜的懷抱中，微風吹拂著身體，內心十分平靜，也再無任何思緒了。

一九九四年五月二十一日

《草思》

《草思》非在個人生命外之普遍思想、非一世界的思想體系或理論，個人生命之道理體悟而已。

禮

禮建立在人與人之獨立性，視他人為真正獨立者。

一九九四年五月二十二日

內心的快樂

心常存滿足感以對事情，這也就是內心的快樂了。

變化

由太陽而致的春夏秋冬，是萬物內在的變化。風與雨，是其外在的。

心境之向外與向裡

春是萬物向外性之本，而秋則是向內性之本。

## 二元性

日與夜、春與秋、夏與冬、明與暗、內與外、渙散與凝聚，種種二元性，本是來自天地萬物的、是萬物本性的，非只概念思惟。

一九九四年五月二十三日

## 性情與心境

「知者樂水，仁者樂山。知者動，仁者靜。知者樂，仁者壽」。樂與靜是人生命中兩種正面心境，都同在憂感外。樂相反憂悶，而平靜更在兩者之外。仁者樂山，因山潛隱寧靜，仁者性平靜，其心境非在憂樂之間，亦由此平和本性而壽，壽從生命之平靜而來故。樂雖為生命之一種正面心境，然仍未如平靜淡泊真實。故仁者靜而壽。

一九九四年五月二十四日

## 歸園田居

歸園田居，應是對田園的深愛，非對人的厭惡逃避。

一九九四年五月二十九日

政治

一切以力（如權力）而成者，也就是政治了。好政治，也就是好力了。

一九九四年五月三十日

靜

靜有多種：有心之平靜、有大自然生氣活潑之寧靜、有舞動中優雅之靜、亦有運動中意氣之靜，如太極拳。靜有多種。有時，甚至不求表現，也就是靜了，如天之默默無言。

一九九四年五月三十一日

人

人也都只是人而已，非常平凡的人而已。

女性之美

女性之美，非在其身軀上，亦非只在其女性美上，更是其人格、性情與心靈的。

**時日之情**

春、夏、秋、冬，這從日出日入而言，也即晨、午、黃昏、入夜。一日之中，亦有春夏秋冬。從春夏秋冬言，這是一種美；從日出日入言，這是一種善，動靜之善、勞動與靜思之善。

**處一切人與事之態**

以禮處一切。換言之，敬、和、及以情懷之。非以對錯是非分辨。非否定，亦非崇拜。

**寫書**

書只是美善性情及修養的人寫的，非人人之事。

**人作為上之驕傲**

不努力歷史傳統之美善，這已是人之一種驕傲了。

一九九四年六月一日

**與人之關係**

人與人關係之正，非在其人作為一個體自我上，而在其人與我在人倫關係上究竟有著怎樣的關係，先從這一關係觀，非從其人之自我個體觀。如是，對方或是我的父母、或是我的子女、或是我的朋友、或是我的學生、或是妻子、或是作為女性、或是作為一般平民大眾、或是作為我所事者等等。

### 心情

生活及內心情緒不應大起大落，平平淡淡便是。

### 美麗的人

見人不固執自己而與人和愛，多麼可貴！多麼美麗的人！

一九九四年六月四日

### 平靜

環境平靜，心境亦平靜，如內在獨自地、無求地。

### 作為取向之道

人應是怎樣而怎樣，非事實只是怎樣。後者只是人不努力的藉口而已。

### 動作

動作簡單而平靜。說話如是，表情亦如是。

一九九四年六月五日

動作

動作簡單、細小，是一種美、一種平靜。

在舞蹈中動作簡單、細小而且向內（動作仍可分向外與向內的，如手腕與足踝動作，是向內的），是一種優雅之美、一種運動中的寧靜。

一九九四年六月六日

人與春夏秋冬

人衣著感覺有春夏秋冬，人心境亦有春夏秋冬。

一九九四年六月十日

合理

人所謂合理，只是建基在利益上之理而已、只是利益之合理與不合理而已，一種利益之理性，非建基在仁與義上之合理與不合理。

一九九四年六月十一日

安樂

「有朋自遠方來，不亦樂乎」。人之喜樂、甚至生命之安樂，往往都是回歸故舊、熟識、親近的人與事物始有。

安與樂，其內在性，亦往往因為故舊的、熟識的、親近的。人在陌生中、在異國異鄉中、在孤獨中，是不安不樂的。憂，故亦由於遠去親近熟識的人物而已，無論從生活中人事、抑從生命之心境、心態言。

一九九四年六月十三日

親近

我們說：春天到來、秋天到了……，天地之即近，如人之歸家，是萬物之一種回來。天地萬物之遠去與回來，這也就是春夏秋冬四季。遠去與回歸才有親近與疏遠之別、才有真正情感。

沒有親近，一切只變得冷漠，如在都市生活中。

一九九四年六月十六日

琴

如人腳踏大地眼望天空一樣，彈琴時手指安穩地放落在琴鍵底部，心懷廣遠地高歌詠嘆。

一九九四年六月十八日

椿步

拳術中椿步，也只是坐下休息之意而已，非求腿力。如此才能全身鬆淨、如此才能心意平靜。

椿步，如坐著而已。

靜

靜，這也就是萬物本性之美了。

靜，這也就是真實的內在性了，心之自己與內在。

寫作

寫作時，句法應簡單直接，無需曲折。

布衣

布衣，簡素。

人格

不應單從人自己之美成就人格，更應從人之道義作為中立人之人格。

想念

由情感而想念人、由想念而見人與人之情感，是人之美、人至美麗的表現。

師徒之想念、父子之想念、朋友之想念、賢聖之想念、夫妻之想念、情愛之想念、對古人及人民的想念……。人由想念始見其美——人性與人倫之美。

〈韶樂〉

錯誤

〈韶樂〉應如佐田雅志之〈仰けけ尊し〉。

人不可能沒有錯誤，承認錯誤，努力改正，能如此，已是一美麗的人。人之美善，非因無錯誤始有。

人性

人性之美，非在單個人身上，而在人與人之間。仁如是、義如是、禮如是、智亦如是。

人性是在人與人之間的，非個人自己的。

美

一切事物，連藝術在內，只有當是本於對人之情感，對人之敬或人與人之和諧，始真正美麗。

講書

靜靜地講書。

於事物中之重要

事物之美善，是原始地與人心感動的。是此感動重要、真實，非其如專家的知識能力。

副旋律

和托旋律（和托主旋律的副旋律），多麼美麗！

一九九四年六月十九日

我的生命

嘗試認真地明白世界、明白自己生命、明白人性……，這就是我的生命了。

居所

人的存在，應在孤立的村落與擁擠的都市之間。既有人獨自之寧靜、又有人與人親近的可能。既在大自然中、又同時在人之交往中。不孤的獨自，這是至人性的居所。

一九九四年六月二十日

居所

都市其實只由市場交易形成，為商人匯合的地方。人能與讀書人居，或如孔子之「里仁為美」，這才值得向往。

存在的心境

人對人有怨，是不能真正平靜或心喜悅的。故連親近的人之不美不善，也不應怨。怨，只自己心不平靜及不喜悅而已。

一九九四年六月二十一日

不如意

事情能更好，固然應努力而為。但事情若不如理想，而自己也無能為力，仍不應怨。平靜地接受事實便是。世間事情是難於達致心願或理想的。心不怨而光明，是人自己之人格。人之正面，由不怨始。

一九九四年六月二十二日

**愛**

成熟的愛不自私，自私的愛不成熟。

**正道**

向外擴展之知識是力量，但向內切實反省始是道。

**寫作**

應寫我深切希望人知道的事物，如尤拉·居茉的鋼琴藝術、佐田雅志的童謠，非隨便因我所知或因人所好而寫。

**教小孩**

如教小孩，盡力而為便是，無需求見成就。不倦不厭便是。

**人之努力**

若沒有孔子，我還怎能知「道」？！如孔子說：「鳳鳥不至，河不出圖，吾已矣夫」。就算不能行，人仍應努力使人知。使人知之努力仍真實。道有時仍有待人偶然的作為。如人類歷史之有孔子或《論語》。人之努力，必也有依靠前人及人類歷史之努力，光自己努力，仍有所不能。

**為義**

人都通常不會主動求人幫助或求人明白。故幫助人解決困難、或對人生命及內心明白，都必須是自己主動的。

不主動地明白人、不主動地關懷及幫助人解決其困難，這已非行義之心。

## 為仁之本

老者之老、病者之病、弱者之弱、貧者之貧、困者之困……。努力明白人，及切身體會，始是仁之本。

一九九四年六月二十四日

## 認知

事物必須深入後始知其境界與造詣。

一九九四年六月二十五日

## 名望

由敬人而致之名，或有所受人懷念，如此名望始美善。

## 理論與現實

理論對事物的解析與構造，由於一種理論性或體系性（如《資本論》），仍往往是理性地看待事物（如資本）。離開體系性對事情之分析，如採取一歷史事實之觀點，則往往揭示事物非理性的一面、其無理、甚至完全偶然之一面，此布代爾對資本主義之分析。故當馬克思把資本主義視為一種生產方式分析時，布代爾只從交易之謀利、從日常經濟市場外之遠方貿易、甚至從國家權力與人對稀有物品之欲求等等中、從人遠謀深慮中，找尋資本主義之根。雖然馬克思批判資本主義，但仍見其生產方式運作時之理性與等價關係。布代爾所見的，則已是一種經濟運作中之無理了、一種不等價及不平等的人類經濟關係了。

一九九四年六月二十六日

與人之態度

驕，也就是無敬而已。

人與人之一切問題，往往都由不敬始。

光明之本

只有在敬之心情中，世界及人才變得正面、才完全光明。

敬是光明與正面之本，萬物光明與正面之本。

與人之美

伴和：人與人之伴和、音與音之伴和、微風與田野之伴和、草與木之伴和、山與水之伴和、禽獸之伴和、父子之伴和、情侶之伴和、夫妻之伴和……。伴和，多麼多麼美麗！

人心之美

巴赫心虔敬而喜悅，莫札特純真而平靜，蕭邦高貴而憂鬱……。孔子心仁而立人安人。人之美，心之美！

一九九四年六月二十七日

心之正

所謂單純，也就是心想及一事時只此一事，不會多想，也不會與其他事、其他物比較。心於事物中各自單一，此為單純之心。

真實的生命

人能單純地看著自己而非看著他人及世界而活，單純由自己怎樣而自決自己生命與存在，非把自己生命存在被外在現實決定，這樣的生命，多麼真實，這樣的人，多麼真誠！

人格之所繫

人於利益前，始真見人之人格與為人。人格是於利益前始見的。

德性之人

人除非再不崇拜聰明能力、再不崇拜權勢、再不崇拜富貴，否則是無法尚義好仁的。人是否真正好德與真知德行，亦往往從其有無如此崇尚而見而已。

生活

其實，人民大眾的生活是人民大眾的生活、讀書人的生活是讀書人的生活，兩者各是其自己。

生活有種種，各是其自己。讓人做其自己，而自己做自己便是。

存在的目標

科技之先進如富貴一樣，非人生命目標、非人所應驕傲的。

富庶非富貴，充足但非驕奢。

制度

制度只更使人無責任感、無自主自發性，更依賴、更隨便、更不認真誠懇。如「民免而無恥」那樣。

罵

罵亦一種怨而已。

一九九四年六月二十八日

存在境況之道

安於平凡，非教人現實，而只是教人安於平日的德行、安於平凡的美與善、安於人類平凡但真實的生存、安於平凡的道理真實。

人之所以使人厭惡，由其崇上抑下，貶抑平凡而自命了不起。

一九九四年六月二十九日

正面的的心境與心情

外在地廣遠，內在地平靜，這是正面時的兩種心境、兩種正面的心情。

心懷遠逸，心內平靜，如日本童謠之心。

存在之心態

所謂狹隘，也就是心思不離現實，被目前利益好壞所狹隘。

自然

水原來如此甘甜！

自然之樂

蟬、蛙之聲，萬物齊鳴。

處事之難

「中」非一定點，而是不斷平衡的努力。此中庸之道之難。

事物之盡善盡美

質是內在的，文是外表的。能文質一體，這才盡善盡美。

世界之步伐

世界都不停在變動，都不停在造作。但生命只有在平靜安定中始能生長。

一九九四年七月四日

生命力之本

人必須見有向上的人始有向上之生命意義、始有真正生命力。

悶熱了多天，終於下起大雨來。好大好大的雨，天全陰暗。亮著燈在書房讀書，心內仍始終平靜，倍感平靜。

一九九四年七月五日

很久沒有從內心單純地喜悅出來，心裡總是沉重的。人類好像也只是沉重地，很久都再沒有見到她的喜悅了。

## 向外與向裡之心情

向外之心情如春天，向內自己之心情如秋天。

喜悅地面對人、面對世界；凝聚沉靜地面對自己。

## 存在心境

真正的喜悅無怨。有怨，是不能喜悅的。

人但喜悅地面對人、面對世界、心不存怨尤，這便是很好的存在心境了。

## 喜悅與憂傷

喜悅近道，憂傷近現實。

憂傷同情，喜悅復返天然。

一九九四年七月六日

一般人的驕傲與自大

人都好像只能在其存活短短的一生中自驕於人，在此短暫的時空內稱王稱霸。人都無法在人類歷史中，在如此真正廣遠的時空中成就自己，在歷史中永垂不朽。人的驕傲與自大，其實多麼渺小；人的聰明能力，多麼表面。人的所謂成名，多麼與偉大無關；人人所活的世界，實多麼狹隘，多麼只是目前而已。

一九九四年七月七日

人之作為

言行不一致，也是因言與心不一致，非心與行不一致。

一九九四年七月十日

與人

與充滿而無怨無求的人在一起，心才真平實。

生命

「無論如何，只要我們真的是把自己的心，自己的生命放在那些美麗的人情上，內心永遠會好平靜、快樂的，不是嗎！」

## 情感

從對象存在而感自己內在生命喜悅、與對象一種喜悅之共感互感，此即情感。情感故為萬物於互感中之生命力、從相互感受中的正面力量、從萬物互感中對存在的肯定。情感，從相互感受中之一種內在維繫、生命喜悅或存在喜悅的維繫。

## 讓

能讓，是美麗的。

## 剛與毅

剛也就是一種不受外在事物影響左右而能自己一貫之力量，故人有對世界事物欲望時，便不剛。故孔子說：「棖也慾，焉得剛」。

剛與毅是從對外與對內言。剛者不受外物誘惑而不欲，毅者能堅定於自己心志而不會隨好逸之心而怠惰。

## 生之情感

禘禮指從先祖而來生命之感謝與懷念，郊禮則是人對天地萬物滋養之感謝。養育之恩、對自己生命根源之感謝，這就是人情感之本。情感本於生故。

一九九四年七月十二日

**讀書與文字**

讀一切書必須平靜地讀、心平和地讀，如此才能真正從心。故好的文字，是使人心平靜平和的。

**快樂**

快樂只能從自己所能觸及的事物而來。不能達到者、不可能達到者，只會造成憂悶，不會帶來快樂。

一九九四年七月十四日

**心**

平實之心不解釋。

平實之心始見真實、真實而無窮的世界。

以善惡透視一切，都仍只是解釋而已。

**對他人之觀感**

見他人欲望，可能只是我們自己的欲望。他人的欲望，可能是我們看不到的德性、看不到他人的德性。

一九九四年七月十六日

人之努力

人的一切努力，歸根究柢，也只能是其個人生命之努力而已、其個人一生之努力而已。努力，是個人之事，獨自的。

一九九四年七月十七日

「庸」

「庸」：平凡而微小不足道。

行作之所求

不求完美，求能更善而已。

一九九四年七月二十四日

古與今

今日我們講求技巧，過去人們說品味與性情，但古代人只重視德性。

存在與事物

沒有人為的事物是不可或缺的。人為的事物，歸根究柢，可有可無。急迫性只當下短暫一時，長遠地仍可有可無。故無需過於執著事物。

人的存在，始終不受人為事物限制。

傳統與我們

所謂傳統，並非指過往人的偶然與任意，而是對事情更美好及更善之自覺與成就。縱然有時代限制，仍應深切反省及明白其善而學。

做一個怎樣的人

做一個穩重、淡泊、認真、沉實而不慾欲的人。

對人

對人應有情感，但不依賴。

生命之事業

完全毫無得獲、毫無外在成就滿足而仍不放棄的，才真是自己生命之事業。

一般作為

不批評、不議論，而單從自己份位及能力切實地作，這是多麼高尚的人格！

**智慧**

智，是從正面言的，知事物之正面的，非只知如何批評否定而已。

一九九四年八月八日

道格颱風使我昨夜無法好好睡。屋子三處漏水。

**物之機械與科技性**

機械與科技之所以不人性，因它湮滅人之努力、人之主位，突顯了物的主導性、及物的功率與效力（物之力量，非人之努力）。在機器之前，人只接受而已，非興發、非作為人而努力、非給予。

**事物之道**

臥房是為休息，非為看電視的。客廳是為會見客人及朋友，亦非為看電視的。事物都應還原至其單純意義，不應複雜化。單純，多麼平實，多麼真實。

一九九四年八月九日

**心思**

心思往往在人我利害間而腐敗。

一九九四年八月十日

**於人而切實真實的**

人格、善良、忠、信、不偽而直、行簡而樸實、不慕浮誇、不好表現，這些德性，是每人自己作為人而切實實在的。藝術、品味、美感，未必對其人為切實。

一九九四年八月二十日

**作為**

無求善不善，只如實地為。彈琴如是，生活亦如是。

好與不好，非人所能求、非求取的，心應只平實地為、依需要而為。

**責善**

責善，只說其事應怎樣便是。正事，非正人。

有關思想

概念以為之是，落實時有時是非；概念以為之非，落實時又可能是是。

真偽只從事例見，非靠概念。

心境

不能靜而專注的人，還能作什麼。

心靜

心之靜，由人近大自然草木而生。

一九九四年八月二十一日

美

美其實是種種德性之一種歸納或綜合。是儉簡、自然、淳樸、溫和、切實、寬厚等之一種匯集。

美雖表面上屬外表，但野性時仍可使人不安。唯平實而真實的美，才予人心安。

美之使人安，因為種種德性之體現。

美，德性在其體現中而已。

**文與人**

文雖是外表，但與人心志一致一體。如此文實內在，甚至直接是人的心志。

**人性之始立**

人受大自然教化而見人之自性。

**教**

教若是一種承傳，是平實的。

一九九四年八月二十六日

**心之感動**

非無所感動，更感動於無欲無偽時之美而已。

一九九四年九月二日

**作為與欲望**

欲望，也就是心不能靜而已。不能靜於日常或日作之事、不能專心安靜地、日常地作。

日常之作使生活安靜。無求無得失。

**生存**

生活中心仍應在心靈的成長。至於物質，只隨其環境所有便是。人非為居處之物質而生活的、非為物質享受而生存的。

**現實**

現實，有時只是人放棄美善努力之代名詞而已。以現實為名，故人不再為美善努力、不願付出誠摯真實的努力。

**《詩經》**

《詩經》，平靜日常地讀，體會並學其心之美。

一九九四年九月五日

**真實的作品**

好的作品，或使人安、或使人更不屈不朽地勇毅、慰藉並滋養其生命。如居萊之彈奏、如《論語》之教誨、或如《詩》之懿美。

**Guller 之藝術**

居萊心之純、其心之絲毫無世俗功利，必然來自其生命體驗深邃的痛苦與愛。如此優美、善良，如詩人般美、如聖人般無我地善。

一九九四年九月九日

**藝術**

在藝術中所應追求的，非外表誘人的美與表現力，求生命體驗深刻而豐富的教誨、與美善心志體現之價值而已。

**寬大之心**

寬大之心，亦在讓而不逼迫而已。

**自我改變**

若不時刻接近真正賢良的人，人自己是無法改變自己的。

一九九四年九月十一日

晨。美麗的霧。

下起雨來了！在寧靜晨早中，雨聲更寧靜、更美麗、默默地。

一九九四年九月十二日

## 事物之美

其實美沒有所謂完美與否。事物無論貴賤，都有其自身美之可能。美與樂，都只繫乎人自己心境是否願止於其樂及樂於其美而已。如是，一切事物都可是美、一切事物都無不使人喜悅。

## 在所能之外

對自己無能力承擔者，自己是無責任承擔的。保持自己心中之平和開朗，樂萬物之美善，非處處憂戚無力、憂悶而心不展。

## 喜悅

喜悅，亦內心平和知足、心回歸萬物之美善而已。

一九九四年九月十三日

## 寫作

寫平實的道理；為人而寫。

一九九四年九月十四日

作為

有只依循外在社會一般規範而行為者、有依據自己心中志於美善而為者；前者人人稱道，後者未必為人肯定；前者作為都為人所明白，後者往往不為人所明白。但，後者才真實，前者仍可虛偽。人先由心志而真誠，非靠依循而真誠。

志道之心

心直在道，非在自己意欲上，就算是一種美善之意欲。心直在道，非在自己身中，如此道才成為自己生命。

一九九四年九月十八日

人之立

《尚書》：「直而溫，寬而栗，剛而無虐，簡而無傲」是：由正道而真實，但仍溫和而不嚴苛；能心胸闊大，但仍事事嚴謹不懈；剛強堅毅，但不會以力虐人；能力雖強，然只力求簡易，不會以能力求傲於人。人之一切美善，莫過於此。

一九九四年九月二十四日

廣闊之心懷

所謂心懷廣闊，非追求偉大事物。廣遠非一種追求，而只是人自己之不自限自囿而已：既不限制地觀人觀物、亦不會因自己所學限制自己一生，如不因生活現實使自己不能向往人文及人性美善，亦不會因自己所處時代使自己不能欣賞過去歷史之努力與優越。

一九九四年九月二十五日

成熟的心智

所謂心智成熟或人格自立，是從明白人這一事實而始的。明白人性、人情、人的種種，而以自己生命所能為人，如此才是人格及心智之真實成長。

一九九四年九月二十六日

作為之道

應力圖把事情講得很簡單平實，非虛妄地求複雜。簡單平易，這才是真實的。複雜性只人之作為而已。

一九九四年九月二十七日

生命

獨立，是不需人知曉的。生命之一切努力，都在如此沉默努力中而已。

作為之道

慢慢地作，不急不躁，非如追逐目的，而是沉浸在目前對象內。寫作如是、講課亦如是。

一九九四年九年三十日

知人

若不知他人生命所走過或所處困難，人無法知人之努力、其德性、其人格，甚至其人究竟是怎樣的一個人。

不知人之生命困難，人沒有資格對人下判斷或作批評。

佐田雅志

溫順、柔和、緩漸、深長、久遠、平靜、明朗、迴旋而歸、層層開展上昇、懷遠……，佐田歌咏與心之美在此。

人與人間之能力

他人能力對有真實能力者來說是一種鼓舞，但對無能力而心胸狹隘者來說是一種挫敗。故在能力不如己者前，應盡收藏自己能力。

能力

能力亦自己事而已，非人與人之間的。

一九九四年十月一日

思想

以簡單、一般義的概念思想，以單純的意思理解一切，非構造地概念化。

音樂

音樂也只是人之心境，及心境背後的人而已。

一九九四年十月四日

書籍

看著書架上的西方書籍：尼采《權力意志》、馬克思《資本論》、《中世紀上帝的文化》、希臘悲劇、但丁、柏拉圖、盧梭、史賓諾莎等全集，多麼批判性或多麼遠人！再看看放著中文書籍的書架：《陶淵明和他的作品》、《三農紀校釋》、《佩文齋咏物詩選》、《詩經》、《論語會箋》、《尚書話解》……，多麼親切平和、多麼正面善良！

中國古代經學

中國古代經學，其目的亦一而已：教人明白生命及人性之道（天之道），並立其人格與生命存在（安身立命）。其語言直接，單純對人，無歷史時空偏限性。

一九九四年十月五日

思想問題之終極

一切思想問題，必須最終回歸於對人之理解、對人存在困難及真實之理解。

一九九四年十月八日

如此又一年了！這次再返回大學教書，先是失望，後再見些微生機，不知往後日子將會怎樣？內心始終仍懷著獨自為人努力的平靜。每當靜下來返回內心用功時，既喜悅又肯定。對人之愛，是越來越清楚、越來越深。心始終切願一切人善，並計劃撰寫有關人性及人存在問題之哲學史、從哲學史研究人性及人類存在。不過，有時真不知自己能為人作什麼？人好像連自己也無法知道，自己實在對人之意義在那裡？但無論何如，仍努力吧、盡心努力吧！

一九九四年十月九日

哲學最終目的

教人怎樣存在、人存在之道，這也應是哲學最終的目的了。讀哲學，終極亦應在此而已。

一九九四年十月十四日

心

「志於道」之心，多麼單純！

又晨早！天漸亮起來，如光明之來臨、如大地之始鳴、如心歌咏之感發。

晨，多麼美麗！

一九九四年十月十五日

對人

愛小孩非必然對確的。以一長者之愛而愛始正確、始善。

在人與人間，份位之尊敬，是人心敬重敦厚之本，不能失去。

己立

做一個正直、平實、溫和而自己的人。心只充滿敬與喜悅，無負面、亦不否定。

一九九四年十月二十二日

中國古代的文（人文）

中國古代的文（人文），是從人民百姓全體而言的，非從個體及其能力而言，故為禮與樂。

一九九四年十月二十七日

教

講學亦應內心默默地講，把心愛的美與善、把萬物平靜獨自的美與善教人，使人由見此美善而喜悅、而感動。

教人是教人見他人及萬物於美善中所作的種種努力、教人見此正面的努力而已。

一九九四年十月二十八日

自然

山使人心獨立，田野使人心平實，牧場使人心廣遠。

一九九四年十一月二日

藝術與思想

藝術或思想，應為人類整體存在或人類共同本有的人性而建立或探索的。

一九九四年十一月九日

美

美是從感動言，非只是感官感受而已。

存在與生命

沒有美，人與萬物之間，永只是外在的存在。只有透過美之感動，人與萬物才內在地在生命中締結一起，成為一內在的生命。

一九九四十一月十日

**藝術**

只有當人自己亦以心之自覺為自己努力時，人才能亦於藝術品中明白作者之心、及其藝術之美與境界。藝術之美與境界在心志中，非在心志外。

一九九四年十一月十一日

**人**

人非存有，非存有物。人亦人而已。

人道與存有論正相反。

**藝術之境界**

於藝術中之翕如、純如、皦如、繹如，亦人心的翕如、純如、皦如、繹如而已，即人心初始之好盛多、其後心志之純一、再其後之光明正面、終至心懷之涵蓋天地萬物而為一心一體。於藝術中見人心此四種境界，即為藝術本身之四種境界。

**言說**

「子不語怪、力、亂、神」。

孔子不因其為事實便說；若非導人於善、若非正面之道，孔子默而不語。其所語者，唯人性美善之正道而已。

## 見

一九九四年十一月十六日

不善直接在眼前見到，但善眼前無法直接見到。

不善在眼前當下產生力量，善只在長遠及長久中始產生力量。

## 是非問題

一九九四年十一月十八日

在人與人間之事情，往往非對與不對，而只是禮與無禮之問題而已。

## 《論語》

《論語》精密的體系性或結構性，深藏不露。其顯的一面如此平凡、如此近人，絲毫不因其體系之窮盡性而驕傲。

平凡地呈露、平凡地表現，但內裡嚴謹精密、深藏著無窮性，如此多麼聖而神！

萬物之存在姿態

萬物應如〈舜典〉所說：「簡而無傲」。

一九九四年十一月二十二日

知識

知識本身並非不對當，唯必須以知善為本，非單純為多聞多見而知。

一九九四年十一月二十三日

社會之不仁

社會對人之限制與強迫，如考試之強分人優劣與能否，是社會之不仁。

一九九四年十一月二十六日

回憶之喜悅

人突然在眼前霎見自己過去的生命世界，如過去仍在眼前、仍未失去，或生命自始至終都仍凝聚著，沒有被人好新穎之心所忘卻，仍內在地、情感深遠地相互懷抱，過去的世界與現今的世界如一、過去的自己生命與現今的自己仍如一，如此，縱然是一剎那，但又多麼是永恆，在時間流逝之外之永恆……，如此之一剎那，多麼喜悅！

## 存在之心情

一步一步平實地在石階上走著，連步伐都可有靜默與不靜默、自己與不自己之分。能一步一步踏實而自己，不急躁、不輕浮，懷著天地之敬意，生命之平實亦將多麼頂天立地！

## 人與人間之敬、和與愛

在人倫三種關係中，「情感」是自然的、「和」容易自覺，唯「敬」最困難。故孔子先教人「修己以敬」。

## 學問之所在

所謂經驗，也只是重要與不重要的分辨與承繼而已。教與學，在此而已。

一九九四年十一月二十九日

## 歷史之意義

孔子「行夏之時，乘殷之輅，服周之冕」，雖涉及歷史過去，但都從其對人之善言而已。一切，連歷史在內，亦應作為與當下有關而言、或作為當下可能有之善而觀。

古琴之聲

吳兆基琴音，淳厚古樸，寧靜如不覺聲。

古之道

深藏不露，乃古之道、古淳樸之道。

無我

孔子的「何有於我哉」是說：哪有所謂我或屬我自我之事。故相反於人求自我、求自我事、甚至求個人生命之特殊。〈述而〉的「默而識之，學而不厭，誨人不倦，何有於我哉」及〈子罕〉的「出則事公卿，入則事父兄，喪事不敢不勉，不為酒困，何有於我哉」都明顯是說：我沒有為我自己求得什麼，無論是利益、功名成就、抑個人自我生命興趣、甚或只是個人性情之世界。孔子入亦事人、出亦事人、盡義而不縱欲、對其時代亦無求自我肯定與創立、只默識世間之一切、對所學而不致用仍無厭、對誨人而不見改亦無倦、無求一己之自視而盡力為善為義、甚至只是為事、絲毫無求自己，故「何有於我」。

一九九四年十一月三十日

人與人

人與人之間應切實，非外表。

一九九四年十二月十二日

## 古文

古文（文言）有一種敬意在，非如辯論之無敬。

一九九四年十二月十七日

## 身體

在古代中國中，心之事與身之事始終有著對應，心之事必同有一在身體中之具體體現，沒有單純只屬內心之事。故心之悅樂體現為身之樂舞，心之誠、淳樸及寧靜為身行之齋，心對祖先之懷念與對天地之敬謝為禮祭，子對父或人對人之情感懷念在三年之喪，其他，如人與人之和，都具體以禮表示。心之一切有其於身之對應，非獨心自己之事。

## 「默」

「默」應從身之行為解、從不言而行解，非只是不言。

## 進步

人往往以進步為名進行種種欲望無止的追逐。進步是在安定下成就的，非是欲望無止的追逐。

一九九四年十二月十八日

生命意義之本

沒有情感，人的存在再也沒有意義，生命存在因而變得漂泊。情感，這是生命意義之源、唯一源頭。

一九九四年十二月二十日

物

物必然會損壞，這仍是物道，無需因此而心不快。

一九九四年十二月二十四日

對不善之反應

我們從不關心自己的不善，只關心他人之不善而批評而已。

一九九四年十二月二十八日

人之自己

人以為從自己而來的，其實大多只是從環境或他人而來。故應多反省：其以為是從自己創造出來的、以為是純屬自己的，是否真是自己的？而自己若能置身於此環境或時代之外，那時自己又會怎樣認為？純屬自己的又將會是怎樣的事物？自己究竟是怎樣的人？在作怎樣的事？

一九九四年十二月三十日

富貴

孔子把富貴比喻如浮雲之易散飄浮（〈述而〉），如虛幻般地不真實，多麼美麗的形容！

自然

在天地間，處處都是自然的、處處都可見到自然。

一九九四年十二月三十一日

存在正面之道

學，是人於世界中唯一正面的存在關係。

# 一九九五年

一九九五年一月一日

又一年了！早上溫暖的陽光，光亮全書房。近日特別喜愛寧靜，連音樂都沒有時的寧靜。教學工作雖忙，幾近抽不出自己時間，但實在增添不少體驗。心與情感仍在台北，如是自己家那樣。不知能留在台中多久？以後又往何處？什麼時候才能真正安定？平靜地作自己生命之事？

一九九五年一月三日

智慧

智慧是從人怎樣作為而生的、是對人作為之反省與深察，非只是有關事物世界之知識而已。

寧靜

寧靜使心凝聚。

美善與人

人若能追求種種外在美善，縱然是詩意境之美善，然不反身於己、不在乎自己是否美善，如此外在美善，於人又何益！

**見與不見**

美好的心意與努力往往難於看見，看得見的，反而往往只是人與物醜惡的一面。

**一九九五年一月四日**

**偉大**

其實在這個世界中，沒有什麼真的那麼突出、特殊或了不起，一切莫不只是平凡甚至平常而已。若有，大概也就是那能安於平凡與平常者、那毫不試圖突出自己能力或求一種偉大性者。能為人而平凡平常，這大概才真正偉大！

**德行**

德行也只是下於人事人而已，非大作為。這是德行的始點。子之事父、臣之事君、君之事人民百姓，都一而已：下於人而事人而已。若非如此，必非真實德行。

**快樂**

「樂以忘憂」：以內在自己「發憤忘食」時之樂，忘外來一切憂患。

快樂只能來自自己，難於外求得。

一九九五年一月十二日

## 言說正面之對象

「怪、力、亂、神」的反面是：平常的、平凡的、正的、及人的。

孔子所關注而說者，唯此四者：平常的、平凡的、正的、人及人性的。

一九九五年一月十三日

## 向上之力量

敬是使人更用功、更努力、更自覺向上之力量。無敬，人無法向上。

## 學

今人所謂學，也只求肯定自己所認為或所喜好，非見善而學、非向善地學。

## 藝術

藝術應是人經歷人心懿美之路。

## 生活之實

能在不求功名、不好大、不好諂媚之人中生活，人才能真實地淳樸、人才各是其自己。

生命之喜悅

情感之滿足、能與所親愛的人在一起，如此生命至充實喜悅。

一九九五年一月十四日

人與人是非之關係

人在遇到問題時，往往都只求原則，以為是非對錯都是原則問題、只求對大多數人而言原則性命令。

人失去人與人具體親近關係後，始有原則之出現。是非對錯應從具體言，非從原則言。

改變

如春夏秋冬地改變。

一切應慢慢地改變、漸漸而平靜地改變。

慢慢地改變仍是一種穩定。不穩定，是沒有真正安定的。

制度

在原則、法治、制度下，再沒有人、沒有人自己及其所有主動性，一切亦只原則而已，非人自覺其作為人之事。

制度亦物物間之事而已，非人性之事。

一九九五年一月十六日

愛好之意義

人由人之所好感受生命存在方向及意義。

人若感受不到人之好仁、好德行，人是感受不到人之人性或人類人性的。

唯見善人，人始見仁、德行、人性之真實。

一九九五年一月十七日

家

人難免去負擔他人，人亦很難不依賴人，這大概是家之原由吧！

人類的高度發明

人類以聰明成就的完美與高度發明，使人越更不知平凡之真實與意義。

孔子之快樂

孔子能於「樂節禮樂，樂道人之善，樂多賢友」而樂，其生命多麼單純、多麼平凡！

為事之意義

人只有在為事中，生命才踏實認真。只有在作自己事中，生命才真能感到充實誠懇。

一九九五年一月十八日

宗教

若人對宗教的狂熱只是如欲望一般、只是另一種欲求，非反身修己、非心志至人格之改變，如此宗教亦只另一事情而已、另一種欲望而已，與德行無關、與善亦無關。

宗教其實源於人存在困苦之解救，非源於人善之努力。

心態、心情

心態因無奈而悲觀、消極，甚至絕望，不如先建立自己生命之喜悅，心情單純淳簡地樂觀、正面而充滿喜悅。

與其由事實而悲觀，不如單純自己地樂觀。

生活

求一單純淳樸的生活，亦始於求事物中無所負累、自在而無所牽掛。

為事物之複雜所付出的勞力與勞心，實在耗損生命，使人無法從心底悅樂起來。人存在實無此複雜之必需。

一九九五年一月十九日

至美麗的社會

寧靜的人民百姓，這是至美麗的社會。

存活

有兩種活：看著外在世界而活，與只看著自己之努力而活。

傳統

愛自己民族傳統，如猶太人那樣，是人民百姓的一種美，甚至是一種德行。

生存的感謝

其實，在我們周圍，有些人日夕在我們身旁關懷及維持著我們的生存。對他們，我們應十分感謝，甚至以生命為他們活著。

人類存在之最終

在經歷種種欲望後，人在年歲中最終體驗到的，是：人之存在，亦只為人性所維繫著而已。

人文

人文非能靠商業成就。若非在商業外，人文無以真實。

一九九五年一月二十日

欲望

在中國，欲望只為向外之心，其不善在不能自己，非本身為一種惡，除非是對他人有所傷害。

人之文德

人文，也即《書》「直而溫，寬而栗，剛而無虐，簡而無傲」而已。教育應教人致此。從反面言，人文即不虐不傲。而正面地言，即直、溫、寬、栗、剛、簡之德行。

農與文

農與文，一從大自然言，另一從人自己言，為淳樸德行之體現。

社會

有商業社會、宗教社會、科技現代社會……。但唯人倫及人文社會才美麗。

一九九五年一月二十一日

欲望

欲望由於都是外來，故實無一定。連女色都非如此強迫，仍由近而已。人近什麼，什麼便是其欲望對象，或人由所接近之事物，塑造其自身之欲望。社會創造出來的聲色犬馬，由多而近人始為欲望對象。若遠離，不會為欲望之必然。

君主性格

「風輕不動葉。雨細未沾衣。入樓如霧上。拂馬似塵飛」。梁元帝詩。帝王之詩，仍有君主性格在。

一九九五年一月二十二日

作為之困難

能不過不及、不走極端而中庸，這實在多麼困難。

憂慮

憂慮有兩種：或因人而有，如因家室而有，或單純因自己心態欲望而有，如求成就及滿足所帶來的不安。人心不能淳樸、不能凝聚，往往由於後者。人不快樂、不能單純地喜悅，亦由如此現實心而已。忘去求得而單純，心才能悅樂、生命才清明曠遠，不為事物所累。

## 人之成就

若人願意，他所能成就的美，多麼美麗。人可成就的美，較天地萬物的美更美；人可成就的善，較天地萬物的善更善！都在人之意願而已！

## 大

想像力之大是從對象上言，心之遠大是從人自己言。所謂大，是不執著一事物、不受任何事物所限而能及整體。大並非求大事物，如此執著反渺小而已。

## 觀人

觀人，單純觀其人、其心與所行，非其所得、非其所有。

## 真正的偉大

一般所謂偉大，亦個人能力之偉大而已。真正偉大（而這困難），是從生命及存活中所見人的偉大、在種種生活困難中而仍見之偉大、人於生命存活中所不能的偉大，非只能力、而是生命整體的。

一九九五年一月二十三日

## 人類的錯誤

攻擊錯誤、對反錯誤而為，必只走向另一極端，由對反而造成另一種錯誤。此「攻乎異端，斯害也矣」之原因。應忘卻一切，單純從正做起。

## 利

大商業內在地破壞，小商業（如小販）外在地破壞。

一切利，無論大利小利，都對反美善與道義而行，既內在地破壞道與義，亦外在地破壞美與善。

## 色彩與存在

色彩的世界，始終帶有神話般或童話故事般味道。西方城市與田園，都是如此具有色彩的。其美善或平靜，始終仍帶有神話或童話般虛構性。

西方藝術、建築以至生活中之一切，都帶有虛構味。

東方美感，在色彩外素樸，在虛幻感外切實，始終人性地素樸。

## 世界之外在與鄰里之內在

在小鄉鎮或鄰里中居住，一切活動都在這日夕親近的空間內進行，心如此才是內在的。

情感之親近、日夕不離之熟識，與生命一體息息相關。

人心若向外，一切都顯得只是外來。如此感覺與心態，非使人親近。

「里仁」之涵義

思想對象若只是世界、世界，如此思惟仍外在。向裡之心不言世界，一切只如家、或只鄰里，非世界整體。

孔子於仁而言「里仁為美」，不從天下之仁言，實只從存在之親近性言，此其人性之美。

人性之必然

人性單純，歷久如一，沒有歷史。若有，也只人之種種作為，如文明及民族之種種作為。

一九九五年二月一日

人與人之偽

情感之偽是愛惡、敬之偽是諂媚、而和之偽是「巧言令色」。

禮

「非禮勿視，非禮勿聽，非禮勿言，非禮勿動」。禮之過度非只在行為上，甚至視聽、語言都可違禮。

一九九五年二月十五日

前些時在鹿港一民宅門上見題「晴暉」二字，其意為：「晴空萬里，詩書映暉」。

一九九五年二月二十日

寧靜

聲音只有兩種：使人感寧靜，及使人感煩擾不安之聲。

心寧靜，故因大自然曠遠之聲、街外遠處之聲、自己內心思想與情感歌咏之聲、人心誠摯之聲……。如此種種，如雨聲之寧靜、如雨聲之內在。聲音因而只有兩類，真實與不真實而已。

一九九五年二月二十一日

存在之心情

輕浮之心使我不安，不如穩重之腳踏實地。

一九九五年三月十一日

自然

一草一木景象是萬物自身的，非人類的。自然之美，亦自然予人而已，非人自己的。

一九九九年三月十二日

昨晚大雨洗淨後，今天晨早多麼清明寧靜！很想把內心的喜悅寫下來，但沉默似更是她的喜悅。

一九九五年三月十八日

生命與生活

人但返回一平實的生活，這已是人至為真實的生命了。生命之真實非從多想多求而致，由平實自己而致。越來越能平實地明白孔子、明白那平凡人倫與生命之道，心裡多麼喜悅！

光明的人格

一光明直率的人格，是「疑思問」，亦無所隱藏猜忌。

一九九五年四月四日

生命之真實

人畢竟由德行始感到生命之真實。

生命之美

人由無所好求而淡。

淡是生命晚年對世間無所特別好求時之美、人更能凝聚於自己時之美。

太極拳與柔

太極拳是純然骨架之運動。純然骨架，至柔而不剛、隨曲就伸。力氣之堅硬由肌肉致，非由骨架。

生活所有之真實

來自生活的，都本平淡，連藝術與思想均如是。

不平凡而特殊的，都非由生活而來、非根源於生活。

一九九五年四月五日

意

操拳，意全在腰，此用意之內在。在手即意已向外，非純然收斂。意在體內，非在體外。

一九九五年四月六日

意思

意思應簡明清楚。能把意思單純地表達出來，這似只是第一步，然實也是最後一步了。意思能清楚平實、心純然在意思上、非在表現上，能如此，已是努力之終極了。古琴如是、學問如是、一切莫不如是。孔子說：「辭達而已矣」。

一九九五年四月十四日

對人類之關懷

關懷人類的貧困（如馬克思）、關懷人類的制度化存在（如我們當代哲學），不如孔子那樣，關懷人之德性人格及其與人之人倫關係、關懷人類之人倫存在。

人可以種種方面關懷人，甚至有些關懷只是面對一抽象的人類整體而非深入至每人個體。但對人的關懷，就算只是文字思想，仍應是每人自己之人格、其生命德性、及人倫之美善。若所關懷只是外在如人之宗教迷信、人理性文明之偽等，這仍只是存在之面相而已，非直與人有關。

一九九五年四月十六日

**樂趣之境界**

從平淡中得樂趣，較從特殊奇罕中得樂趣，實在難多了。

一九九五年四月十七日

**美善**

溫和而平實，這也就是美、甚至是善了。

一九九五年五月六日

**讀書**

想認真讀書，必須擺開身邊忙碌，把心靜下來，忘去外在，單純凝聚在書本上。

**教導**

向善之努力總是吃力的。人都有怠惰、鬆懈、甚至放縱自己之時刻。連顏淵亦如是。然孔子之循循善誘、其對人善之努力之重視，感動著人，引領著、鼓舞著：「欲罷不能」。

孔子為人之努力，多麼深切！

一九九五年五月八日

存在的心態

存在的心態：或是感謝、寧靜、和、敬、平實，或是不安、懼怕、爭鬥、無奈、欲貪……。

存在心態有正面負面，此見為政者之有道無道、及見自己生命與努力。

一九九五年五月九日

存在之根本事

德行超越時代性，為在人類存在中根本之事。

孔子致力於學的，亦人類根本之道而已，非時代各自之真實。

存在之道

存在態度之本

連人生活與一般德行，都有其自身之道，非只是時代怎樣便怎樣。

沒有敬，就算是聰明地講論，都只虛偽而已。一切真實，由敬始。

成就

不急於成就。一生不倦地努力，由慢慢成熟而成就。

一九九五年五月十二日

這《草思》本又寫完了！數日來思想所見，實喜悅不已！

「草思」

「草思」，這也就是我日常之思、思惟於其日常時、一種思想之平日。既非體系、亦非理論。

一九九五年五月二十四日

藝術、哲學

音樂若不明白心懷（如貝多芬晚期對超越性向往之心懷），彈奏也只音符而已。讀哲學而不知心懷，也只是文字思辨功夫而已。非音樂、非哲學。

溫柔

溫柔有求人知、或在自我意識下之溫情主義，但也有心無我地懷抱萬物、平和地歌頌一切之懿美。溫柔仍有真偽之別。

作為之德行

端正簡直而不造作、不自我表現，這是多麼明白的德行。事之美善亦往往由於此而已。

讚美

若人對人之讚美是亦努力學習其人之美善，如此讚美真實。相反，若對人之讚美不亦同時是對人之學習，如此讚美亦偽而已。

一九九五年五月二十六日

田野之心境

我之所以喜愛田野，因在大自然寧靜祥和感覺中，心無所對地無限開敞。毫無掛慮與障礙、無對無求，萬物喜悅著此靜穆與誠敬。

一九九五年五月二十七日

美與人自己

所謂美，並非只是對象是否美之問題，更往往是人自己心境能否美善地觀看之問題。美學先從後者言。

對象之美感，先建立在人自己心懷之美善。無論從創造抑從觀賞者言均如是。

## 美

真正美是一種德性，非一種知性。

一九九五年五月三十日

## 所愛之人與物

說不定真有所謂厲害者，但我更愛平易近人之人與物。

一九九五年六月三日

## 美

深深地吸引著每人自己心靈及生命的，這也就是美了。

美無一定，非外在事物，而是直繫於生命、是生命的力量；美與每人自己生命有關，非與事物有關。

一九九五年六月四日

生命之喜悅

能寫下一些美麗的思想、能曾有過一些美麗的心懷與情感，這是我生命於回顧時感到至為喜悅的。

「本」

「本」，如「美之本」，是多麼美麗的辭！

至美麗的世界

人與人充滿情感地相互愛護著、人與人各為對方之美善而努力，還有什麼能於此世界中更美麗呢？

一九九五年六月六日

快樂

快樂是自己內心事、是自己生命之態度。

快樂非遊戲，仍可生命地認真，如孔子「發憤忘食，樂以忘憂」那樣。

一九九五年六月七日

心境

心志於一事，人始清明。

一九九五年六月十一日

生命至真實的狀態

單純的心境，這是生命至真實的狀態。

生活富有而無知於心境之單純真實，又有何可羨慕？

藝術中之向往

一般演奏非技巧或演奏不好，只是，我未能對演奏者其人或其心有所向往而已。

事情之真實

餓者需食。人必須真實始能最終解決其事之需要的。

一九九五年六月十三日

人

人在困難中才是真正的人，非在舒適安逸中。

一九九五年六月十五日

生命困境之意義

在困難中仍能保存美善心懷者，始為真正懿美的人。生命困境之意義在此。

一九九五年六月十九日

神色

平易之色。

書籍

好的書籍，如《詩》之為人民百姓，或如《書》之為君王為政者，都可以是平易的。

好的書籍是從其道理之正言，非從其困難言。

人心之培育

西方從優美及壯美培育人心之美，而古代中國則從德行及人格立人之懿美。

一九九五年六月二十三日

樂無待之境界

能體會〈韶〉美善之快樂，又能於「飯疏食飲水，曲肱而枕之」中樂於單純事物，如此始是快樂之無待。

一九九五年六月二十五日

思之道

道之思整體而窮盡，如《文心雕龍》之對文、《本草綱目》之對草本。

一九九五年六月二十九日

存在之真實

萬物與生活都日復一日，如此始真正安定。時代與社會之日新月異，只無所安定，亦非永恒如一地真實。

一九九五年七月十二日

思之道

道之整體性，是生命在長久反省與深刻體悟後始得。《論語》如此形成，非一時之思想知識。

一九九五年七月十七日

心情

不安之心情，由想像、幻想、虛想而來。

平實的心情、平實之喜悅與快樂，由不想像、虛想始。

真正的快樂

真正快樂必然是光明的。

見心之光明，這必然喜悅。

一九九五年七月二十六日

為事之心情

完事或能平靜做事之心情，自在安適。想為而不能、或事未完成，都使心疲倦無力。

一九九五年七月二十七日

舉止言談

舉止言談應平靜及有餘，不應硜硜然或汲汲有所圖。

面對天地

人與人有禮之問題，人與天地大自然亦有禮之問題，如對天地山川之敬、對祖國大地之情感、及與大自然共存之和睦。

一九九五年七月二十八日

萬物之存在

萬物偶然。天地間事事物物都只偶然。道之必然，是在偶然中的。

一九九五年八月二日

圖得

人不應圖得一切可能事物。應先問問自己是否值得如此。

一九九五年八月七日

**藝術與生命**

藝術也隨著人之生命成長而成長。

藝術也只生命之境界或人自己而已。

**技術之價值**

人在技術外還有什麼，這才重要。藝術如是、生存與生活亦如是。

一九九五年八月十四日

**與事物之關係**

如音樂，先是人自己之歌咏，或作為歌咏而聆聽，非作為他人演奏好壞之評斷、或單純為技巧好壞而聆聽。

事物應從自己真實之用言，非作為客體而觀賞評斷。

能止於自己與事物之內在關係，這才是真實的自己、真實的事物。

**Guller**

居萊每一音調獨立地直觸我心，如是我心自己主動的、由我心自己而發，非只接受而來。

其藝術與人渾然一體至此地步。

一九九五年九月四日

## 求知

人求知事情之正道或事物美善的一面便是，無需因世間有什麼便求知什麼，後者始終無知，亦毫無意義。

一九九五年九月九日（中秋）

今天遊銅鑼鄉，在田野寧靜間，心多麼平靜自足、多麼真實！已鮮見如此美麗淳樸潔淨的地方了。

一九九五年十月三日

## 觀人

人從平日生活起居而觀、從日常行為及慣性而觀始真實。

一九九五年十月十日

秋天真的到來了！早上在充滿陽光的書房內，閱讀著遠方的來信。寧靜中佐田歌聲格外平和喜悅！近來心境更光明、更滿足。無論什麼事都再無求無怨。心只為人、只懷感謝之情面對自然草木，及只期望我所愛之人永遠幸福。

中國古代思想

中國古代思想，多麼多麼光明！

賢德之人

所謂賢德之人，也就是幫助自己有所向上的人，非只是對己善良好處者。遇賢德之人，是應自心而喜愛的。

一九九五年十一月三日

對立

對立其實是如物自身般自主與獨立時之一種假象。事物在現象中實無任何獨立性可言。然縱使相互依存，事物仍假象地視自身為自主獨立，故有「對立」。

對立性故是物自身在現象中之延伸、物自身之痕跡。

聰明

聰明是，舉一反三、聞一知十之推廣、引申能力。

一九九五年十一月十一日

佐田雅志

佐田雅志歌聲，亦心種種懿美心情之寫照、心平凡而真實的寫照。

一九九五年十一月二十三日

詩學與美學之目的

人格、性情與心懷，在西方，是由文學及詩學所啟導。

詩學本非在討論美或藝術美，而是以人及人心之美為唯一目的。此詩學之源。

一九九五年十二月九日

創作

創作非如表面是想像之虛構能力，而更是內在深入思索與努力之承傳與推進。

創作從傳承而來，非從想像或自創之任意而來。

一九九五年十二月十六日

## 日本童謠

日本童謠之美，是孩童心境存在之美。

一九九五年十二月十七日

## 美麗的心境

人心單純或敬仰之沉默、或於無道而仍默然地努力，如此沉默，如天地般獨立無怨而美麗！

一九九五年十二月二十八日

## 心境

縱然只是一刻遠離煩囂，心裡仍是多麼寧靜與喜悅。

一九九五年十二月三十一日

今年的最後一天了！早上寧靜地在充滿陽光的書房內，沉思書寫、再沉思再書寫……。

今年開始研究詩學與藝術形上學，望能對美善有更深的體會。

老者

年輕人各有其世界，老年人大多孤獨，故應多陪伴老者。

# 一九九六年

一九九六年一月二日

新的一年

又新一年！人若如年一樣不斷更新，多麼好！人以歲數算，莫不也是告訴人，生命應如年一樣不斷更新！年歲難道只是人生命歷程的指標，非其生命的不斷重新開始？

一九九六年一月十一日

喜悅

無論所對景物為田野、藍天、草木、里仁、童謠……，人只有在單純面對自己內心之平靜時，始真正喜悅。

心安靜之時刻

寫作

能聆聽著心內美善的歌聲與道理，心多麼平靜。

真實的思想未必即能成為真實的文字。由思想至文字，須經歷一番努力、甚至歷久傳統的改造始能自然而美。思想之美非一經寫下來便能於文字中同樣地真實。

一九九六年一月十二日

深入

深入並非從深奧難懂獲得，而是對事情更具體、真實、清楚明白始達致。

一九九六年一月二十日

人之對人

人不能驕，亦不應對人有所取笑。

一九九六年一月二十四日

所應致力之事

應致力於人性事物與道，不應致力於人偶然之事，如哲學及人類文明。

一九九六年一月二十五日

思想

為何思想非帶給人平靜、溫和、充實、滿足、喜悅與光明？

一九九六年一月二十六日

人與人之相處

人與人各有其心之所向。人與人難於共同，也在其心所向往往不一而已。心與心相遠，縱然是夫妻之近，仍多麼遙遠！

一九九六年一月二十七日

金錢與人心之真偽

因貧窮而以金錢為重要仍情有可原。但沒有生存或經濟困難（如資本家、商人或政府）仍視金錢為重要，如此已是心之虛妄與虛偽。

一九九六年二月九日

單純的快樂

對微小事物而愛，使生命快樂單純而正面。

大自然

大自然能美，其原因之一，在其沒有意志。大自然沒有意志之肯定否定、沒有意志之自我、沒有絲毫自我味。此大自然所以美。田野之美故在其柔順與平和。

一九九六年二月二十二日

祭文、歌頌

祭文與歌頌，都是對所敬仰感謝之事物與人之懷念與回報。

一九九六年二月二十三日

美學問題

美歸根究柢非理論而是形態問題，即是田園美？悲劇美？內心美？愛之情感美？里仁美？神美？大自然美？崇高美？力量美？理性美？抑醉狂美……？

美歸根究柢是文體而非自身是什麼之問題。美學形上學應研究美形態之演變、其與人類存在之關係。藉不同美之文體，見不同民族或不同心志於存在中之差異。

一九九六年三月一日

懿美之本

美、德性、人格，都有一共同根本：沉默，在語言之自辯與理性計算外之沉默。

一九九六年三月十九日

無求快樂之心境

敬重之心情提昇我們離開快樂之需要。

一九九六年三月二十三日

情感

情感只應是一人對另一人之內在事。不應表象於客體間，如宗教或政治中群眾與其神或君主間崇拜之關係。

情感不應利用為客體力量之爭鬥，無論是民族間、政黨間、國與國間、或在宗教崇拜中。

一九九六年四月十三日

寫作

望著一筆一筆文字之誕生與耕耘，多麼寧靜而喜悅！

文字是美麗的事物，既見萬物、亦見我心。

一九九六年四月十四日

幾日來心裡都充滿喜悅的回憶，一種對生命及對一切事物無比肯定的喜悅。如晨早在北宜公路上、或在十份的火車站……。晨，多麼光明寧靜喜悅的時刻。

至喜悅的心情

至喜悅的心情莫過於一種知足而內在地凝聚的心情，如在山林寧靜中聆聽著鳥鳴、看著閃閃陽光而心境凝聚。

一九九六年五月十九日

文（讀書學問）之真實

人讀書或學，在古代中，是為改變自己、成就真正教養之人——文人。成人、成就讀書人之品德與行為，始是讀書之意義，非知識之多少、非無文與讀書之真實。

一九九六年五月二十一日

誠懇

人只有沉默下來、不再表現，始能開始誠懇。

一九九六年五月二十三日

真正的生命

人所難者，亦唯一謙虛生命與生命努力而已。

自覺

唯當人行為性情不再是一種「習」（盲目承襲與習慣），人始真是自覺地自己。

一九九六年五月二十五日

用物

能把一損壞的東西修復如往昔地再使用，非只棄之求新，如是是多麼喜悅的一種心情！

一九九六年五月二十八日

人

人為什麼仍有現實的一面，而非單純是自己真正喜愛而且簡單真誠的一面？

一九九六年五月三十一日

人之最終真實

人之一時好壞對錯都非其人最終的。人也只在其最終、在其一生中為人作了什麼而觀。其他，無論是個人對錯抑成就，都隨人生命之逝沒而逝沒。

面對人之不是之態度

時代之無道已久，故「上失其道，民散久矣。如得其情，則哀矜而勿喜」。對世人之惡與不善，勿喜。不應以他人之未善反喻自己之善，如道說人之不善者那樣。

## 所應觀見之對象

應多教人心懷正面、多見美善之事與努力，不應只觀看世間負面現實，使心無力而消沉。人不知生命意義，亦未見人美善之努力而已。或於見人之美善，仍只負面地看而已。

## 虛假

所謂虛假，即以為真而實偽者。

一九九六年六月一日

## 有關求取

人之求取，若於他人更需要時能讓與，其求取再無問題。

一九九六年七月二十五日

## 於人中之詩

純真的笑容或發自心的期盼，這也就是詩了。

一九九六年七月二十八日

自我

人的自我，都其實由種種物質及外來事物所形成、或由他人所引起。

一九九六年七月三十日

美德之本

平靜，這也就是人一切美德之本了。

一九九六年八月九日

萬物感受之一致一體

天地萬物相互間之意思表達，都一致同一。魚之樂與我之樂一致同一。萬物都運用同一語言，感受亦共同一致，喜則喜、哀則哀。之所以能表達不一，或由於人刻意為偽（如欺騙）、或由於人有思想。思想如躲藏著的秘密，使萬物有所分離，各如秘密地埋藏著。思想之真偽故在這裡：是與萬物一體而和、抑與萬物對立。此思想之真偽。萬物感受本一致一體，唯思惟使其分離而已。

一九九六年九月一日

**寫作**

文字越簡單越美。

一九九六年十月五日

今天黃昏在天冷深山中看到夕陽，多麼平靜地美麗，心多麼喜悅。

**人所應努力者**

人其實都有自己所喜愛之事物，只現實中無法達到而已。但無論怎樣，人仍是應努力自己所喜愛的，使自己真實。

一九九六年十月十四日

**學問之境界**

人之深淺、其學問之境界，非在其所說之事物多少，而在其講說一事物時，其背後自己已有多少。

對一事物能深刻，因背後是由無數體驗與反思支持著，非只眼前之事物而已。

生存之喜悅

人由見人心之愛與情感而喜悅、而感生存與生命之價值與意義。

發自心之愛、那非只一時之欲望，多令人喜悅、多令人更愛生命與存在！

一九九六年十一月十一日

近來心又沉默凝聚起來了。

一九九六年十一月十四日

宇宙

柏拉圖仰觀宇宙之心時，所見唯數學與音樂。多麼美麗的宇宙之心！多麼美麗的工匠神之作品！（***Timaeus***）

一九九六年十一月二十五日

醒來，溫暖美麗的陽光，滿屋子。

一九九六年十一月二十六日

**人類的驕傲**

人類的一切自大與驕傲，都與財物或物質能力（如技能或聰明）有關。人非以人為傲，以物為傲而已。

一九九六年十二月九日

**詩人之心**

詩人之心——在「世界」現實外之心。

# 一九九七年

一九九七年一月三十日

很久沒有寫日記了！很久沒有如此心境及平靜了！頭腦清醒凝聚，心裡恬靜充實。好久沒有如此了！

一九九七年二月四日

音樂

體現人心之音樂、或心懿美時之歌咏，才是音樂之真實。日本童謠如是、尤拉居萊亦如是。

一九九七年二月十日

言說

語言只應親近，不應吶喊，不應怨尤。

不平靜正面，不應言說。

一九九七年二月十六日

**存在之心態**

人誠實地面對自己而存在，心不為反應他人而虛偽，如此多麼真誠。

一九九七年三月十五日

**真實**

其實，什麼是真實這一問題，並非那麼困難：一用功學生、一用心的彈奏、真實地對人、真實地對自己作為人……，如此種種，也就是真實了。真實及真誠地……，如此就是真實了。

一九九七年七月十五日

**情感與愛情**

人與人之情感，最終只從德行見，非從所謂愛情見。

真正情感只在幫助及愛護間，非在愛情中。

一九九七年七月二十三日

能靜下來寫草思，多麼喜悅！

**詩之真實**

「種豆南山下，草盛豆苗稀。晨興理荒穢，帶月荷鋤歸。道狹草木長，夕露沾我衣。衣沾不足惜，但使願無違。」淵明非只描述一詩意境物，而是他生命真實景象、其真實生命與生活。此詩所有真實。

**痛苦**

盧梭：「我們的痛苦正是產生於我們的願望和能力的不相稱」（《愛彌爾》卷二）。

一九九七年七月二十七日

**心懷形上之時刻**

人於日出，遠眺腳下廣闊酣睡著的都市，既懷著人類之美，又置身於天地自然間，如此超越時刻，自然地形上。

於日出而見天地一體，心懷抱著人類生命力量而安慰鼓舞，如此時刻，使存在喜悅。

一九九七年八月十三日

理性之意思

所謂理性，從人言，也就是溫和中道地作事或行為；而從物言，也就是求事物秩序及其美善。若從人之思惟言，理性也即明白原因及嚴謹地論說而已。此理性通常意思。

有關愛情

人有因愛情而更愛人，亦有因愛情而恨人。問題非在愛情，在人而已。

一九九七年十月十六日

〈對一個歌者之歌頌〉

幾天前（十三日）在台北國父紀念館第一次聆聽到佐田雅志的演唱會。回想從法國結束學業回港時，偶爾聽到他早期歌曲，深被那溫柔誠摯而寧靜的傾訴感動，亦因而不知不覺地，在十五年光景中，日夕在他歌聲中渡過。一個歌者能有如此長久之生命，其歌亦隨著歲月而奮發向上，揭露一層又一層歌詠與心靈之懿美，這實已超乎一個歌者了。還是我們應說，這才是真正的歌者。大概因如此長久與他歌聲獨處，我已不易對這如我自己內心的歌詠述說。特別自九二年他始唱日本童謠民謠時，正值我隱居寫作平靜的幾年，那時，每日夜或聆聽著鳥鳴，或就是聆聽著佐田平靜而敬愛之歌詠，心裡充實與喜悅。佐田似較以自己創作自豪，但我更愛其童謠，如溫暖母體之懷抱、既自然又親切。其歌歎之起落，如是我心之飄蕩與漫舞；在相互敬重中，見人所能之美麗。其伴奏中之副旋律（小提琴聲部），更是音樂所能體現伴和之美。

孔子有關音樂所言之四種境界：翕、純、皦、繹，前兩者是聲音物性上的：「翕」求聲音變化與豐富、「純」則回復音聲之淳簡；而後兩者則是心靈的境界：「皦」光明、正面無所暗晦、「繹」更是內心與對象一體境地。用「繹」而不用「和」，可見原先仍有所分裂，至此境界始無我而一體。這四種境界，亦是快樂之分類：先是聲色之樂，然後知淡泊平靜之喜悅，更而光明正面而感動，最後達人我一體而快樂。佐田歌曲已體現四者。我常想，音樂的真實應是怎樣的？大概就是：從所樂、從心境之純一、從心之光明、及從所體現的人性懿美而顯。

佐田是一不斷開拓自己心境與心懷之歌者。在其近期歌曲，心境之遼闊與長嘯之高遠，與其內心成正比地發展。不只繼承童謠之淳樸，更試圖使哀怨的演歌傳統一洗其暗晦感，結合著大鼓而呈露出另一豪放正面景象。他更試圖把如說書般的語言方式，結合著詩歌之深長吟嘆，使人感見語言與詠歌一體之美，亦藉言說與聽眾繹如一體。歌詠只有作為語言始真正內心，語言亦只由吟咏而美。這兩者：言說與歌咏，也即佐田之藝術。其歌咏時而吶喊、時而平靜；時而傾訴、時而又高昂激動。平靜時親近、激動時高遠無限。如此心懷之遼遠，使人置身於天地擁抱與誠摯感動中。

那晚，當人人沉醉在他歌聲時，我赫然醒覺，在眼前舞台上，那站立在蔚藍天空背景而全身紅西裝的佐田、在白色舞台射燈下，呈露出一幅「青天白日滿地紅」的寫照。若真如是，那佐田對他國民族之敬重，與他所象徵的大地母體，不也就是此心與此天地之直接體現？如此顆紅心在廣闊天空中，或如其歌咏在人人心之無限迴盪中……。在如此美麗心懷與天地間，我也只能默然地聆聽。我的意思是，我也一同在歌唱，並在此歌咏中無限地喜悅……。

佐田演唱會後記

一九九七年十月二十日

存在心態憂樂之所由

淳樸即人沒有世界地面對人及事物之心態，或甚至不以聰明或知識姿態存在，如農民。

現代人之憂悶，實來自一種知識心。有知識，人難於滿足，亦由不知足而憂悶。

在知識及世界外，人始能淳樸。能淳樸，人始真正快樂、內心地快樂。

一九九七年十一月八日

生命

已過四十四歲了！心境由越更簡單而沉默，生命也只如此。唯奮發向上，完成自己所明白的，也就是最大喜悅了。生命實只是為人，如此而已。

一九九七年十一月二十三日

文字

文字是從它本身感化人，非必從它所說的。

文字更是一種心境或性情，非只是知識內容的符號。

知識

人未必應如哲學那樣，求事物自身「是什麼」，但仍應作為人地明白事情，不應愚昧。

人未必事事有知識，但仍應有所明白。

一九九七年十二月十八日

社會

人與社會之根本關連，亦利益而已，或是榮譽、或是所得、或是安危。忘去社會而真實生活，才是真實的自己、其所思才真實。

# 一九九八年

一九九八年一月一日

一年又匆匆過去！仍是期望在這新家中，能過一平靜簡樸的生活，及開始我日夕盼望的寫作生命。

一九九八年一月二十二日

現正二十二日深夜。今天搬入新家。面對一大片黃綠色牧場，心懷平靜又廣遠，心裡無比喜悅。這是我期盼已久的一種生活與境象。希望心裡所期望的努力，能一一成就，自此新家與新生活始……。

一九九八年二月六日

總算把書房佈置好，但書架仍空空的。很喜歡這個書房。窗外的寧靜遙闊、鳥兒的鳴聲、遠處的樹林、牧場的草坪……。

一九九八年二月八日

心境

閑，心中無所牽掛之事、無一事在心。

一九九八年二月二十二日

藝術

藝術作品把我們在平常無法體驗到的展現在我們眼前，透過一形象使我們感受到這不能感受到的事物。

美感經驗實即把一事物帶至我們面前，使我們真實地感受它。巴赫使我們感受到神之高遠、〈韶〉樂使我們感見天地萬物與人倫之大和。當心靈感見現實無法體驗之真實時，其喜悅與滿足，更成為其生命力量來源與動力；如此藝術創造著人、其心靈及其生命嚮往。

藝術作品

終極地言，藝術非在作品本身，更在人心境、及作品所開啟之存在情境。

一九九八年三月二十七日

生活又安定下來！前兩天把陽台弄成如小庭院，早晨及晚上在外面乘涼，心中所期盼休閑生活似簡單地實現了。一時再沒有渴求的目標，心靜如止水。人能在無所欲求中而努力嗎？在滿足中而平常地作為，是否才是更真實？人是否應如此簡單地滿足？無論如何，能日夕親近自然平靜的美麗，實在喜悅！

一九九八年三月三十日

世界

世界多麼沈重！心能在世界外，縱然一草一木的親近或景象，仍帶來多麼喜悅、仍使人多麼自在！

一九九八年四月二十五日

存在之心境

平靜的心境、有所敬有所愛的心境，縱然默默，不已是存在至美善的心境嗎？

一九九八年四月二十七日

操拳

操拳，身體如「坐在」腿上，隨腿步往復進退，全身鬆淨自然。

古琴

古琴之音，久而忘琴聲在，聽如無聽，其美在琴我兩忘。

一九九八年五月十三日

情感

情感，人與人中之長久者。

存在

對大自然之感謝，是基於生存之依賴的。如農事之依賴雨水、陽光。故對太陽之感謝，非只是一種美感觀賞心情，而是與存在依靠有真實關連的。存在之依靠，是感謝與喜悅之本。

一九九八年五月十六日

安逸

在一切安逸背後，都必曾是努力與辛勞之付出。

一九九八年九月一日

秋天忽然到來。心身因感到收斂而興奮。生命力量再次凝聚，待機而發。心雖仍然孤獨，但她又是多麼遠大無所計較！

一九九八年九月五日

心懷著人，雖然無言地孤獨，但仍然喜悅！

仁

仁在實際己立立人中，非只心靈愛時之心境感受。

一九九八年九月六日

今天起來，秋風冷冷，精神清爽。差點忘記了勞動。

一九九八年九月二十六日

**平靜**

平靜較快樂來得真實。

一九九八年十一月八日

今天醒來心裡平靜，像很久無事地寧靜的感覺。又四十五歲了！這幾年雖有所遺憾，但心裡仍真實。越是失去，越見自己心之真誠。對人始終誠懇深愛。人本來是難於成就一切他所見之美善，但已誠懇地盡力便是，內心仍是無怨無尤地平靜而自己。

一九九八年十一月十五日

**真實的心**

人心中是否有凝望事物或人倫之美善，抑全然不見，一切只順隨現實，這差別很大。真實的心懷著事情之美善而為，非只是事實，而是心所見事物之真正美善。

# 一九九九年

一九九九年一月十七日

**存在之樣態**

簡簡單單，這就是最好的了。

一九九九年一月二十日

**成就**

生命有所成就的人，是不會計較世俗之成敗的。其成就始真困難、始更真實。

**喜悅感**

在事情中能自由地、無顧慮地行，才是在其事中喜悅之原因。

喜悅感，亦往往只是自由無負擔之心情而已。

一九九九年一月二十七日

**心靈與外在之富裕**

若富裕始造成貧困，那麼，簡約相反地是人心靈豐富與深刻真實之條件。外在的簡約凝聚為內在的豐富，而外在的富裕只造就身心的貧乏。

**思想與心思**

思想之所以未能單純地正面並美善，往往因離不開不善與惡。心若只關注在現實之不善上，如此心思是無法單純正面、無法美善的。

**自然**

一九九九年一月二十八日

神靈可以虛妄、人類可以野蠻暴戾、事物可以機械無生氣、自我可以自私無理，唯獨天地始終美麗。就連一棵草木、一朵浮雲，都如此永恆如一地美麗。

**心願**

很久沒有這樣靜下來，遠離一切人事。雖只在斗室，但能單純地面對自己，反省自己的一切，多麼清明。大概我所期盼的生活，就是這樣閑靜與反省的生活了。若能在田野間居住，多接近大自然天空，這將更滿足。但若不能，在文字中仍見平淡之真實、或見天地之廣闊，這實於願已足。

## 自己

簡簡單單的自己。

一九九九年一月三十日

已深夜了！能在此人人熟睡而寧靜的時刻，一字一字述說《論語》道理，心裡多麼喜悅、多麼充實！

## 人

人之事實實簡單：是否願意學、是否願意向往美善而學而已。人一切實不離此事實、人類之一切，實亦不離此而已。

一九九九年二月三日

## 人

現代都市之人，都似只在龐大物質底下之人，如古埃及奴隸那樣。

在大自然下，人始不從屬於事物而立於天地間，並真實地流露出人性及人格。

一九九九年二月四日

如若一日我心能如此平淡，至連大自然最微不足道的海岸聲、或一草一木都能專注地聽及專注地看，我心將多麼平和寧靜！

一九九九年二月八日

《草思》

《草思》，心情閑靜時之思想。

一九九九年二月十二日

人與真理

人都道聽塗說地下判斷而已，非有真理之心。

人自己之真實

自己之是與不是，較自己之是否喜愛與厭惡，更真實。如自己是一讀書人較自己只是喜愛讀書生活，更為真實。故不應只從愛惡觀，應先從自己之是與不是觀。

人與真實

人不是從能看見多少錯誤而真實，人是從能看見多少真正的美善而真實。

自然

晨昏，這是天地之觀象（形）；四季，這是天地之變化。

一九九九年三月一日

真理之喜悅

若人只是心中看到美麗而真實的存在景象，縱然非在現實中實現，但已是多麼喜悅與滿足！「朝聞道，夕死可矣！」非道不能現實，人見不到其美而已。

一九九九年三月十七日

建築之文

人性的空間，是在建築本身外、有非建築之部分，如自然、天空。

建築之「文」，即在建築自身之節制、在建築之不自我突顯。

一九九九年七月二十二日

生命力量

生命之力量與意義，由感動而為最強烈。

品嚐能力

長久經歷一事物之日常與平凡，始真能體會其美者善者。對事物之品嚐，是從日常中長久接觸其平凡者養成的。品嚐能力，非先從其貴重者學習得來。

一九九九年七月二十八日

明白之努力

明白世界及存在，這只是哲學之一種樣態而已。還可以是：明白道理及自己。

建築

如造一書房，真的寧靜幽靜嗎？一庭園真的有自然四時之情趣嗎？

建築中人性功能，盡可從古代建築字詞而顯，如堂、齋、室、樓、台、閣、亭、軒、廊等。

一九九九年八月十二日

還有幾天便回台灣！這幾日來都下著大雨。坐在窗旁寫《論語》，〈為政〉篇已解註完畢。真的希望人人都能明白《論語》的道理，如此善良真實的道理！

一九九九年九月十三日

## 寫作

寫作大概只需關注兩方面：一在寫作之前，另一在寫作過程中：

在寫作之前：

一、目的與意義清楚（對人之真實意義）

二、注意自己心志及期盼

三、是否已盡思與學之努力及深度

在寫作時則應注意：

一、讀者之興趣【讀者】

二、盡可能簡約、平易、清楚、明白【敘述】

三、避免概念之僵硬、重複【概念理論】

四、注意自己之辭語態度及修養【自己】

五、盡可能平實地述說其事物本身而非在文字概念中沉湎【事物】

一九九九年十一月四日

社會與家

人類之自我保存並非必然是存在之第一原則。反而，人對其所愛者之保存（如父母對子女或子女對父母）更是在人與人存在中第一原則。故古代中國非從自我保存、而先從孝悌說起。

又：自我保存只是個體面對社會時之關係，人在家庭中應較人在社會中更基本。

# 二〇〇〇年後

二〇〇〇年一月一日

寧靜一日的開始。書房外充滿陽光，心裡凝聚而清澈。近日心已全在《論語》寫作上。能靜靜思索及明白《論語》道理，多麼喜悅！又新的一年、又新的一個世紀，只希望自己今年能完成更多註解，再也無所求了。

二〇〇〇年一月二十七日

規律

古代中國發現自然規律時（如堯發現春夏秋冬曆法），這樣規律非作為物之規律、非是物自身之規律特性，而是相對於人存在及萬物生息而言之規律、是予人以一固定方式安排計劃其勞動工作時之規律，一種天地萬物整體生生不息的規律，非只是某物其自身之規律特性。如此規律，是天之規律。堯之「則天」，其義在此。

二〇〇〇年二月二十七日

近日，心完全沉靜下來。

二〇〇〇年二月二十八日

彈琴

彈琴實即藉著音樂說話，如說話般一個一個音地說出其意思（**parlando**）。把音樂「說」出來，如語言文字地說，非只是作為音樂地高唱。

二〇〇〇年三月六日

音樂

有序〈幽蘭〉譜說：「不當從聲音中求文字，當從文字中求聲音。」這是否是說，連音樂本也非聲音物性之事，而先是人自己心裡之明白與體會？非只是聲音制作之事，而先是人心自己之事？

存在

孔子不求如境界般之超越（人之超越性或超越感），一切也只在人與人間之平常而已。

二〇〇〇年四月十三日

生命

人在一生中，無論現實多麼不能真實，仍應最低限度，在種種不得已事情之外，作一真實之事。

空間

我們平日所面對之空間，也只二度、非三度空間。只有在一鳥瞰位置、在事物外同時意識到空間本身，才有三度空間之感。事物故也只呈露空間之兩面性而已，無法使我們意識空間本身。三度空間只在鳥瞰之從上而下位置始見，或想像我們變為小人國，在物品中行走，如此對物品之自覺，始浮現三度空間感。三度空間，因而只由超越位置始有。此所以空間實為一超越對象，或體現超越性本身。

二〇〇〇年五月二十四日

歷史與歷史研究

真正歷史研究，應力圖保存及使人明白人類過去懿美之努力與成果。

二〇〇〇年五月二十七日

## 天

天與萬物一起，沒有背離萬物與存在。

天真的好大！

二〇〇〇年五月二十八日

## 來自自己的

自己所知、與發自自己思想，始終是兩回事。無論表面上自己有多廣博知識，然發自自己思想的，仍可是幼稚無知。

二〇〇〇年十一月九日

## 馬克思

「人只有在社會之外始是人（人性的人）。」（***Grundrisse*, 1857-1858**，「產品與資本。價值與資本。蒲魯東」一節。）馬克思這句話實令我十分感動。

二〇〇一年一月一日

### 樸實之美

在美感中，樸實即人人所能之一種美、人平常所能之美，非事物作為純粹工藝時之美。

二〇〇一年三月二十一日

### 人類之形態及品格

人及人類從其所愛見其性情及品格。

二〇〇一年四月二十三日

### 琴棋書畫

琴棋書畫，是人四個方面：琴（詩與歌）以人心志為對象，為人心本身情感之對象內容；棋是人之處世應對，雖無特定對象內容，但是人對外應對之道；書反映人自身之品格性情，雖亦非對象性，但直是人自己內在品格性情之體現；最後，畫則是人對外在事物對象欲使見其美之努力，其對象內容是外在的。

琴對應畫，而書對應棋。前兩者對象性，一內一外；後兩者無對象，仍是一內一外。

琴是心志內在表達，畫是對外在心之表達；書是人自己之體現，而棋是人應對外在之姿態。琴棋書畫故是人這四方面的修養教育，從日常存在言之德行與境界。

**棋**

在棋中，我所期盼的，是其如空間之廣闊，及行止之平淡穩正。

棋非一種搏殺之爭鬥。

**棋之真實意義**

由正道而剛強，此棋在人中之真實意義。

二〇〇一年六月五日

日常世界

在繪畫或春秋花木時節外，日常世界是無色彩的。

**藝術**

在藝術媒介中之物質，如琴音、水彩、大理石，都是虛構的物質材料。如是而藝術凸顯物質自身之美。

二００一年六月二十一日

景物之意義

景物之意義與可貴，在其所予人之心境與心情：或使人平和、或使人淳樸、或使人淡雅。

二００一年十月十一日

學習之喜悅

能與人類至誠之心靈接觸，這是多大的喜悅！學習之真實在此。

二００二年三月五日

生命之光明

生命時時刻刻朝往正道之事物而努力，這也就是生命之光明了。

二００三年四月二十九日

存在

一光明的生命較從存在而得之快樂更重要、更真實。

二〇〇四年九月二十九日

存在態度中之真與偽

對存在之敬意、對存在之和睦、對存在之情感，這較對存在之價值追求、對存在真偽之辨，及對存在之享受更為重要、更為真實。

二〇〇五年十一月二十二日

《草思》

像這樣草思般書寫，實是生命中至平靜時刻。

存在之真實狀態

事物之「獨體」，即事物之遠去世界及世界性（作為背景），而返回事物（事情）自身本然應有之單純真實。能如此返回事物原本地存在，這是存在心境中至為真實的。

至為重要者

真實，這實在多麼重要！

二〇〇八年六月十二日

## 心情

心清明無情緒，這是心本然之真實。

二00八年六月十四日

## 對藝術之明白

所謂對藝術明白，即對藝術所言事物及境界心境之明白、對藝術所言真實之明白。

二00八年七月十四日

## 知識

什麼是知識？是繼續鞏固現實錯誤的為知識？抑揭示此錯誤為知識？例如，鞏固現存資本主義之經濟學為知識？抑揭示資本主義之偽及其真實為知識？為何反而教人見事實真實而無實際應用之知識不為知識？

二00八年八月三十日

存在之所以虛假

人都靠著種種舞台背境、人都靠著種種表象，非單純由於自己之真實。舞台、機構、政治、社會地位、甚至成就，這一切，均表象或背景而已。

存有為存在者之背景，此存有之意思。

全書終

# 草思

作　　者　譚家哲

行銷企畫　林芳如
行銷統籌　駱漢琦
業務發行　邱紹溢
業務統籌　郭其彬
副總編輯　何維民
總 編 輯　李亞南

發 行 人　蘇拾平
出　　版　漫遊者文化事業股份有限公司
地　　址　台北市松山區復興北路 331 號 4 樓
電　　話　（02）27152022
傳　　真　（02）27152021
讀者服務信箱 service@azothbooks.com
漫遊者臉書 www.facebook.com/azothbooks.read
劃撥帳號　50022001
劃撥戶名　漫遊者文化事業股份有限公司

發　　行　大雁文化事業股份有限公司
地　　址　台北市松山區復興北路 333 號 11 樓之 4

初版一刷　二〇一六年十月
定　　價　台幣六百元
I S B N　978-986-93462-8-3
◎本書如有缺頁、破損、裝訂錯誤，請寄回本公司更換。

Printed in Taiwan

國家圖書館出版品預行編目（CIP）資料

草思 / 譚家哲著 . -- 初版 . -- 臺北市 : 漫遊者文化出版 : 大雁文化發行 , 2016.10
632 面 ;15×21 公分
ISBN 978-986-93462-8-3( 精裝 )

1. 人生哲學 2. 自我教育

191.9 105017500